Diaspora 5

Studi mediterranei
bellezze e misteri

Mediterranean Studies
Beauty and Mystery

Edited by
Antonio Carlo Vitti
Anthony Julian Tamburri

CASA LAGO PRESS
NEW FAIRFIELD, CT

Diaspora
Volume 5

As "diaspora" is the dispersion or spread of people from their original homeland, this book series takes its name in the intellectual spirit of willful dispersion of subject matter and thought. It is dedicated to publishing those studies that in various and sundry ways either speak to or offer new methods of analysis of the Italian diaspora.

COVER PHOTO: Samuele Tocci, "San Donato Val di Camino"

ISBN 978-1-955995-10-8
Library of Congress Control Number: Available upon request

CASA LAGO PRESS
New Fairfield, CT

TABLE OF CONTENTS

PREFAZIONE

Passati ormai seidici anni dal nostro primo incontro ad Erice e tredici dalla nascita della Fondazione: *Mediterranean Center for International Studies* (MCIS), questa raccolta di saggi presentati al convegno online del 2023, prosegue con il dialogo tra studiosi che operano in tre continenti diversi e da anni si confrontano su argomenti e su temi relativi a qualsiasi aspetto della cultura mediterranea.

Questa raccolta spazia dagli incontri, agli scontri, alle inaspettate sinergie tra Nord e Sud nelle opere di Vincenzo Consolo, Fabrizio Ramondino, Joseph Tusiani, ed Elio Vittorini. E nel mondo della visualità si trovano analisi su articolazioni estetiche come film quali *The Godfather*, *Il primo amore*, e *I pionieri* a, inoltre, l'inaspettato successo del film d'animazione *Luca*. Inoltre, discorsi sul Mediterraneo come fenomeno vitale che sottende ulteriormente concetti di identità e rappresentazione si articolano sia dal punto di vista folcloristico che da quello esistenziale.

La varietà della raccolta continua il nostro impegno e ancor più forte desiderio di costruire un dialogo attraverso la diversità e la ricchezza multiculturale della cultura mediterranea. Questo nuovo volume sottolinea lo scopo della nostra organizzazione nel promuovere il dialogo tramite una più vigorosa indagine accademica per un futuro più equo e sostenibile per tutti.

Antonio Carlo Vitti
Casalvieri, maggio 2024

Anthony Julian Tamburri
Manhattan, maggio 2024

Mediterraneo contemporaneo tra segno, luce e colore

Eleonora Concetta Amato
I.I.S. "Mario Rapisardi", Paternò (CT)

> *Quando pensiamo alle realizzazioni umane,*
> *all'orgoglio e alla felicità di essere uomini,*
> *il nostro sguardo si rivolge al Mediterraneo,*
> *(…) la sorgente profonda della cultura alta*
> *di cui la nostra civiltà mena vanto.*
> Georges Duby, 2000

Introduzione

Culla del pensiero filosofico greco, fulcro di scambi tra Oriente e Occidente e crocevia tra diverse culture il Mediterraneo è stato e continua ad essere luogo di circolazione non solo di beni e persone, ma anche di culture e di idee, un'area in cui forti interdipendenze economiche, sociali e culturali legano il destino di tutti gli Stati che su di esso si affacciano.

Oggi, purtroppo, questo luogo è segnato da disastrosi e atroci conflitti, dalla frattura tra diversi credi religiosi e da regimi politici sempre più estremisti e totalitari.

Mai come in questo momento, non bisogna perdere fiducia nella cultura, nel suo ruolo fondamentale di porsi quale strumento efficace per scongiurare l'offuscamento o, peggio, la cancellazione di quella che da millenni è considerata una vera e propria "coscienza mediterranea", materiale e spirituale, da preservare e prendere a modello per unire e non per separare, per garantirsi e garantire alle future generazioni una base sempre più solida da cui partire, su cui investire per poter costruire.

Nel contesto di questa contemporaneità intellettualmente sempre più buia se da una parte la cultura è il riflesso del passato, dall'altra è un elemento fondamentale per promuovere nuove forme di incontro e convivenza per un futuro sempre più ampio e diversificato.

In essa possiamo e dobbiamo scorgere la luce invisibile del presente che, come afferma il filosofo Giorgio Agamben, risale e affiora dal buio immemorabile di una arcaica lontananza in una sorta di circolarità dialettica di luce-buio e presente-passato (Agamben, 2008).

Idealmente, dunque, il Mediterraneo potrebbe considerarsi come un bellissimo libro da sfogliare cui attingere quando sentiamo vacillare il nostro sapere, un contesto connettivo in cui si intrecciano speranze, illusioni, storie e destini e dove all'unisono nutriamo tutti la speranza di poter far sì che questo meraviglioso Mare Nostrum da mare di scontro possa tornare ad esser considerato a pieno titolo un mare d'incontro "non un unico paesaggio, ma innumerevoli paesaggi, non un mare, ma un susseguirsi di mari non una civiltà, ma molte civiltà" (Braudel, 2017).

Un mare in cui tenersi stretti il prezioso passato, senza naufragare nell'incerto e triste presente e da cui guardare con fiducia verso un futuro migliore.

La pratica artistica in questo contesto si pone come strumento efficace per ridefinire l'identità di un territorio, migliorandola, è fucina di stimoli visivi intensi che scuotono la collettività non solo visivamente ma anche intellettualmente ed emotivamente. L'opera d'arte in sé ne costituisce l'anima, ciò che induce a fermarsi per riflettere, cogliere il punto individuare un percorso da intraprendere. E' un prodotto che se da una parte talvolta può indignare, sulla base delle scelte estetiche dell'artista, dall'altra spesso e volentieri può porsi alla base di un cambiamento efficace ed incisivo tale da scuotere chi vi si accosta da quel torpore socio-culturale ormai sempre più diffuso. L'arte stimola la fiducia in sé stessi e consente di uscire dal piatto conformismo moderno, dalla grigia ripetitività delle azioni, dalla banalità, giungendo in una zona magica dove chi conta è soltanto l'uomo e l'unicità del suo "io" (Bernabei, 2005).

"Mediterraneo Contemporaneo" è l'essere sempre più consapevoli di quanto arte e cultura possano e debbano porsi come guida al progresso sociale, politico ed economico promuovendo l'unità attraverso la condivisione di valori ed obiettivi comuni, mettendo in relazione persone di diverse origini, creando un dialogo di idee e pratiche che possano arricchire sempre più la nostra comprensione del mondo e di conseguenza evitarne il collasso.

"Mediterraneo Contemporaneo" è una personale riflessione che passa attraverso l'operato e la ricerca espressiva, grafico pittorica, di alcuni artisti siciliani che hanno fatto storia guidati da un originale estro creativo e da una straordinaria libertà compositiva.

La grafica di Nunzio Sciavarrello, i dipinti di Piero Guccione ed i testi pittorici di Carla Accardi, costituiscono una pagina storico - artistica significativa e di grande valore per la cultura artistica siciliana e non solo. Coerenza, passione e talento giocano senza dubbio un ruolo primario e necessario alla identificazione dell'essenza lirica del loro lavoro. Le loro opere sono l'anima dei luoghi in cui sono nate e che rappresentano, sono testimonianza viva di cultura, tradizione e valori, sono lo spazio protetto dove è possibile affrontare conversazioni difficili, come ad esempio il dialogo tra culture diverse diventato in questa triste contemporaneità un tema tra i più spinosi, irto di incomprensioni, di rivendicazioni e di diritti disattesi.

Tre diversi percorsi artistici, di seguito sinteticamente riportati, vissuti e condivisi da ciascuno in rapporto sempre al Mediterraneo che mettono ben in luce il legame con la propria terra d'origine attraverso un lavoro espressivo che da essa prende vita, da essa si allontana per poi ad essa ritornare con maturata esperienza ed indiscussa consapevolezza. Si tratta di tre percorsi, infine accomunati altresì dalla volontà di assecondare l'istinto del gesto e dell'estro creativo che, come il mare, esula da spazi rigidamente circoscritti senza aver mai confini e che nell'incontrollabile sua transitorietà sperimenta linguaggi espressivi di grande spessore utilizzando il mezzo artistico nelle sue infinite varianti visive, materiali ed emotive.

Nunzio Sciavarrello. Segno grafico tra fantasia e realtà[1]

Dopo aver sperimentato le difficoltà e la grazia della tecnica incisoria,
egli riesce a far scaturire dal segno il segreto di ogni emozione,
facendo della sua arte un terreno di incontro e compenetrazione di diversi fattori,
come luce, materia, espressione e gesto.
Libero de Libero, 1959

L'incisione su metallo, com'è noto, si sviluppa in Europa intorno alla metà del XV secolo, traendo origine da pratiche orafe, come ad esempio il niello, e dalla loro trasposizione sulla carta attraverso l'uso di

---

[1] Le immagini di Nunzio Sciavarrello, per gentile concessione, provengono dall'archivio personale dell'Artista.

3

un torchio meccanico, studiato appositamente. Le tecniche impiegate per la realizzazione di un'incisione sono diverse, così come diversi sono gli effetti grafici che si possono ottenere a seconda delle matrici, degli strumenti e dei procedimenti scelti dall'artista per "intagliare". Egli può altresì scegliere se incidere la matrice "direttamente", intervenendo su di essa solo manualmente attraverso attrezzi vari, o "indirettamente"[2] (Amato, 2004).

Nunzio Sciavarrello (1918 – 2013), incisore, disegnatore, pittore e scenografo siciliano, fu uno dei primi ad occuparsi di arte grafica a Catania, tra gli anni Trenta e gli anni Quaranta del XX° secolo. La sua vicenda artistica prende avvio nel 1928 quando, a soli dieci anni, affianca come apprendista Ferdinando Cappuccio, stimato decoratore fiorentino, nella realizzazione di fregi ed altre decorazioni murali presso case di proprietà di nobili famiglie siciliane. A seguito di questa esperienza, poco più che sedicenne, compie il suo primo viaggio a Roma, luogo prediletto da artisti, letterati e poeti d'ogni sorta e ne resta talmente affascinato da trasferirvisi successivamente per approfondire le sue conoscenze, ottenere un titolo di studio adeguato alle sue competenze ed accostarsi con maggiore consapevolezza al mondo dell'arte grafica (Amato, 2019).

Nella città eterna frequenta con dedizione e impegno sia la Scuola di Disegno, che la Scuola Libera del Nudo di Via Margutta, consegue

---

[2] Le tecniche impiegate per la realizzazione di un'opera grafica sono diverse, così come diversi sono gli effetti grafici che si possono ottenere a seconda delle matrici utilizzate, degli strumenti e dei procedimenti scelti di volta in volta dall'artista per "intagliare". Si può intagliare in modo "diretto" (bulino e puntasecca) e/o "indiretto" (acquaforte e acquatinta). La differenza sostanziale fra i due metodi sta nella preparazione della matrice e nell'esecuzione dell'intaglio. Nel caso delle incisioni "dirette" la matrice viene prima lavata e sgrassata e successivamente intagliata con l'ausilio di strumenti appuntiti quali il bulino e la puntasecca. La maggiore o minore pressione della mano genera, incidendo, delle piccole scorie metalliche dette "barbe", responsabili di quell'effetto sfumato visibile successivamente alla stampa; per quanto concerne le incisioni "indirette" i passaggi esecutivi sono più complessi, poiché i segni vengono incisi sulla superficie grazie all'uso di sostanze acide che intagliano il metallo laddove previsto dal progetto dell'autore. La lastra, in questo caso, successivamente al lavaggio preliminare, viene ricoperta con un composto resistente all'attacco dell'acido, a base di bitume, cera e mastice. Su questo strato l'artista incide il disegno, segue l'immersione della lastra in una soluzione composta da acido nitrico, detta "mordente", che penetrando laddove la superficie non è più protetta, la corroderà incidendola con effetti variabili a seconda dei tempi di immersione e delle cosiddette "morsure" ovvero, il numero delle immersioni necessarie al raggiungimento dell'effetto voluto: più lungo sarà il contatto tra l'acido e la lastra, più profondi e intensi saranno i segni. Una volta raggiunto l'effetto desiderato si procederà pulendo accuratamente la matrice e sottoponendola poi, alle successive fasi di inchiostratura e stampa. Acquaforte e acquatinta prevedono i medesimi passaggi con l'unica differenza che nell'acquatinta è possibile creare un ulteriore effetto grafico cospargendo la lastra, prima dell'immersione, di "graniture" ovvero resine o altre sostanze grumose, quali zucchero o sale, che fatte aderire alla lastra attraverso il calore definiranno valori chiaroscurali variabili, simili a macchie.

diploma e accede a pieno titolo presso l'Accademia di Belle Arti. Qui accanto al maestro Mino Maccari (1898 – 1989), oltre ad acquisire quel rigore tecnico che sta alla base di ogni suo lavoro, coglie e fa propri i segreti dell'arte incisoria nelle sue molteplici possibilità espressive.

Fuori dall'accademia coltiva proficue amicizie con artisti di rilievo nel panorama artistico romano tra questi Mario Mafai (1902 – 1965) Leo Longanesi (1905 – 1957), Ferruccio Ferrazzi (1891 – 1978), Luigi Bartolini (1892 – 1963), e Gino Bonichi, detto Scipione (1904 – 1933). L'arte di questi personaggi influenza non poco la sua produzione, soprattutto per quel che riguarda alcune scelte grafico – compositive, ma l'artista non si accosta mai pedissequamente ad alcuno di essi poiché, nell'assimilarne la lezione, punta fin da subito al raggiungimento di un linguaggio e di uno stile propri, destinati a rappresentare al meglio le componenti più originali della sua personalità.

Animato dal desiderio di riscattare la sua terra dalle radicate condizioni di arretratezza artistico-culturale, tra l'allestimento di una personale e l'altra, promuove importanti iniziative che portano, tra l'altro, alla nascita di tre importanti scuole: l'Istituto Statale d'Arte, il Liceo Artistico e l'Accademia di Belle Arti, destinate alla formazione artistica dei giovani, nel capoluogo etneo, e di cui lui è parte attiva in qualità di fondatore, docente e dirigente.

Al centro del suo repertorio figurativo l'essere umano e la realtà del proprio tempo, cui Sciavarrello attinge quel tanto necessario a solleticare il suo proprio creativo teso a rendere l'idea piuttosto che l'immagine reale in sé. Egli carpisce, traduce ed interpreta ciò che lo circonda con l'intento di ottenere risultati espressivi sempre diversi, a seconda del metodo di incisione di volta in volta utilizzato.

Con le opere a puntasecca *Libertà oppressa* (1943), *Limitazione della condizione umana* (1944), *Il camion delle squadracce* (1944) si fa portavoce di quei sentimenti umani, crudelmente violati dalla guerra e dalle sue nefaste conseguenze. Narra graficamente i disastrosi eventi legati alla sua terra con particolare riferimento al Vulcano Etna con *Panico sull'Etna* (1945) ed *Etna in fiamme* (1949) e, utilizzando la tecnica dell'acquaforte, interpreta in maniera semplice i mestieri umili e tradizionali d'un tempo, catapultando per un istante l'osservatore nella semplice ed umile quoti-dianità di pescatori, contadini e pastori ricordando in questo caso le incisioni intitolare *Pescatori al mercato* (1953), *Contadini in Autunno* (1953), *Pastori all'alba* (1959). In modo del tutto personale interpreta anche temi di natura religiosa incidendo *La crocifissione del buon ladrone* (1945), *Il pianto di Maria* (1951), e *Deposizione* (1958).

L'allegria e la vivacità dei personaggi del mondo cavalleresco e circense, gli consentono di giocare con il mezzo grafico e di sperimentare con maestria acquaforte e acquatinta, facendo rivivere girovaghi, giocolieri, saltimbanchi e cavalieri. Degne di nota in tal senso le opere *San Giorgio e il drago* (1959), *Maschere* (1953), *I giocolieri* (1959), *Clown e bicicletta* (1961), *Funambola* (1963), *Il circo* (1966).

Onnipresente e fonte di costante ispirazione nelle sue opere: la donna. Rappresentata spesso in età matura, essa occupa prosperosa lo spazio compositivo imponendosi all'attenzione per le sue forme accentuate, opulente e sensuali, nonostante gli indelebili segni del tempo. È una donna comune, che non risponde ad alcun canone di bellezza tradizionale, colta fra le mura domestiche mentre ama, come in *Amanti nel giardino* (1950), mentre dà la vita, si veda *Maternità nel suburbio* (1950) o compie gesti quotidiani come vestirsi, pettinarsi o guardarsi allo specchio come in *Modelle e poltrona* (1950), *Donna che si pettina* (1962), *Madre al mattino* e *Ragazze della pianura* (1976). Infine, di particolare interesse anche lo studio di paesaggi e nature morte: *Fiori* (1963), *Cavalli nel temporale* (1962) e *Natura morta con Pesci* (1962)

Ad animare ciascuna di queste composizioni un unico elemento strutturale: il segno.

Inquieto e discontinuo nelle opere giovanili, questo segno acquista maggiore fermezza e stabilità soprattutto nelle opere degli anni Cinquanta e Sessanta quando, completamente purificato da ciò che risulta divagante e inessenziale, si raccoglie in fasci e scandisce con ritmo ripetitivo, nonché con estrema determinazione e consapevolezza, le sequenze di ogni singolo episodio narrato secondo criteri proporzionali precisi. Negli anni Settanta occupa lo spazio in ogni sua parte, ora frammentario, ora diversificato nello spessore, dando così luogo ad una vasta gamma di delicate sfumature

Alla fine degli anni Settanta la parabola incisoria di Sciavarrello può dirsi definitivamente conclusa poiché, proprio in questo periodo, egli compie una scelta definitiva che sposta la sua attenzione dall'universo grafico alla pittura. Studiosi, cultori e grande pubblico scoprono con stupore che l'artista oltre ad essere un affermato incisore è anche un eccellente pittore il quale, attraverso la pittura, continua a portare avanti quel processo di semplificazione dell'immagine, ampiamente elaborato nell'incisione. I suoi inediti pittorici, realizzati in parallelo alla produzione grafica e rimasti volutamente in ombra fino ad allora, diventano così protagonisti di nuova fase di sperimentazione e ricerca, che assicura all'artista un'ulteriore stagione di successi fino alla sua morte.

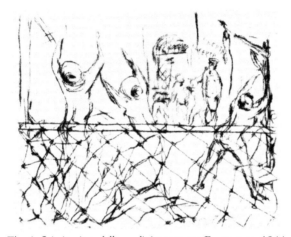

Fig. 1. *Limitazione della condizione umana*, Puntaseca, 1944

Fig. 2. *Panico sull'Etna*, puntasecca, 1945

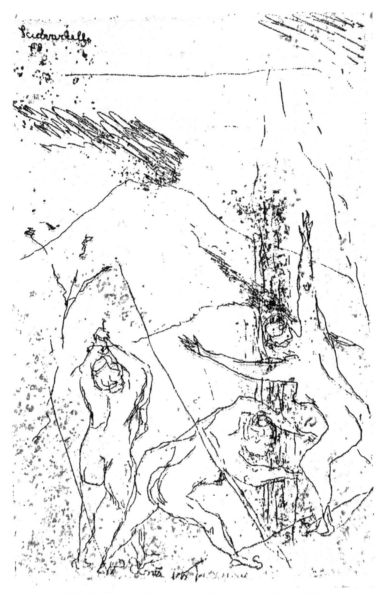

Fig. 3. *Etna in fiamme*, acquaforte e acquatinta, 1949

Fig. 4. *Contadini in Autunno*, acquaforte, 1953

Fig. 5 *Pastori all'alba*, acquaforte, 1959

Fig. 6 *Deposizione*, acquaforte, 1958

Fig. 7. *I Giocolieri*, acquaforte, 1959

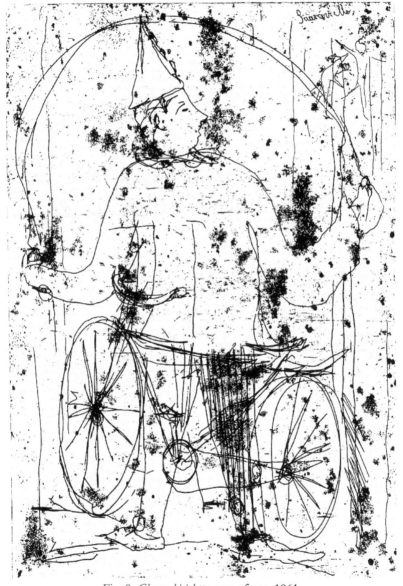

Fig. 8. *Clowne bicicletta*, acquaforte, 1961

Fig. 9. *Donna che si pettina*, acquaforte, 1962

Fig. 10 *Modelle pazze*, acquaforte, 1950

Fig. 11. *Cavalli nel temporale*, acquaforte, 1962

Fig. 12. *Fiori*, acquaforte e acquatinta, 1963

Fig. 13. *Il Circo*, acquaforte e acquatinta, 1966

Piero Guccione. Pittura di luce tra mare e cielo[3]

Il mio lavoro è pazienza.
Lentezza e poi speranza,
e anche stupore
Piero Guccione, 1995

Originario di Scicli, in provincia di Ragusa, Piero Guccione (1935 – 2018) è innamorato del Mar Mediterraneo. Il suo stile è caratterizzato dalla particolare attenzione per i paesaggi, per i colori e soprattutto per la luce.

La sua è una pittura in cui nella piena libertà del gesto creativo, come egli stesso afferma, tutto accade in modo naturale e progressivo, sia sotto l'aspetto contenutistico che tecnico, nell'evolversi continuo di segni e cromie, leggere e delicate nei suoi pastelli, fresche e immediate negli acquerelli, morbide nelle opere grafiche e suggestive nei dipinti ad olio.

L'intento, dunque, non è quello di riprodurre in modo oggettivo ciò che vede, quanto piuttosto quello di partire dal dato reale, per raggiungere una dimensione spazio-temporale che non abbia né principio, né fine. E così dall'ordinaria quotidianità degli interni domestici, via via l'attenzione dell'artista si sposta all'esterno, tra i viali silenziosi di città e i paesaggi di periferia, per poi concentrarsi definitivamente tra la campagna e il mare.

Nei suoi dipinti egli innesca un dialogo tra sguardo e ricordo alla base di una lunga e ininterrotta indagine pittorica fatta di variazioni, pause e approfondimenti estetici che ne decretano poi la cifra stilistica che lo caratterizza. A partire dagli anni Ottanta del XX secolo la sua ricerca si sviluppa in una direzione in cui lo spazio si dilata l'immagine è sempre più rarefatta ed il mare, soggetto d'eccellenza, diventa il luogo capace di fondere in sé l'apparenza visibile delle cose con la loro infinita risonanza interiore.

Guccione, pur mantenendo nei suoi quadri la visione frontale, muta sensibilmente l'inquadratura e sposta il punto di osservazione, alzandolo o abbassandolo. Il mare si trasforma lentamente in una vastità di luce, tempo e spazio; un paesaggio immerso in una condizione di confine in

---

[3] Le opere di Piero Guccione sono state scaricate da https://www.finestresullarte.info/arte-base/piero-guccione-il-pittore-del-mare-vita-opere-stile.

cui il mondo si offre allo sguardo e alla coscienza come un qualcosa di sospeso tra rivelazione e dissolvenza, tra presenza e sogno.

Sceglie formati allungati orizzontali e verticali e vi colloca un mare tranquillo, calmo, con un suo ritmo regolare, quasi trascritto dal variare impercettibile del moto e delle increspature delle onde, di cui non percepiamo tanto il movimento e lo sciabordio, quanto piuttosto il silenzio, accentuato dalla vastità del colore che domina la tela nell'incessante dialettica tra visibile e percepibile, tra finito e infinito.

Massimo Cacciari, filosofo e saggista, scrive: "l'infinità delle cose visibili è la momentanea increspatura dell'Invisibile e Impercettibile, null'altro che un punto in cui esso si concentra, tanto da rendersi, per un attimo, manifesto. L'arte tenta di rendere visibile quest'attimo anzi, essa lascia che quest'attimo si dia ed apre ad esso" (Cacciari, 1985)

Nonostante l'esperienza romana di matrice neorealista (nella Roma neorealista di Fausto Pirandello, Renato Guttuso, Mario Mafai, Scipione e Carlo Levi), l'artista conduce una ricerca del tutto personale indagando quanto lo circonda con paziente fare certosino e con il fine ultimo di "fissare ciò che è in continuo movimento", di trovarne l'essenza.

Trovarsi di fronte ad un quadro di Guccione significa concedersi la possibilità di abbandonare anche solo per un breve istante quello stato di vertigine socioculturale ormai permanente, tipica dei nostri giorni, per immergersi con fiducia in una visione "rallentata", lasciandosi condurre in un "non luogo" sospeso e qui, in questo spazio sottile, ciascuno, a suo modo, può concedersi il proprio viaggio verso l'infinito, attraverso l'arte, in bilico tra tempo, spazio e luce.

È questo l'infinito di Pietro Guccione: una immensità dove il pensiero tuttavia non annega, perché il colore, steso a larghe pennellate poco materiche, sembra circoscriverlo in un "finito" che si percepisce immediatamente come emozione, sentimento, parola.

Il pittore siciliano Giuseppe Modica, in un suo scritto, lo ricorda come

uno degli ultimi testimoni, probabilmente il più autentico, di quella nobile tradizione che in continuità con il Romanticismo e contemplando l'infinito di Friedrich spinge lo sguardo alle estreme conseguenze raggiungendo esiti di rarefatta e stupefatta liricità. Sono opere che segnano un punto di arrivo nella sua parabola creativa di sublime e rarefatta bellezza e rappresentano, (…) un significativo contributo al dibattito artistico contemporaneo. (Modica, 2018)

Fig. 1. Il grido della luna, olio su tela, 2000

Fig. 2 Grande spiaggia, olio su tela, 1996/2001

Fig.3 La linea azzurra, olio su tela, 2006/2007

Carla Accardi. Colore e trasparenze[4]

Ho sempre usato la pittura
come un'ispirazione di anti-pittura
È un desiderio di contraddizione
Carla Accardi, 2004

Il rifiuto della forma e, in alcuni casi, la crisi di fiducia nei valori della razionalità dà vita, tra il 1945 e il 1960, ad un complesso fenomeno artistico definito dal critico Michel Tapié, Arte Informale o Art Autre. Durante questa fase storica vengono messi in discussione gli elementi più tradizionali dell'espressione artistica nonché, gli stessi supporti e gli strumenti utilizzati da ciascun artista durante l'atto creativo, con l'obiettivo condiviso di far riflettere, sbalordire e contestare.

Ciascuno dà, così, libero sfogo al proprio stato d'animo, orientando la sperimentazione individuale verso inediti traguardi espressivi, scardinando i criteri canonici del processo comunicativo più accademico e tradizionale.

Tra gli artefici di questa rivoluzione Carla Accardi (1924 – 2014) trapanese di nascita, romana d'adozione, è considerata oggi una delle personalità più eclettiche e innovative del Novecento artistico nazionale ed internazionale.

Diverse le fasi, ideologiche e artistiche, del suo percorso creativo, fin dagli esordi, con inventiva e coerenza metodologica, ha portato avanti per oltre sessant'anni un'originale ricerca artistica astratto — informale, contraddistinta da una raffinata ed elegante sintassi grafica, straordinariamente individuale e immediatamente riconoscibile.

Nelle sue opere Accardi utilizza quello che potrebbe definirsi un personale alfabeto visivo, in cui protagonisti assoluti sono il segno calligrafico e il colore.

Entrambi non sono mai fini a sé stessi ma piuttosto si pongono alla base di un costante dialogo con la realtà circostante nell'azione consapevole del comunicare e del porsi in relazione agendo quindi sia sul piano individuale che su quello collettivo.

---

[4] Le opere di Carla Accardi sono tutte presenti anche in Barbero, Luca Massimo; Pola, Francesca, *Carla Accardi: segno e trasparenza*. Catalogo della Mostra (Milano: Silvana Editoriale, 2011).

Un *modus operandi,* dunque, in perenne divenire non soltanto nell'evoluzione del segno ma anche e soprattutto nella sperimentazione di tecniche e materiali che l'artista porterà avanti fino alla fine della sua carriera, utilizzando prima le tempere, poi le vernici fluorescenti e colorate, e poi gli olii, prima su tela poi su supporti plastici.

Sulla tela si intrecciano forme, linee e colori volutamente ridotti all'essenziale e disposti secondo uno schema geometrico in cui gli elementi utilizzati non rappresentano una "astrazione" della realtà, né vengono considerati come veicolo di messaggi particolari, bensì sono semplicemente segni forme e colori da interpretare esclusivamente come tali.

Ne nasce così un linguaggio espressivo transitorio in cui, come sottolinea l'artista, lo spettatore deve rinunciare a qualsiasi convenzione precostituita lasciandosi sedurre da una dimensione temporale sospesa, in cui potrà sentire lo scorrere della vita, nel gioco ambiguo, visivo, e indefinito dall'arte.

Altresì fondamentale è il colore. Puro e trasparente incanta, si espande, percorre con energia, la superficie pittorica per rivelare ciò che costituisce il dipingere, aldilà di una sua possibile funzione. È entità materica ambivalente che segna confini ma, al contempo, preannuncia continuità.

L'artista, nell'utilizzare ed accostare sapientemente caseine, vernici fluorescenti, esplora il colore alla ricerca di luce, ricerca che troverà il proprio culmine nel momento in cui, in piena maturità artistica, sperimenta nuove soluzioni estetiche avvalendosi di un materiale plastico trasparente, semirigido e inusuale, il sicofoil, sia su telai geometrici, sia per costruire e decorare istallazioni ed opere tridimensionali che proseguono ed espandono l'opera stessa nello spazio, dimostrando che lavorare con una tecnica non ne esclude automaticamente un'altra (Eccher, 2004).

Estrema luminosità dunque per guardare oltre, per uscire dalla dimensione piana del quadro, verso nuove frontiere compositive in cui procedimento e materia si legano indissolubilmente in una trasparenza tangibile e praticabile, che invita al transito concreto della pittura, in uno spazio ibrido che è anche lo spazio dell'esperienza, quella vissuta attivamente dallo spettatore che nell'opera entra e con l'opera si relaziona.

Di particolare interesse il rapporto dell'artista con la poesia. I versi di Andrea Zanzotto, Valentino Zeichen, Francesco Serrao, Bizhan Bassiri e Daniele Pieroni sono stati per Lei fonte di ispirazione, per la realizzazione di diverse sue opere.

Macro e micro-segni, come fossero parole, fluttuano libere nello spazio, comunicando e interagendo in modo diretto e piuttosto fluido.

In una quotidianità come la nostra, scandita da ritmi eccessivamente frenetici, minacciata dall'apatia di un mondo per buona parte ormai occupato da masse di individui "multitasking" alienati e prigionieri di un dispositivo palmare considerato "intelligente", l'arte può rappresentare un buon antidoto per rallentare, ragionare e meditare, anche solo per un attimo, al di fuori di questa triste gabbia sociale di giorno in giorno sempre più asfissiante, a vantaggio dell'essere.

Abbiamo bisogno di bellezza, oggi più che mai, di una bellezza pura, libera da qualsiasi vincolo precostituito, una bellezza che possa vivere in eterno e che in eterno possa stimolare visivamente ed emotivamente coloro che avranno fortuna di poterne godere avviando così, in linea con la filosofia hegeliana, quel processo di autocoscienza che porta all'assoluto (Hegel, 1863).

Affido le mie riflessioni conclusive citando Cecilia Alemani, curatrice della 59esima Esposizione (2022) d'arte della Biennale di Venezia, la quale afferma che:

> L'esperienza della bellezza non è fondata sul riconoscere una forma ma piuttosto sul riconoscere se stessi come parte di una comunità che condivide gli stessi gusti, valori e tradizioni. L'arte, come il Mar Mediterraneo, è un tessuto connettivo, il luogo in cui l'individualità diventa collettività.

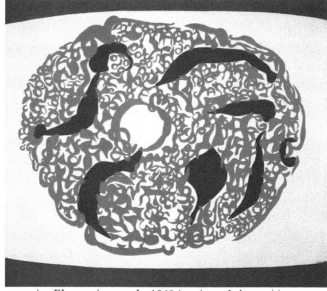

Fig. 1. Concentrico Blu, caseina su tela, 1960 (scaricata da https://www.guggenheim-venice.it/it/arte/opere/blue-concentric/)

Fig. 2. Coni, maiolica dipinta in policromia con finiture a terzo fuoco in oro e platino, 2004 (scaricata da https://www.dorotheum.com/it/l/8806300/)

Fig. 3. Tenda, vernice su sicofoil, 1965-66 (scaricata da https://lospaziodibehemoth. wordpress.com/2020/04/14/artshaker-44-le-strutture-ambientali-di-carla-accardi /)

BIBLIOGRAFIA

Agamben, Giorgio. *Cos'è il Contemporaneo*. Milano: Ed. Nottetempo – Collana I Sassi, 2008.

Amato, Eleonora C. *Le incisioni di Nunzio Sciavarrello*. Tesi di Laurea - Università La Sapienza – Roma: 2004.

Amato, Eleonora C. *L'universo grafico di Nunzio Sciavarrello: raffinata sinergia stilistica tra segno, fantasia e realtà*. In *I Quaderni del Mediterraneo: studi e ricerche sui beni culturali italiani n. 19*, a cura di Paolo Giansiracusa. Siracusa: Tyche Edizioni, 2019.

Barbero, Luca Massimo; Pola, Francesca, *Carla Accardi: segno e trasparenza*. Catalogo della Mostra, Milano: Silvana Editoriale, 2011.

Bernabei, Guglielmo. *La funzione sociale dell'arte con particolare riferimento alle arti figurative*, 2005 in https://www.tesionline.it/v3/approfondimento. jsp?id=113&sID=5 (consultato il 21/ 09/2023)

Braudel, Fernand. *"La Mediterranée": l'espace et l'histoire"*. trad. E. De Angeli. Milano: Bompiani, 2017.

Cacciari, Massimo. *Icone della Legge*. Milano: Adelphi, 1985.

Duby, Georges. *Gli ideali del Mediterraneo: storia filosofia e letteratura nella cultura europea*. Messina: Mesogea Editore, 2000.

Eccher, Danilo. (a cura di) *Accardi L'arte è vita. Paolo Vagheggi intervista Carla Accardi*. in Carla Accardi catalogo della mostra, Roma, MACRO Electa, Milano 2004 in https://archivioaccardisanfilippo.it/site/?page_id=927 (consultato il 4/10/ 2023).

Giani, Renato. *Libero de Libero presenta un altro siciliano: Nunzio Sciavarrello*. Palermo: Giornale di Sicilia, 4 Marzo 1959.

Hegel, Georg Wilhelm Friedrich. *Fenomenologia dello spirito*. Napoli: F. Rossi – Romano, 1863 in https://books.google.it/books?id=W3JcU1n1RI0C& printsec=frontcover&hl=it&source=gbs_ge_summary_r&cad=0#v=o nepage&q&f=false (consultato il 10/10/2023).

Modica, Giuseppe. *La luce del Mediterraneo. In ricordo di Piero Guccione*. In *Dialoghi Mediterranei*. Periodico bimestrale dell'Istituto Euroarabo di Mazara del Vallo, 2018 in https://www.istitutoeuroarabo.it/DM/la-luce-del-mediterraneo-in-ricordo-di-piero-guccione/ (consultato il 15/10/2023).

SITOGRAFIA DI RIFERIMENTO

Materia, mito e religione nell'arte contemporanea del Mediterraneo di Christine Macel https://www.artribune.com/attualita/2015/11/ materia-mito-e-religione-nellarte-contemporanea-del-mediterraneo/ (consultato il 21/ 09/2023).

Il Mediterraneo: dal Mare nostrum ai giorni nostri | Federico Rampini, Roberto Roveda https://www.youtube.com/watch?v=xGFjP-VHowg (consultato il 21/ 09/2023).

La Sicilia: Crocevia del Mediterraneo, Mix di Natura, Arte e Cultura https://www.youtube.com/watch?v=nOksJ48p0gM (consultato il 21/09/2023).

Riflessioni sulla comunicatività dell'arte di Serena Maffe https://www.mediterraneaonline.eu/riflessioni-sulla-comunicativita-dellarte/ (consultato il 21/ 09/2023).

Arte come dialogo tra le culture di Anna Detheridge https://www.connectingcultures.it/it/arte-come-dialogo-tra-le-culture/ (consultato il 15/10/2023).

Dialogo sul Contemporaneo nell'arte di Giuseppe Modica https://www.istitutoeuroarabo.it/DM/dialogo-sul-contemporaneo-nellarte/ (consultato il 15/10/2023).

Il Mediterraneo infinito di Pietro Guccione di Mario Dal bello https://www.cittanuova.it/il-mediterraneo-infinito-di-pietro-guccione/?ms=005&se=003 (consultato il 15/10/2023).

In ricordo di Piero Guccione; riproponiamo un articolo di Mario Ursino per il catalogo "Piero Guccione. Le opere monumentali" di Mario Ursino https://www.aboutartonline.com/in-ricordo-di-piero-guccione-riproponiamo-un-articolo-di-mario-ursino-per-il-catalogo-piero-guccione-le-opere-monumentali/ (consultato il 21/10/2023).

Carla Accardi e i suoi segni d'artista di Daniela Annaro https://www.ildialogodimonza.it/carla-accardi-e-i-suoi-segni-dartista/ (consultato il 21/ 10/2023).

Scrivere con il colore Carla Accardi a cura di Lorenzo Benedetti http://archivioaccardisanfilippo.it/site/?p=2095 (consultato il 23/10/2023).

Finestre sull'Arte: Carla Accardi, vita e opere della grande artista astrattista https://www.finestresullarte.info/arte-base/carla-accardi-artista-astrattista-vita-opere-stile (consultato il 21/10/2023).

Cosa sono i Balcani?
Un tentativo di inquadrare il problema

Federico Dapor

LICEO MARIE CURIE DI PERGINE VALSUGANA

A chi cerca la verità

NAZIONALISMI E COMUNITÀ IMMAGINATE

Nel corso dei secoli XIX e XX, intellettuali e politici occidentali hanno delineato una immagine del mondo balcanico ambigua e minacciosa. Da un confronto tra questa immagine e l'auto-percezione che chi vive nei Balcani ha di sé e delle proprie radici, emerge una forte tensione che spinge ad approfondire la ricerca attraverso l'indagine del tema del nazionalismo e della teoria dei caratteri nazionali.

Per quanto apparentemente pseudo-scientifica, la «teoria dei caratteri nazionali» propone utili schemi e modelli interpretativi. In particolare, tali modelli risultano centrali per comprendere l'esistenza di «comunità (nazionali) immaginate», che nel corso degli ultimi due secoli hanno avuto un ruolo centrale nei meccanismi della geopolitica.

Nella prima metà dell'Ottocento, nel panorama politico europeo iniziò a diffondersi una nuova idea di «nazione», intesa come comunità politica legata a tradizioni comuni, a una medesima lingua, alle stesse leggi. Attorno a tale concetto, che divenne fattore sia di integrazione sia di divisioni, vennero modellate nuove identità nazionali.

Quando nel 1808, durante le invasioni napoleoniche, Johann Gottfried Fichte tenne presso l'Accademia delle Scienze di Berlino i *Discorsi alla nazione tedesca*, egli insistette a lungo sulla differenza tra francesi e tedeschi, legandola soprattutto alla lingua:

> La differenza tra il destino dei tedeschi e quello degli altri ceppi provenienti dalla stessa radice [...] è che i primi sono rimasti nelle sedi originarie del popolo di provenienza, mentre gli altri sono migrati in altri luoghi; i primi hanno conservato e formato ulteriormente la lingua originaria del popolo di provenienza, i secondi hanno accolto una lingua straniera. (Fichte, 49-51)

Con l'espressione «altri ceppi», Fichte intendeva i franchi, avi dei francesi, la cui lingua originaria si era «imbastardita», nel corso della storia, mescolandosi con il latino. Se il discorso del filosofo idealista mirava a mostrare la superiorità del popolo tedesco rispetto a quello francese, al contempo, attingendo all'antica teoria dei caratteri nazionali, egli costruì una «ideologia nazionalista particolarmente aggressiva». Fichte delineò infatti un mondo diviso in due: «da una parte l'unica nazione originaria, ossia dotata di carattere; dall'altra l'estero» (Mazza e Nacci, 170).

Il discorso di Fichte rientra all'interno del più vasto dibattito sui caratteri delle nazioni. La teoria dei caratteri nazionali, sempre in bilico tra le cause fisiche e morali che determinerebbero l'essenza di un popolo, risale al mondo antico. Nel trattato del V secolo a.C. *Arie acque luoghi,* Ippocrate spiega come le condizioni ambientali delle diverse regioni del mondo abbiano una forte influenza sul corpo e sulla mente delle persone che vi abitano. La teoria fisica dell'origine del carattere ha attraversato la storia del pensiero occidentale fino al mondo contemporaneo, trovando numerosissimi interpreti, i quali, sostenendo punti di vista più o meno deterministici, hanno cercato di mitigare o enfatizzare l'influenza del clima sulla formazione dei caratteri nazionali. È sul finire dell'età moderna che si può individuare il momento di svolta di tale teoria, quando, tra Settecento e Ottocento, si passò da riflessioni puramente descrittive ad altre connotate da un punto di vista «ideologico», come nel caso di Fichte. L'Ottocento è difatti il secolo che vide la nascita del nazionalismo.

Benedict Anderson, in *Comunità immaginate. Origini e fortuna dei nazionalismi,* ha cercato di delineare le radici e le cause dell'insorgere dei nazionalismi. Anzitutto, essi sembrano svilupparsi in Europa nel momento in cui la cristianità è ormai divisa tra cattolici e protestanti. Già le guerre di religione del Cinquecento avevano mostrato come, dopo la Riforma luterana e calvinista, non fosse più possibile pensare al cristianesimo come collante della società europea. Il venire meno dell'unità cristiana, insieme al crollo delle strutture di antico regime e al conseguente de-potenziamento dello Stato dinastico, dopo il 1789, sarebbero stati i fattori determinanti affinché potesse sorgere una nuova forma di identità sociale, il nazionalismo appunto. Scrive Anderson:

> La possibilità stessa d'immaginare la nazione si presentò storicamente solo quando, e dove, tre fondamentali concetti culturali, tutti molto antichi, persero la loro presa assiomatica sulle menti degli uomini. Il primo di questi fu l'idea che un particolare linguaggio sacro offrisse un accesso privilegiato alla verità ontologica, proprio perché parte inseparabile della verità stessa. È stata questa idea a far nascere le grandi fratellanze transcontinentali del cristianesimo, dell'Ummah islamica, e le altre. La seconda fu la credenza che la società fosse organizzata naturalmente intorno a «centri superiori», cioè ai monarchi […]. La terza era una concezione del tempo in cui cosmologia e storia erano indistinguibili, le origini del mondo e dell'uomo essenzialmente identiche. (Anderson, 33)

A partire dalla prima metà dell'Ottocento, dunque, in Europa (e in America Latina) iniziarono a diffondersi sentimenti nazionalistici, che ebbero una declinazione del tutto particolare nella penisola balcanica. I Balcani hanno, infatti, una storia complessa e sfaccettata di confronto/scontro con il resto dell'Europa. Un'analisi approfondita di questa regione del mondo è stata sviluppata da Maria Todorova nell'opera *Immaginando i Balcani*. Todorova cerca di delineare come gli europei «occidentali» abbiano creato una loro immagine di cosa siano i Balcani e di come, presso i popoli che hanno abitato questa penisola tra Ottocento e Novecento, si siano diffusi sentimenti di identità nazionale, i quali non possono essere ridotti agli stereotipi diffusi in Occidente.

MITI OCCIDENTALI SUI BALCANI

L'immagine dei Balcani, soprattutto nel corso del Novecento, è sempre stata connotata in senso negativo. In quanto tale essa è stata una invenzione europea. Nei diari di viaggio europei redatti nel secolo XIX già aveva iniziato ad emergere una descrizione ambigua, da parte degli intellettuali occidentali, dei popoli che vivevano nella penisola. In seguito, due eventi critici consegnarono ai posteri una visione decisamente oscura dei Balcani: le guerre del 1912-1913 e l'omicidio dell'erede al trono dell'Austria-Ungheria, Francesco Ferdinando, il 28 giugno del 1914 a Sarajevo.

Scrive Maria Todorova: «il grande crimine dei Balcani, certamente il loro peccato originale, furono gli spari di Gavrilo Princip, che segnarono lo scoppio della prima guerra mondiale» (Todorova, 187). Questo evento determinò, infatti, con un «marchio indelebile» tutte le successive descrizioni della regione. Il fatto che esso venisse percepito dall'opinione pubblica di tutto l'Occidente come un affronto spregiudicato alla civiltà è testimoniato da *Inside Europe* del giornalista americano John Gunther[1]. In tale scritto, la città di Sarajevo viene definita un «fangoso villaggio primitivo» e a Gavrilo Princip viene imputata tutta la responsabilità dello scoppio della grande guerra. Todorova descrive con sarcasmo la logica paradossale e ambigua delle posizioni di Gunther. Seguendo tale logica, e tenendo conto di come Sarajevo sia oggi una città multietnica e cosmopolita, la capitale della Bosnia-Erzegovina «sarebbe diventata questa meravigliosa città prima sotto il governo barbaro delle indipendenti monarchie slave meridionali e soprattutto sotto i comunisti jugoslavi, mentre sarebbe stato un villaggio disgustoso sotto l'illuminato governo occidentale degli Asburgo» (Todorova, 187).

Una testimonianza più recente di come gli occidentali percepiscano in maniera negativa i popoli dell'Europa «sud-orientale» è quella di Robert D. Kaplan. Secondo Kaplan, autore di *Balkan Ghosts*, il «balcanismo» violento, cioè il carattere nazionale tipico della penisola balcanica, avrebbe influenzato anche alcuni ambienti austriaci. Fu tra le «infime» pensioni di Vienna, intrise di «balcanismo», che Adolf Hitler «imparò a odiare in maniera così contagiosa» (Kaplan, xxiii).

I Balcani vengono generalmente immaginati come un ponte tra Occidente e Oriente. Essi portano con sé uno stigma: sono percepiti come zona di instabilità e disordine, mentre i caratteri delle popolazioni balcaniche vengono individuati nella violenza e nell'aggressività. L'immagine negativa dei Balcani non è mai cambiata nel corso del XX secolo. Nota Todorova che le guerre balcaniche del 1912-1913 sconvolsero l'Europa «civilizzata». Nel 1913, la Carnegie Endowment for International Peace (CEIP), promosse una indagine per cercare di capire le cause di queste guerre[2]. Nel 1914 fu pubblicato un testo nel quale

---

[1] Si veda il paragrafo «Balkans» (Gunther, 437). *Inside Europe* è un'opera di John Gunther che ha avuto varie edizioni e ampliamenti. Todorova fa riferimento all'edizione del 1940, che rispetto alle edizioni degli anni precedenti contiene delle aggiunte sul regime nazista. Questa edizione è presente su *Internet Archive*.
[2] La Carnegie Endowment for International Peace è una organizzazione apartitica fondata dall'imprenditore Andrew Carnegie nel 1910 per promuovere la cooperazione tra le nazioni. I ricercatori della CEIP si occupano di politica internazionale.

la prima guerra balcanica venne definita come guerra difensiva e giusta contro le prepotenze dell'impero ottomano; la seconda fu invece descritta come una «guerra di rapina» tra le diverse nazioni dei Balcani.

Ottant'anni dopo, nel 1993, nel pieno delle guerre jugoslave, la CEIP si limitò a stampare nuovamente la relazione del 1913, a cui venne aggiunta una introduzione, *The Balkan Crisis: 1913 and 1993*, scritta da George Kennan, ambasciatore USA prima in URSS e poi in Jugoslavia tra gli anni '50 e '60 (Todorova, 17-22). L'idea centrale di Kennan è che «il mondo balcanico è sempre lo stesso», legato a un nazionalismo aggressivo il cui carattere affonda le radici in un «lontano passato tribale»[3]. Scrive Todorova che Kennan è un «esempio di persona al crocevia», nel mezzo tra «conoscenza e potere», nella situazione in cui il «potere dell'esperto» si unisce al «potere dell'informazione» creando una conoscenza falsificata della realtà (Todorova, 291). La chiave di lettura che l'ambasciatore americano adopera per descrivere i Balcani è infatti decisamente semplicistica. Egli trascura il più recente passato della penisola, cioè i quattro secoli di dominio ottomano, e cerca di ridurre le spiegazioni dell'instabilità di questa regione ad un ipotetico «passato tribale». È il passato tribale degli antichi popoli balcanici che, ereditato da quelli contemporanei, avrebbe generato violenza, frammentazione e conflitti etnici negli anni Novanta del XX secolo.

L'idea del «passato tribale» dei Balcani risale all'Ottocento. Mary Edith Durham, etnografa e viaggiatrice britannica che si occupò a lungo dei Balcani, intraprese diversi viaggi nella penisola, visitando, a inizio Novecento, Serbia, Bosnia, Montenegro, Kosovo e Albania. In particolare, si appassionò dell'Albania e descrisse nel dettaglio le caratteristiche di chi abitava nei villaggi più remoti. Dai suoi resoconti emergono, comunque, gli stereotipi ultra-generici che nei primi anni del Novecento iniziavano a diffondersi in tutta Europa. Se, da una parte, Durham osservava che i popoli balcanici non erano malvagi come li dipingevano gli europei, dall'altra ammetteva che nei Balcani venissero spesso compiute delle atrocità inaudite dovute al «retaggio di abitudini medievali un tempo comuni in Europa». Nell'ottica di Durham, il problema delle

---

[3] Si tratta di un'espressione presente in *The Other Balkan Wars. A 1913 Carnegie Endowment Inquiry in Retrospect with a New Introduction and Reflections on the Present Conflict by George F. Kennan*. Washington DC: Carnegie Endowment for International Peace, 1993.

popolazioni balcaniche è che esse non conoscono le vie di mezzo, sanno solo odiare o solo amare e vivono in una situazione di immaturità a causa della loro «estrema giovinezza» (Todorova, 189)[4].

Negli stessi anni in cui Durham scrive e si appassiona dei Balcani, nasce il termine (negativo) «balcanizzazione» (Todorova, 236)[5]. Questo vocabolo compare per la prima volta sul *New York Time*s in riferimento alle dure condizioni che il trattato di Versailles, alla fine della grande guerra, aveva imposto alla Germania. Nel giornale viene riportato che l'imprenditore a capo della Compagnia Elettrica Tedesca, Walter Rathenau, prevedeva una «balcanizzazione dell'Europa». Con questa espressione, Rathenau prospettava per l'Europa un futuro apocalittico. Questo uso del termine è la spia del valore negativo che in Europa si attribuiva ai Balcani: «l'immagine dei Balcani portò alla ribalta la violenza come loro caratteristica centrale» (Todorova, 60-61).

Il processo che condusse allo sviluppo di questa immagine del mondo balcanico andò di pari passo con lo sviluppo del razzismo in Europa a cavallo delle guerre mondiali. Il verdetto sui Balcani ne risultò deleterio. Nella penisola, anche se la popolazione era di una «razza bianca», vivevano comunque infedeli ed eretici, connotati da una impurità razziale, il cui sintomo principale era l'ignoranza dell'intelletto. Si diffuse la convinzione che: «all'inizio del secolo, Salonicco era ancora soltanto una selvaggia torre di Babele con un pizzico di civiltà che veniva dall'Occidente» (Todorova, 194).

La variegata complessità etnica dei Balcani creava un forte disagio in Occidente. Infatti, a differenza dell'Europa occidentale «dove le nazioni vivevano in blocchi più o meno omogenei», in quella sud-orientale «esse erano mescolate in un modo che fece aggiungere la parola "macedonia" al vocabolario degli scrittori di menù». Inoltre, per gli europei le popolazioni balcaniche continuavano a restare «troppo orientali» (Todorova, 194-195).

---

[4] Durham scrisse molto sui Balcani: *Through the Lands of Serb*; *The Burden of the Balkans*; *High Albania*; *Twenty Years of Balkan Tangle*; *The Sarajevo Crimes*; *Some Tribal Origins, Laws and Customs of the Balkans*.
[5] Todorova si riferisce all'opera di Halecki del 1963, *The Millennium of Europe*. Nel lessico politico contemporaneo il termine «balcanizzazione» continua ad essere usato con una accezione negativa, in riferimento alla complessa situazione geopolitica della penisola balcanica nel corso del Novecento, dalle guerre balcaniche (1912-1913) alle guerre jugoslave (1991-2001). Con la parola «balcanizzazione» si intende solitamente frantumazione e disordine politico-istituzionale.

La percezione che gli occidentali avevano (e hanno) del mondo balcanico, affonda le sue radici nell'Illuminismo ed è legata a sfumature razziste. Già Immanuel Kant nell'*Antropologia dal punto di vista pragmatico* (1798) scrisse che gli abitanti della «Turchia europea» non erano all'altezza di un «carattere popolare definito» (Todorova, 202).

Il tema del razzismo iniziò a svilupparsi nel pensiero filosofico occidentale proprio con Kant che, nel trattato del 1777 *Diverse razze di uomini*, aveva individuato quattro razze fondamentali nelle quali sarebbe suddivisa l'umanità (i.e., bianca, nera, unna e indù). Da queste quattro razze, che appartengono alla stessa specie, secondo Kant si possono «dedurre» tutti i «caratteri ereditari dei popoli» (Mazza e Nacci, 156).

Nel corso dell'Ottocento, le teorie legate all'ereditarietà dei caratteri razziali furono ulteriormente sviluppate, in particolare nell'opera di Arthur de Gobineau *Saggio sulla disuguaglianza delle razze umane* (1853-55). Gobineau è il fondatore del razzismo come lo intendiamo oggi. Le razze umane, secondo Gobineau, non sono uguali tra di loro. L'esistenza di razze diverse implica una disuguaglianza tra di esse dettata dalle leggi naturali.

Venne sviluppato gradualmente un concetto pseudo-scientifico di «razza» di tipo biologico, per cui una razza è determinata dal colore della pelle, dalla forma del cranio, dal tipo di capelli. A questi tratti fisici se ne aggiunsero di morali, quali onestà, solerzia, ordine (e i loro contrari). Scrive Michela Nacci che, nel corso dell'Ottocento, i concetti di razza e di carattere nazionale iniziarono a confondersi tra loro:

> ogni razza, così come ogni carattere, è infatti diversa da tutte le altre. Impossibile sbagliarsi nel riconoscerle. Perfino chi abbia nella sua genealogia l'impronta di una razza particolare, ma non ne mostri più il segno nelle sembianze, è considerato «macchiato» […]. Inoltre la razza, come il carattere, è un insieme di molti: un soggetto collettivo. (Mazza e Nacci, 257)

Se le nazioni furono le «protagoniste politiche» dell'Ottocento, il concetto di «razza» venne elaborato da Gobineau come un «dato di fatto» apparentemente «neutro». Nonostante questa neutralità, nel corso del secolo XIX iniziarono a venire sviluppate delle «gerarchie» all'interno delle quali alcune razze furono definite come superiori ad altre; quelle superiori erano legate a caratteri buoni.

Gradualmente, il concetto di razza sostituì per importanza quello del carattere nazionale. Diverse razze possono vivere sotto le stesse leggi, parlare la medesima lingua e professare la stessa religione, ma resteranno sempre razze diverse. Il discorso razzista pone la razza come causa principale del carattere, anziché il clima, la lingua o la religione (Mazza e Nacci, 257-258). La «prescrizione», sottesa a questo ragionamento, è il consiglio di non mescolare le razze. Se razze diverse si uniscono, esse daranno luce a degli ibridi, a dei meticci. Il meticcio non ha una appartenenza precisa. Allo stesso modo, il meticciato tra caratteri diversi darà vita a nazioni che non potranno mai avere una identità definita.

Per quanto nel corso della seconda metà del Novecento si sia tentato di superare le teorie razziste, che grande fortuna ebbero nei decenni precedenti, durante le guerre jugoslave la «narrazione occidentale» individuò le cause delle violenze compiute sul fronte serbo nell'eredità psicologica dei violenti e irrazionali clan balcanici del Medioevo. Riguardo alla fantomatica violenza e irrazionalità dei popoli dei Balcani, Todorova propone un paragone alquanto suggestivo:

> I nazisti organizzarono l'uccisione sistematica di popolazioni puntando al loro totale sterminio ma senza suscitare l'indignazione pubblica; il non suscitare indignazione pubblica era uno degli elementi indispensabili per completare il successo dell'operazione. Invece, coloro che hanno applicato la pulizia etnica in Bosnia, hanno consapevolmente prodotto tale indignazione, non perché avevano come obiettivo finale lo sterminio ma per creare un'atmosfera psicologica impossibile che avrebbe scacciato gli indesiderati dai loro territori. Qui il punto non è fare delle speculazioni attorno a quale politica sia meno barbara, ma affermare che in entrambi i casi c'è una logica sottesa che si spiega in termini di obiettivi stabiliti razionalmente, piuttosto che di passioni irrazionali o inconsce. (Todorova, 215)

L'irrazionalità sarebbe infatti uno dei caratteri nazionali che nella «mitologia contemporanea nazionalista» caratterizzerebbero i popoli dei Balcani. Eppure, ci illumina Todorova, nell'attuazione degli stermini di massa è sempre presente un lucido piano razionale. Questo vale sia per la Germania nazista, sia per l'«irrazionale» Bosnia degli anni Novanta.

LA TEORIA DEI CARATTERI NAZIONALI

La teoria dei caratteri nazionali concettualizza le nazioni come se fossero «individui» (Mazza e Nacci, 9). Da filosofo a filosofo, da nazione a nazione, possono cambiare i punti di vista, ma non il «nocciolo» fondamentale della riflessione, ovvero l'idea che un determinato carattere valga per tutti gli abitanti di una stessa nazione in modo equivalente. In merito, Emilio Mazza e Michela Nacci domandano: «Se l'individualità è determinata in maniera necessaria dal carattere-stampo, che ne è della libera scelta, della volontà e dell'arbitrio che dovrebbero caratterizzare gli appartenenti alla nazione in quanto individui?» (Mazza e Nacci, 10).

I caratteri nazionali pongono un problema non semplice da affrontare: essi sono fondati su pregiudizi che, nel momento in cui vengono tramandati in modo acritico, diventano stereotipi e stigmi. Lo stereotipo non è connesso all'esperienza diretta dell'osservatore, ma è legato, piuttosto, al «sentito dire». Certo che, d'altra parte, non si può trascurare il tema dell'identità e della percezione del carattere nazionale proprio e altrui. Non lo si può liquidare semplicemente come laboratorio di stigmatizzazione. Se è verosimilmente impossibile stabilire un fondamento scientifico riguardo all'essenza di una nazione, è un fatto che esistano «comunità immaginate» nazionali.

La teoria dei caratteri che, come si è visto nel primo capitolo, risale al mondo antico, venne sviluppata soprattutto nel mondo moderno e contemporaneo. Gli autori che ne trattano nelle loro opere sono molti e risulta pertanto estremamente complesso risalire a quali siano le influenze dei vari pensatori. Essi difficilmente, a questo riguardo, citano le loro fonti. Certamente alcuni intellettuali dell'età moderna hanno avuto una influenza decisiva e maggiore di altri. A questo riguardo risultano centrali due figure: il barone di Montesqiueu e David Hume.

Riguardo ai tratti generali della teoria dei caratteri vanno presi in considerazione due fattori principali. Il primo è che i caratteri di una nazione vengono solitamente fatti risalire a cause fisiche (climatiche) oppure morali (come le istituzioni, la religione, la storia di un popolo)[6]. Il secondo è che ogni autore, sbilanciando la sua prospettiva in senso climatico o istituzionale, elabora riflessioni più o meno deterministe. Se Montesquieu è passato alla storia come il paladino delle cause climatiche, Hume rappresenta, invece, l'esempio del filosofo che si erge per combatterle. La percezione di tale differenza, in realtà molto meno netta di come vorrebbero certi esponenti della teoria dei caratteri nazionali, già nel secolo XVIII è testimoniata da Francesco Algarotti. Questi, nell'opera *Saggio sopra la quistione: se le qualità varie de' popoli originate siano dallo influsso del Clima, ovveramente dalla virtù della legislazione*, sottolinea che la teoria dei caratteri nazionali, a partire da Montesquieu (che sostiene le cause climatiche) e Hume (che sostiene le cause morali), risale fino ad Ippocrate (Mazza e Nacci, 55).

Da Ippocrate fino a tutto il Seicento, la teoria maggiormente diffusa era quella climatica. Tra Seicento e Settecento, un importante esponente della teoria del clima era stato il francese Jean-Baptiste Du Bos, da sempre considerato uno dei difensori del determinismo climatico. Du Bos sosteneva, infatti, che «la differenza tra il genio delle nazioni» è un fatto «ultraterreno». Se popoli differenti abitano «sotto climi differenti», anche le nazioni saranno diverse tra loro. L'idea di fondo è che una grande diversità nell'aria di due Paesi determina una immensa differenza di caratteri, come quella esistente tra chi abita in Europa e chi in Cina. Per quanto si possa discutere su quali siano le derive deterministiche dell'impostazione di Du Bos, una cosa è certa: per il filosofo francese «un contadino olandese e uno andaluso non hanno gli stessi pensieri e le stesse passioni [...] non vogliono essere governati allo stesso modo [...]. Se cambiano carattere, questo a sua volta dipenderà dai cambiamenti delle qualità dell'aria» (Mazza e Nacci, 57)[7].

---

[6] Questa differenza si trova formalizzata in David Hume, «Of National Characters», in Id. *Essays, Moral, Political, and Literary*. Liberty Classics, Indianapolis: Liberty Classics, 1987, 197-215. È questa una raccolta di saggi contenuta originariamente all'interno di *Essays and Treatises on Several Subjects* (1753). La riflessione sui caratteri nazionali risale al 1748 (Mazza e Nacci, 54).

[7] Di una simile opinione era anche il medico scozzese John Arbuthnot (1667-1735), il quale sosteneva la teoria climatica. Essendo medico, egli diede una sorta di fondamento autorevole a questa teoria, che sembrava così assumere una base scientifica. Arbuthnot affronta il problema dell'influenza del clima sul corpo e sulla mente nel *Saggio sugli effetti dell'aria sui corpi umani* del 1733.

Riassumendo le posizioni di Montesquieu e di Hume, esse possono essere schematizzate come segue. Secondo Hume le cause che determinano il carattere di una nazione sono (e possono essere) soltanto cause morali. Ammesso che le cause fisiche (suolo, clima, aria, ecc...) possano produrre qualche «effetto», questo coinvolgerebbe soltanto organi rozzi e corporei, non la mente[8].

Secondo Montesquieu, che era a conoscenza del pensiero di Du Bos e del medico Arbuthnot, esiste un «imperio del clima» che può determinare il carattere dei popoli. Se Montesquieu, come Du Bos e come Arbuthnot, è stato accusato di determinismo climatico, è anche vero che egli sostiene che il dominio delle cause naturali sui caratteri dei popoli sia limitato al solo caso dei selvaggi. Per quanto riguarda le nazioni «civili», invece, nel XIX capitolo dello *Spirito delle leggi*, egli argomenta che siano molte le concause che governano gli uomini: clima, religione, leggi, esempi, costumi.

L'aspetto curioso di questo secolare discorso sui caratteri è che, se cambiano le prospettive, generalmente i «giudizi» sui popoli non mutano. Anzitutto, ogni pensatore concorda sul fatto che i caratteri nazionali esistono, sono bene determinati e uniformi. In secondo luogo, questi caratteri vengono percepiti in maniera analoga da autore ad autore: dispotismo orientale contro libertà dell'Europa; pigrizia e indolenza di chi vive in regioni del mondo eccessivamente calde; ubriachezza che caratterizza le nazioni dell'Europa centrale e del nord (soprattutto i tedeschi); coraggio e libertà delle popolazioni dell'Europa settentrionale. Questi luoghi comuni risalgono, ancora una volta, ad Ippocrate, il quale sosteneva che «da dolcezza del clima disponesse gli asiatici alla mollezza [...] li rendesse inadatti alla fatica, poco audaci e coraggiosi, e sottomessi ai padroni [...] a differenza dei Greci» (Mazza e Nacci, 90).

Il dibattito a riguardo dei caratteri nazionali e delle implicazioni del nazionalismo è ancora aperto e di estrema attualità. Lo è non solo

---

[8] La storia del pensiero occidentale è sempre molto ironica. Che Hume, il critico per eccellenza del nesso causa-effetto, dedichi una lunga riflessione al problema delle cause che determinano il carattere di una nazione sembra quasi paradossale. D'altronde, se Hume professava uno «scetticismo teoretico», al contempo era il sostenitore di una sorta di «dogmatismo pratico» per il quale, se vogliamo indagare la realtà circostante, non possiamo rinunciare al ragionamento causale (seppure infondato da un punto di vista teorico).

in merito alla guerra in Ucraina e alle rivendicazioni nazionaliste di Vladimir Putin, ma anche riguardo ai Balcani, dove persiste il problema del Kosovo (a maggioranza albanesi legati all'islam) e dei suoi rapporti con la Serbia (ortodossa).

BALCANISMO, MODELLI DI PERCEZIONE E DIARI DI VIAGGIO EUROPEI

Si è già riflettuto intorno al termine «balcanizzazione» che, nato dopo le guerre balcaniche e dopo la prima guerra mondiale, venne coniato per indicare frammentazione politica e regressione al tribale. Sempre connessa al mondo balcanico, un'altra categoria controversa è quella di «balcanismo», che a lungo è stata assimilata a quella di «orientalismo».

Questo secondo concetto, elaborata da Edward Said nel saggio *Orientalism*, si scontra con due problemi. Anzitutto, l'assenza di una riflessione sul contesto sociale ed economico; in secondo luogo, un approccio troppo idealizzato a fonti scritte quali Eschilo, Euripide, Dante, Marx. In altri termini, Said sosteneva la falsità delle rappresentazioni europee occidentali della categoria di orientalismo, ma non considerava che deve pur esserci una rappresentazione dell'Oriente che corrisponda alla «verità»:

> L'appropriazione della cultura greca e la sua collocazione a fondamento della civiltà occidentale era stata soltanto un processo storico graduale e controverso, mentre il modo assolutistico con cui Said spiegava la divisione tra Oriente e Occidente insinuava una continuità sospetta. (Todorova, 25)

A questo riguardo, Milica Bakic-Hayden, usando l'espressione «orientalismi a catena» intese il balcanismo come una variante dell'orientalismo, ovvero un concetto usato dall'Europa per definirsi «Occidente» in contrapposizione a un «Oriente» ideale, nel quale rientrerebbero anche i Balcani (Todorova, 28). Tuttavia, sostiene Todorova, la categoria di balcanismo è qualche cosa di diverso da quella di orientalismo. La prima, infatti, si riferisce ai Balcani, una realtà storica e geografica ben delimitata, mentre l'Oriente dell'opera di Said, invenzione degli occidentali, sarebbe caratterizzato da una «natura impalpabile».

Sostiene Todorova che si può legittimamente parlare di balcanismo. Se per la categoria di Oriente sembra valere la frase di Jacques Derrida «niente esiste fuori dal testo», riguardo ai Balcani bisogna invece domandarsi: «cosa c'è fuori dal testo»?[9]

Il punto di partenza di tutta la riflessione del saggio *Immaginando i Balcani*, è che i Balcani, oltre a esistere come realtà geografica[10], sono anche una realtà storica. «Forgiati» da un millennio di dominio bizantino, vennero in seguito modellati da quattro secoli di dominazione ottomana. È l'impero ottomano che ha lasciato un segno indelebile nei Balcani contemporanei, e questo per due ragioni: gli ottomani hanno dato unità politica alla regione e le hanno anche assegnato il nome Balcani[11]. Sono le componenti ottomane ad aver fornito «materiale» per la creazione degli stereotipi correnti sul mondo balcanico. Si vedrà di seguito che fu l'eredità ottomana ad essere percepita come la causa principale dell'«arretratezza» dei Balcani.

Tra Ottocento e Novecento iniziano a diffondersi una serie di *cliché*, riassumibili in tre idee: 1) i Balcani sono l'Occidente dell'Oriente; 2) sono caratterizzati da un grande mescolanza di razze, rappresentando un «ponte tra razze»; 3) sono, infine, un collegamento tra Occidente e Oriente, caratterizzato da «infimità». In quest'ottica, i Balcani vengono rappresentati come l'*alter ego* oscuro dell'Europa. Scrive Todorova che «le ragioni per cui i Balcani possono essere affrontati per illustrare un caso di infimità, come un sé incompleto, sono due: la religione e la razza». La penisola balcanica è, infatti, caratterizzata da due elementi di-

---

[9] Il «testo» in questo caso sarebbe rappresentato dalle parole Oriente e Balcani. Il punto su cui insiste Todorova è il seguente: la storia della categoria di pensiero di «Oriente» è una storia tutta occidentale. In altri termini, «la contrapposizione tra un Oriente e un Occidente ideali astratti è antica quanto la storia scritta. Gli antichi greci usavano l'Oriente per raffigurare l'antagonismo tra civiltà e barbarie, anche se, invero, la loro principale dicotomia riguardava il Sud civilizzato di contro a un Nord barbaro» (Todorova, 25).

[10] Da un punto di vista meramente geografico la penisola balcanica è il lembo di terra circondato dal mare Adriatico a ovest, dal mar Nero a est, dall'Egeo a sud e dal Danubio a nord. Da un punto di vista politico e sociale, Todorova definisce come Paesi balcanici gran parte degli stati dell'ex Jugoslavia (Croazia, Bosnia-Erzegovina, Serbia, Montenegro e Macedonia), la Romania, la Bulgaria, l'Albania, la Grecia e la Tracia orientale (che fa parte della Turchia). Tutti Paesi, cioè, che sono stati soggetti al controllo dell'impero ottomano.

[11] Il nome Balcani ha una origine geografica (indica inizialmente i monti Balcani) e deriva dalla parola turca *Balkan* (il termine che gli ottomani usavano per indicare i monti che attraversano la Serbia e la Bulgaria e che giungono fino al Mar Nero). L'utilizzo del termine *Balkan* per riferirsi a queste montagne risale almeno al XV secolo. Ne è testimone l'umanista e diplomatico Filippo Buonaccorsi Callimaco (1437-1496), il quale per una missione diplomatica si era recato nella capitale ottomana. In un memorandum diplomatico del 1490, egli informa papa Innocenzo VIII che la gente del posto usa il termine *Balkan* per riferirsi alle montagne (Todorova, 45). È solo a partire dalla seconda metà dell'800 che il termine Balcani inizia a essere utilizzato per indicare la penisola, prima indicata come ellenica o illirica.

stintivi: la presenza di diverse religioni che convivono insieme da secoli (cristiani, ortodossi e cattolici, e musulmani) e la straordinaria mescolanza di «razze e linguaggi», dove «greci, albanesi, serbi, ottomani, ebrei spagnoli e romeni» vivono insieme (Todorova, 39).

I termini «balcanizzazione», «balcanismo» e «balcanico», come si è già accennato, in tutte le lingue europee hanno assunto un serie di coloriture emozionali che vanno dal neutro al negativo. Una componente fondamentale di qualsiasi riflessione sul mondo balcanico non può prescindere dalla presa di coscienza di questo «fatto» linguistico, come non può nemmeno eludere una componente fondamentale dell'analisi, ossia l'idea diffusa che esistano dei caratteri nazionali dei popoli dei Balcani[12].

La narrazione europea che coinvolge i Balcani ha influenzato gli stessi intellettuali che vivono *nella* (o sono originari *della*) penisola. Un caso celebre è quello del filosofo di origini rumene Emil Cioran, che nelle sue opere parla della sua terra, la Romania. In particolare, in *Storia e utopia*, Cioran descrive i popoli balcanici come gli «unici primitivi d'Europa»[13] e in un'altra opera, *La tentazione di esistere*, si scaglia contro il mondo contadino rumeno.

Scrive Todorova che «da confusa reazione contro il mondo contadino, d'altro canto, è così esclusivamente rumena e sconosciuta negli altri discorsi balcanici da rendere davvero non balcaniche le rivendicazioni rumene». Gli altri popoli balcanici, solitamente, sono benevoli nei confronti del mondo rurale (Todorova, 81).

Per comprendere a fondo l'idea che gli europei avevano dei Balcani prima delle guerre del 1912-1913, è opportuno aprire una parentesi sui diari di viaggio europei tra Settecento e Ottocento, dai quali emergono fondamentalmente tre tendenze.

Anzitutto, gli occidentali (soprattutto inglesi) viaggiavano verso la penisola balcanica mossi da un sentimento di filo-ellenismo, di amore per il mondo della Grecia antica.

---

[12] Idea che Todorova vuole contestare.

[13] Scrive Cioran riguardo ai popoli balcanici: «Io non voglio difenderli, ma nemmeno tacere i loro meriti. Quel gusto della devastazione, del disordine interno, di un universo simile a un bordello in fiamme, quella prospettiva sardonica sui cataclismi avvenuti o imminenti […] non è dunque nulla questa eredità così ricca e pesante, questo lascito di cui beneficiano coloro che ne provengono e che […] dimostrano con ciò stesso di conservare un residuo di barbarie?» (Cioran, 47-48).

In secondo luogo, al filo-ellenismo inteso come esaltazione dei valori dell'antica Atene, corrispondeva spesso una delusione nei confronti della Grecia moderna, che contribuì a diffondere una forte antipatia verso i greci, ritenuti dei cialtroni inaffidabili.

Infine, dai diari degli europei spesso emerge una sorta di filo-turchismo, che si esprime nell'ammirazione della burocrazia dell'impero ottomano. A tal proposito, nel corso del XIX secolo ebbero grande fortuna e diffusione soprattutto diari di viaggio inglesi. Tale fortuna non era legata al fatto che i diari inglesi fossero di qualità superiore di quelli tedeschi o francesi. Il vantaggio inglese stava nel fatto che la Gran Bretagna era la prima potenza coloniale del mondo.

Un esempio che riassume tutte le tre tendenze sopra elencate è quello di John Morrit, politico britannico che fece un *Grand Tour* a fine Settecento. In una lettera del 1795, l'autore mostra una certa simpatia nei confronti dei turchi-ottomani e, al contempo, diffidenza verso i greci[14]. Da questo atteggiamento emerge inoltre il clima generale del mondo anglosassone prima dell'indipendenza della Grecia (sancita con la pace di Adrianopoli del 1829). Gli ottomani erano sempre stati un importante *partner* commerciale degli inglesi e l'idea diffusa in Inghilterra era che i greci non fossero pronti per l'indipendenza (Todorova, 148-150). Era percepito come un bene che essi fossero incasellati all'interno della burocrazia dell'impero ottomano.

EUROPA CENTRALE E BALCANI ALLE SOGLIE DEL XXI SECOLO

Nei capitoli conclusivi del suo saggio, Todorova mette a confronto il «mito» dell'Europa centrale con l'idea di «Balcani» che si è sviluppata dopo la guerra fredda e mostra come, a partire dall'invenzione dell'identità centro-europea in chiave anti-russa e anti-sovietica, l'identità balcanica sia emersa da un processo di esclusione (Todorova, 219-284). In altri termini, i Balcani vengono identificati, alle soglie del terzo millennio, ancora come una realtà diversa rispetto all'Occidente, nonché pericolosa. Essi vengono percepiti come Europa sud-orientale, non centrale e tantomeno occidentale.

---

[14] Todorova usa come riferimento le lettere di Morrit, pubblicate nel 1985 (Morrit, John. *A Grand Tour: Letters and Journeys 1794-96*. London: Century, 1985).

Nel corso degli anni Ottanta del XX secolo, e dopo il 1989, iniziò ad emergere la visione di un'Europa costituita da tre grandi regioni: occidentale, centrale e orientale. Questa, a grandi linee, era l'idea che nel 1983 aveva proposto lo storico ungherese Jenő Szűcs in «The Three Historic Regions of Europe. An Outline» (Szűcs 1983, 131-184). Nello studio di Szűcs veniva delineato il mito dell'Europa centrale (Ungheria) descritta come «terra di confine tra due centri opposti», i quali sarebbero «mercantilismo occidentale fondato sull'azienda capitalista e dominio da parte dello Stato nell'Est» (Todorova, 222). In questo contesto, è forte il rischio del riduzionismo e della semplificazione[15]. Se l'obiettivo di Szűcs era quello di rivendicare l'appartenenza dell'Ungheria al mondo occidentale, la sua schematizzazione ripropose, anche se non intenzionalmente, il problema di come definire le nazioni balcaniche: orientali o occidentali?

L'idea dell'esistenza dell'Europa centrale divenne *mainstream* soprattutto grazie al controverso articolo dello scrittore ceco Milan Kundera, «The Tragedy of Central Europe». Il punto di vista di Kundera era che la Russia fosse depositaria di una cultura «altra» rispetto a quella dell'Occidente. Affini a quella europea sarebbero state invece le tradizioni dei Paesi dell'Europa centrale (Polonia, Cecoslovacchia e Ungheria: il gruppo di Visegrád)[16]. Kundera conferiva ai russi un «potere demoniaco» e distruttivo. Egli sosteneva che dopo la primavera di Praga del 1968, i sovietici fecero di tutto per eliminare la cultura ceca. Nel suo breve articolo, Kundera non fa alcuna menzione dei Balcani. Per lo scrittore ceco «l'unico termine di opposizione era rappresentato dalla Russia».

All'inizio [...] si tentò di definire l'idea di Centro Europa sia in termini culturali (Kundera e Miłosz) sia storici (Szűcs), ma sempre

---

[15] Secondo Szűcs, dell'Europa sud-orientale (Balcani) non occorre occuparsene: «Poiché quest'ultima si è andata staccando sempre più dall'Europa parallelamente al declino di Bisanzio a partire dalla fine del Medioevo, io non ne terrò conto» (Szűcs, 134).

[16] Il saggio di Kundera risale al 1984, quando Slovacchia e Repubblica Ceca era ancora unite nella Cecoslovacchia. Il testo inizia con una riflessione sulla rivoluzione ungherese e sulla invasione sovietica dell'Ungheria nel novembre del 1956. Kundera interroga il lettore su un messaggio inviato dal direttore dell'agenzia di stampa ungherese (*Magyar Távirati Iroda*): «we are going to die for Hungary and for Europe». Spiega Kundera che una affermazione di questo genere non sarebbe stata nemmeno pensata a Mosca, mentre era normale che lo fosse a Budapest (Kundera, 33).

in opposizione alla Russia. A questo stadio, i Balcani semplicemente non esistevano come entità a sé stante: venivano ignorati o inclu-
si in una generica Europa dell'Est, oppure a volte, ma piuttosto raramente, nella stessa Europa centrale. L'idea di Europa centrale degli anni Ottanta era un'idea di emancipazione, una «metafora di
protesta», una sottospecie dell'intero genere che aveva a che fare
con l'«europeità». (Todorova, 229)

Questa nuova concezione di una Europa centrale, la cui identità venne delineata come «diversa» rispetto a quella russa, non era una versione aggiornata della Mitteleuropa, il cui cuore era il mondo tedesco. La
nuova idea di Europa centrale nemmeno comprendeva la Germania.

I Balcani, nell'«immaginario collettivo» dell'Occidente iniziarono ad
essere definiti come «Europa sud-orientale» che, in quanto tale, non
faceva parte dell'Europa centro-occidentale. Gli intellettuali che soste-
nevano il concetto di Centro Europa, attraverso di esso immaginavano
una regione al suo interno omogenea, in simbiosi con l'Occidente. Essi
cercavano di sottolineare gli elementi di fratellanza che univano Centro
e Occidente. Con l'espressione «Europa sud-orientale» veniva indicata,
invece, quella parte del mondo che comprendeva Romania, Bulgaria, ex
Jugoslavia e Albania. La Grecia restava parte dell'Europa occidentale, la
Turchia del Medio Oriente.

Se i testi di Szűcs e di Kundera rappresentano uno dei primi ten-
tativi di «emancipazione intellettuale» dell'Europa centrale, essi erano
stati preceduti da riflessioni più generose, le quali al loro interno in-
cludevano anche la «dignità» dei Balcani. In particolare, Oscar Halecki, americano di origine polacca, tra gli anni Cinquanta e Sessanta
aveva identificato l'unità culturale dell'Europa nella sintesi tra il cristianesimo e l'eredità della civiltà greco-romana. Halecki sosteneva
che se i Balcani sono stati la culla della civiltà europea, le cui radici
andavano individuate anche nel mondo greco, essi appaiono oggi così
diversi dal resto dell'Europa per colpa dei lunghi secoli di dominazione ottomana. In quest'ottica, che ricorda il filo-ellenismo del primo
Ottocento, il processo di balcanizzazione/indipendenza degli stati
balcanici veniva letto da Halecki in senso positivo.

Generalmente, però, il giudizio sui Balcani resta negativo, riduzionista e semplicistico per tutto il corso del XX secolo, soprattutto durante le guerre jugoslave. «Balcanico» rimane sinonimo di violenza, barbarie, inciviltà. A titolo di esempio, Todorova riporta l'opinione dello scrittore e giornalista ungherese György Konrad, che lei sarcasticamente definisce «uno dei maggiori teorici delle guerre civili etniche», il quale sostenne che una guerra civile etnica è tale se presenta una serie di elementi: gruppi etnici raggruppati a scacchiera, terreno montuoso, tradizione di guerriglia e culto dell'eroe. Secondo Konrad questi elementi si trovano tutti riuniti solamente nei Balcani (Todorova, 241).

Se riguardo al concetto di Centro Europa Timothy Garton Ash si era domandato «Does Central Europe Exist?» (Ash, 45-52), tale domanda non vale per i Balcani. I Balcani esistono inequivocabilmente. Il problema è semmai quello di fornire una interpretazione che renda conto di tutte le sfumature che caratterizzano questa zona del mondo. In altri termini, se per il concetto di Centro Europa si potrebbe, di nuovo, usare l'espressione di Jacques Derrida «*il n'y a pas de hors-texte*» («non vi è nulla al di fuori del testo»), riguardo ai Balcani sarebbe più appropriato continuare a chiedersi «*qu'est-ce qu'il y a de hors-texte?*», «cosa c'è fuori dal testo?» (Todorova, 251-252).

Le eredità storiche della penisola balcanica sono molto ampie e variegate. La penisola balcanica ha ospitato le *poleis* della Grecia antica, per poi conoscere, nella sua parte meridionale, un breve periodo di dominazione macedone durante l'ellenismo. Se la penisola venne unita dal punto di vista politico sotto l'impero romano, fu nel corso dei mille anni di dominazione bizantina che essa conobbe una unificazione culturale nel segno del cristianesimo greco-ortodosso. Nell'ottica di Todorova, tuttavia, è stata l'eredità di quattro secoli di dominio ottomano ad aver lasciato un segno indelebile nei Balcani del XX secolo.

Le principali macro-descrizioni dell'influenza dei turchi-ottomani sulla penisola balcanica sono due, le quali, anche se sembrerebbero escludersi l'un l'altra, a ben vedere potrebbero essere complementari. Esse sono la visione del «giogo ottomano», da una parte, e quella «organica», dall'altra. Entrambe contengono un nocciolo di verità, eppure nessuna delle due riesce a rendere conto della grande varietà con cui l'eredità ottomana ha segnato in modo non lineare lo sviluppo degli stati nazionali balcanici.

Quale sia dei due il modello più vicino alla verità è questione di dibattito. Certo è che l'impero ottomano ha lasciato una forte eredità al mondo balcanico, soprattutto nel campo economico e sociale. I quattro secoli di *pax* ottomana favorirono un grande spostamento di popolazione all'interno della regione balcanica. Più di un milione di turchi migrarono dall'Anatolia ai Balcani e numerose furono le conversioni all'islam. Inoltre, i lunghi conflitti armati (le guerre balcaniche e la prima guerra mondiale) stimolarono ulteriori spostamenti di persone. La conseguenza fu che, a differenza dell'Europa occidentale, i Balcani risultarono effettivamente caratterizzati da una mancanza di unità etnica e religiosa. Chiaramente sussistono molte differenze anche tra Stato e Stato: la Bosnia-Erzegovina è uno Stato profondamente multietnico, mentre Grecia e Albania sono molto più omogenei.

La multietnicità dei Balcani è stata alla base della grande instabilità della penisola, soprattutto negli anni '90 del Novecento, quando il trattamento delle minoranze in Bosnia e in Serbia (in Kosovo), esplose nella pulizia etnica. Anche a causa di questi eventi relativamente recenti, che hanno segnato in modo tragico la storia dei Balcani, l'eredità socioeconomica ottomana si è trasformata nella percezione del passato imperiale come un fattore di arretratezza (insieme alla spesso citata «eredità tribale» dei popoli balcanici).

Odio, rancore, rivendicazioni anacronistiche[17] hanno lasciato, soprattutto in Occidente, un'immagine dei Balcani come terra di sconvolgimenti e di delirio, dove il problema della pulizia etnica sembrava evocare lo spettro dell'odio razziale che aveva attraversato l'Europa occidentale nella prima metà del Novecento.

Sembrerebbe che l'annosa questione dell'identità dei popoli continui a scontrarsi con le differenze che le diverse identità necessariamente producono, senza riuscire a trovare un equilibrio dove l'ideologia dell'appartenenza nazionale possa conciliarsi con il principio kantiano del cosmopolitismo.

---

[17] Mi riferisco a quando negli anni '90 Slobodan Milosevic iniziò a fare un uso politico della Battaglia della Piana dei Merli del 1389, contro gli ottomani, per giustificare il nazionalismo serbo e il sogno della Grande Serbia.

In conclusione, è doveroso fare ancora una ulteriore riflessione sul concetto di «razza». Su questo tema, al festival della comunicazione di Camogli del settembre 2017 sono intervenuti, con la mediazione di Alessandro Barbero, il matematico Piergiorgio Odifreddi e il genetista Guido Barbujani. Il tema del dibattito riguardava l'utilizzo del termine razza, il quale si trova presente all'interno della Costituzione italiana (art. 3: «Tutti i cittadini hanno pari dignità sociale e sono eguali davanti alla legge, senza distinzione di sesso, di *razza*, di lingua, di religione, di opinioni politiche, di condizioni personali e sociali»). In quella sede, Odifreddi sosteneva che del termine razza non possiamo fare a meno, poiché esso è un concetto fondamentale della teoria dell'evoluzione di Darwin, e che è ridicolo sostenere che la diversità delle razze esista per tutti gli esseri animali eccetto che per l'uomo. Che poi la strumentalizzazione del concetto di «razza» abbia assunto dei connotati politici tragici negli anni dei regimi nazista e fascista, è un'altra storia. Le razze esistono, dice Odifreddi, e il fatto che si sia cambiato questo vocabolo con la parola «etnia» è una delle ennesime manifestazioni del *politically correct*.

Barbujani intervenne facendo notare che il problema, da un punto di vista biologico, non è semplice e non si può ridurre alla ferrea logica di Odifreddi. Anzitutto, riguardo alla specie umana non è corretto parlare di diversità razziali intraspecifiche, quanto piuttosto di biodiversità umana. A livello genetico, non esistono differenze sostanziali che possano giustificare la pretesa di parlare di razze umane. Il genoma di un europeo è estremamente simile sia a quello di un coreano, sia a quello di uno yanomami[18]. È chiaro che l'uso del termine razza all'interno della Costituzione italiana aveva un senso ben preciso nel secondo dopo guerra. I padri costituenti avevano in mente le leggi razziali e volevano evitare in maniera inequivocabile che si ripresentassero discriminazioni di qualunque tipo, di sesso come di razza. Ovviamente non è la parola «razza» in sé a essere un problema ma, come già precisato, i significati politico-sociali connessi a questa parola e, di

---

[18] Gli yanomami sono una popolazione indigena della foresta amazzonica brasiliana che non ha mai avuto contatti con civiltà diverse dalla loro se non in tempi recenti. Gli yanomami non si sono mai riprodotti al di fuori della loro realtà.

conseguenza, il fenomeno del razzismo[19].

Il tema del razzismo, sempre attuale, è profondamente collegato alla questione delle identità nazionali e, dunque, alla creazione delle «comunità immaginate» descritte da Anderson. A ben vedere, l'invenzione europea dei Balcani è servita a uno scopo ben preciso, seppur sfumato: costruire una immagine dell'Occidente per mostrare ciò che occidentale non è, i Balcani appunto. In questo contesto, i rischi di nuove ondate di razzismo sono sempre presenti. Il problema, a livello più generale, è che se in Europa esiste l'antidoto al razzismo, l'antirazzismo appunto, ancora non è stata creata la controparte del balcanismo:

> Riflettendo sul genio europeo, Agnes Heller affermò che «il riconoscimento della realizzazione degli altri è sempre stato parte integrante dell'identità europea», […] che «d'identità culturale europea (occidentale) è stata concepita sia come etnocentrismo sia come anti-etnocentrismo». Se l'Europa non ha prodotto solo razzismo ma anche antirazzismo, non solo misoginia ma anche femminismo, non solo antisemitismo, ma anche il suo rifiuto, allora quel che può essere definito balcanismo non è ancora stato affiancato al suo nobile complementare. (Todorova, 292)

OPERE CITATE

Anderson, Benedict. *Comunità immaginate. Origini e fortuna dei nazionalismi.* Roma-Bari: Laterza, 2021.

Ciappelli, Giovanni (a cura di). *Memoria, famiglia, identità tra Italia ed Europa nell'età moderna.* Bologna: Il Mulino, 2009.

Garton Ash, Timothy. «Does Central Europe Exist?», in *New York Review of Books*, vol. 33 (n. 15), 9 ottobre 1986.

Gunther, John. *Inside Europe. Again Completely Revised.* New York: Harper & Brothers, 1940.

Cioran, Emil. *Storia e utopia.* Milano: Adelphi, 1982.

Fichte, Johann Gottfried. *Discorsi alla nazione tedesca.* Roma-Bari: Laterza, 2003.

Havel, Václav. «New Democracies for Old Europe», in *New York Times*, 17 ottobre 1993.

---

[19] L'intervento di Odifreddi e Barbujani si trova su YouTube: https://www.youtube.com/watch?v=zd2XJbcRPRM.

Kaplan, Robert. *Balkan Ghosts. A Journey Through History.* New York: St. Martin's, 1993.

Kundera, Milan. «The Tragedy of Central Europe», in *New York Review of Books*, vol. 3 (n. 7), 26 aprile 1984.

Mazza, Emilio e Nacci, Michela. *Paese che vai. I caratteri nazionali fra teoria e senso comune.* Venezia: Marsilio Editore, 2021.

Szűcs, Jenő. «The Three Historic Regions of Europe. An Outline», trad. Julianna Parti, in *Acta Historica Academiae Scientiarum Hungaricae*, vol. 29 (n. 2-4), 1983.

Todorova, Maria. *Immaginando i Balcani.* Lecce: Argo Editore, 2014.

Riffs, Repetitions and *Ripensamenti*
Genealogies of Italian Progressive rock, 1970-current

Kyle Fulford
INDIANA UNIVERSITY BLOOMINGTON

INTRODUCTION

Folklorist Richard Bauman (1992) defines *genre* as a "conventialized discourse type." While definitions of verbal genre in folkloristics and linguistic anthropology abound, *musical* genre means different things to different music scholars. This chapter will focus on one specific genre, Italian Progressive Rock, and the stylistic, linguistic, and musical characteristics that conventionalize it. Following Franco Fabbri and others, I argue that music genres are fluid and semi-permeable, contingent upon the social and cultural phenomena that surround them. Genre categories are necessary evils in some ways: consider the marketing of music, the music industry, music as commodity, Billboard, etcetera. But genre is also useful when analyzing how people (both musical participants and consumers) define, label, and use them in discourse. I use genre and musical genre interchangeably to discuss progressive rock.

AllMusic defines Progressive Rock (or "prog" rock for short) as a "form of rock music that evolved in the late 1960s and early 1970s as part of a 'mostly British attempt to elevate rock music to new levels of artistic credibility'" (2016). This contentious and incomplete definition has been challenged by the music press and the musicians themselves. When pressed, Frank Zappa once said "Progressive rock is anything that doesn't sound like *regular rock*. Regular rock is everything that sounds like itself" (1984). By pushing structural and compositional boundaries and drawing on various influences including classical and jazz, progressive rock seeks to "progress" beyond the verse-chorus-verse format of rock music. But even progressive rock itself became formulaic in the late 1970s. After its decline in the 1980s, the "neo-prog" movement of the 1990s rebranded prog as progressive metal, although some contemporary bands do still perform in the style of "classic" prog. And while the vast majority of progressive rock discourse privileges England as its epicenter, by 1970 English influence would spread and develop independently throughout Europe, and especially in Italy.

As these musical influences were coming from England, Italian "Beat" and counterculture developed swiftly. Heavy rock and psychedelic influences, concurrent with the incorporation of classical music, were foundational in the progressive scene. By the late 1960s when the beat style had begun to fall out of fashion, several bands formed that bridged the gap between beat, conventional Italian popular music, and the new sounds coming from Great Britain. These Italian groups included New Trolls, Le Orme, Panna Fredda, and Osanna. Vittorio Nocenzi, keyboardist of Banco del Mutuo Soccorso, says that band came to life when he was only eighteen, with the will to "find a bridge between the 'Beat generation' and the need for a new musical synthesis on the paths of classical music where we had already walked."[1] Nocenzi, like many of his contemporaries, were classically trained musicians. Aldo Tagliapietra, bassist and singer of Le Orme, says "Prog was, practically, a kind of music that came using the forms of *cultured* music that was played by musicians with a solid classical background and a conservatory certificate in their pockets but with long hair, drums, electronic instruments and walls of amplifiers."[2] Franco Mussida, guitarist for PFM, defines Italian Prog as: "…basically, a blending of three elements: the song, the improvisation inspired by jazz, and the composition in classical style. This cocktail is interpreted in different ways in every country; in Italy we must cope with our classical tradition: the melodrama, Respighi, Puccini, Mascagni, but also all the contemporary classical composers. It's in this legacy, in my opinion, that the specificity of Italian Progressive Rock is concealed."[3]

PATTERNS AND SINGULARITIES

To describe this sound, we must first analyze the style and form of English progressive rock to identify patterns and singularities within the Italian scene. I assign these in five categories, as indicated by the chart: Structure (Form, Timbre, Rhythmic, Melodic), Instrumentation,

---

[1] Quote from the defunct site www.pagine70.com via the Internet Archive.
[2] Quote from an interview on the site www.arlequins.it.
[3] Quote from the defunct site www.deagostinedicola.it via the Internet Archive.

Conceptual (Thematic/Social/Political), Linguistic (lyrical/language) and Cultural (historical, traditional, oral).

	British Prog	**Italian Prog**
Structure/Form	Classical/Jazz/Folk	Classical/Jazz/Folk
Instrumentation	Guitar, bass, drums, voice + Mellotron /Moog/etc.	Guitar, bass, drums, voice + Synths/ Piano/ Horn
Conceptual	Fantasy/Abstract/ Narrative	Thematic/Dramatic/Na rrative
Linguistic	English/Instrumental/ Both	Italiano/Inglese /tutte e due
Cultural	Celtic/Blues/Rock	Opera/canzone/ Neapolitan

Notice the structure is identical, with both English and Italian scenes drawing from classical influences and jazz. Folk influences are influenced respectively by the cultural sphere; in the case of English prog, blues-based rock established the style while more eclectic influences would develop later. Italian prog is characterized by a pervasive sense of romantic melancholy, overt operatic and theatrical influences, and grand narrative storytelling. Italian groups broke from England via instrumentation as well. While most British and Italian groups had a foundation of guitar, bass, drums and vocals, distinctive elements of each column are unique. For example, while many English groups had access to Mellotrons and Moog synthesizers, only the most successful Italian groups featured them. Woodwinds, especially flute and saxophone, are common across the genre. Use of violin is not uncommon if more predominant in the Italian scene. Unique to Italy is its use of regional folk instruments like the mandolin and mandoloncello, but also idiosyncratic use of french horn, cello and even flugel horn. Exceptions abound, but naming these characteristics helps to describe the golden period of progressive rock between 1972-1975. The case study of Flea on the Honey/Flea/Etna further illustrates the evolution of the scene.

No group better personifies the chronological "progression" of the scene than Flea on the Honey/Flea/Etna. Releasing three albums under three different names (but with the same personnel), the Sicilian group moved to Rome to take part in the influential Viareggio 1971 Pop festival. Later signed to RCA/Delta, the outfit donned English monikers for *Flea on The Honey*. Sung in English, the album is decidedly influenced by psychedelia and hard rock. The following year Flea (sans "on the Honey") transitioned to a much more progressive, blues-based sound. After a period as session musicians, the group reunited in 1975 and released *Etna*, emulating the popular jazz-rock fusion sound of the time.

Figure 1: Flea on the Honey

While Flea on the Honey and many other Italian groups sang in English, the most successful groups hired English lyricists to test the Anglophone market. In particular, Le Orme worked with Peter Hammill, lead vocalist of Van Der Graff Generator, to reconceptualize *Felona e Sorona* (1973) for English-speaking markets. Premiata Forneria Marconi (PFM) had Pete Sinfield's help. Sinfield, lyricist for both King Crimson and Emerson, Lake & Palmer (ELP), reportedly found it frustrating that some of his best lyrics were interpreted with a bad pronunciation (Romano 2010). PFM was signed to Manticore, ELP's label, and their albums were repackaged for British and American consumption. After some moderate chart success and international touring, PFM hired Bernardo Lanzetti to replace the departing Mauro Pagani.

LANGUAGE AND GENRE

Bernardo Lanzetti learned English while attending college in the United States. His band Acqua Fragile recorded two albums in English to little success. But Lanzetti's distinctive vocal style and mastery of the English language caught the attention of PFM, in need of a singer. In an email interview with Lanzetti, he discussed singing in English:

> Every word, in any language, is made up with one or more syllables. When singing words, as in the lyrics of a song, each musical note is better sung using monosyllables so that you can have accents every time they're needed. The Italian language cannot count on many of these monosyllables and very few words have an accent at the end. It is clear that, in the rock area, writing melodies to be sung in Italian severely limits the creativity of a composer. (2021)

I had the opportunity to test Lanzetti's theory by writing and recording a full-length album in English and Italian which I will discuss below.

Franco Fabbri defines a musical genre as a patterned "set of musical events (real or possible) whose course is governed by a definite set of socially accepted rules" (1982, 52). This notion of genre implies a group of subgrenes, or "subsets," in the mathematical sense of set theory; that is, musical phenomena may intersect *multiple* genres at any given point, adopting the social rules and cultural expectations of each (ibid.). Fabbri clarifies that some rules are more important than others, some rules become ignored, and yet membership within the genre is maintained. Fabbri's musicological analysis is uniquely informed by his insider status. As a member of Stormy Six, Franco Fabbri continually challenged genre rules and expectations in the late 1970s, so much so that he helped found a new musical collective. Rock in Opposition, or RIO, is less a musical genre bound by its sonic characteristics but its ethos. If Fabbri's theory is applied, then RIO is adjacent to Italian Prog which is connected to English Prog which is descendant of rock which owes itself to rhythm & blues and so on. Turtles all the way down. I would be remiss not to mention the weird and wonderful world of "one-shot" albums, daring and provocative works made by obscure groups, many of whom released one album and disappeared. The Italian "one-shot" bands experimented with the progressive format in the truest sense of the word, which served to keep the genre fresh throughout the 1970s.

In comparison English prog rock is remarkably homogeneous in terms of instrumentation, timbral characteristics, and to a lesser extent, arrangement. Allan Moore notes "…music that came to be called 'progressive' acquired the facility to move between styles—shifting between experimental heavy rock, free improvisation, classical reworkings, and so on" (2004). Moore sets Jethro Tull's approach apart, however, with their ability to move between styles mid-song, to "capture the connotations of these styles and put them to use in energizing the emotional possibilities of the song" (ibid.). Likewise, the Italian "one-shot" bands are singular in their ability to seamlessly transition between multiple styles, tempos, time-signatures, and instrumentation, often within a single song. These "riffs" constitute the signature sound of Rock Progressivo Italiano.

RIFFS AND REPETITIONS

Ethnomusicologist Ingrid Monson defines riffs as "short, repeated segments of sound, deployed singly, in call and response, in layers, as melody, accompaniment, and bass line…They are but one aspect of a multilayered set of musical and cultural practices contributing to an entire musical complex" (1999, 31). Riffs are the self-referential building blocks of musical construction. I extend Monson's use of riffs as a heuristic towards understanding Rock progressivo Italiano. To that end, in late 2021 I set out to compose, record and produce a full-length album in English and Italian. My methodology is practice-as research, also called research-creation, a practice common in fine arts but less common in the humanities. According to musicologist and practice-as-research advocate Simon Zagorski-Thomas, "Art practice qualifies as research if its purpose is to expand our knowledge and understanding by conducting an original investigation *in and through art objects* and creative processes. Researchers employ experimental and hermeneutic methods that reveal and articulate the tacit knowledge that is situated and embodied in specific artworks and artistic processes. Research processes and outcomes are documented and disseminated in an appropriate manner to the research community and the wider public" (2015, emphasis added). My research-creation project, titled *Second Thoughts* or *Ripensamenti*, is one such art object whose purpose is to understand Rock Progressivo Italiano through immersion and collaboration.

After composing and recording the basic demos, I sought out musical collaborators around the world on the site Airgigs.com. Discussions with Italian drummer Cesare Valbusa helped to articulate my musical and research goals. I also worked with Italian conservatory student Donata Greco to arrange a flute performance for one classically inspired instrumental. Finally, Italian-Argentinian vocalist Delores "Lola" Visentini sang the duet "The Shadow of Time" in both English and Italian. Language immersion was a secondary research goal and turned out to be the most difficult challenge. Recall what Bernardo Lanzetti, lead singer of PFM, said about English and Italian lyrics: "…writing melodies to be sung in Italian severely limits the creativity of a composer." I often wondered why the English albums of Le Orme and PFM were not translated verbatim from Italian. But now I understand the meaning of the phrase "Traduttore, Traditore." To translate is to betray. In many cases the idiomatic language simply didn't make sense in Italian or vice-versa; in other cases, a direct translation resulted in far too many, or too few, syllables to match the musical phrase and meter. After the initial creation of the Italian lyrics, I realized I needed help and sought to collaborate with Leonardo Cabrini, a PhD candidate at my home institution, who helped tremendously to shape and adapt some of the lyrics. Musically, the two albums are identical. They were mixed in two sessions, first in English by David Weber at Airtime Studios.[4] After the initial mixing templates were created, David allowed me to mix the Italian vocals myself in the studio. What follows is a brief description of each composition to accompany the album, which is available on all streaming platforms and companion website.[5] Each song represents a specific "day in the life" as the protagonist strives to survive, reject, and eventually embrace that which is the human condition. It is an existential reflection upon denial, hope, nostalgia, grief, joy, fear, and acceptance.

RIPENSAMENTI

"Happy Endings" is the beginning of a hero's journey. As the protagonist sets the stage for the musical play that follows, he laments those companions left behind. In this case, his princess is nowhere to be found, lost to the cosmological whims of her contemporaries. The song offers a creation myth in its middle section, just another fairy tale in a long line of make-believe stories people tell themselves to both satiate and ignore the human impulse to know. When we can't find the answers, sometimes it's easier to make them up. But our protagonist knows better.

"Do it Again" starts at rock bottom and digs itself out. I wanted to write a song about depression and recovery with a happy ending. "Do it Again" is that song. I have always struggled with social anxiety, imposter syndrome, and bouts of depression, often with debilitating effects. After a particularly tough period of dark days, I found the courage and strength to do something, anything, instead of doing nothing. Do the dishes. Brush your teeth. Exercise. Break the cycle. Just do something. Anything. Get up tomorrow and do it again. Do it anyway. String a few of those days toge-ther until you forget rock bottom. Love yourself.

"Scene Missing" is one of those days that never existed. A pastiche of nostalgic memories half-forgotten, the song attempts to piece toge-

---

[4] http://www.airtimestudios.com/.
[5] www.witnessprotectionband.com.

ther implanted memories and faded photographs to compose a life never lived. Was the girl in the photo there, or is the archive incomplete? When memories are encased in celluloid, do they ever exist in our mind? Do photographs reference memories, or create them? The missing scenes – the gaps in our memories that become replaced and filled-in by false memories – represent what might have been.

"Sonatina in E Minor" began as a section of "Lost and Found" but became a standalone vignette, a palette-cleanser to end side A. The instrumental is an ode to Luciano Cilio, the avant-garde Italian composer who took his own life in 1983. "Sonatina" attempts to imitate the dread and possibility of Cilio's music, its funereal tone a direct reference, and offering, to the composer. Its placement on the record adds complexity to the ebb and flow of the album as a whole.

"Town Square" is the feeling of third dates, when you know someone just enough for initial awkwardness to subside but not enough to stop every nerve in your body from tingling in anticipation. You want everything to be perfect, but sometimes just walking around downtown and talking is the perfect date. "Town Square" is the magic of courtship and flirtation and butterflies in your stomach. This song was written in Italian and translated into English.

"The Shadow of Time" finds our protagonist crossing the threshold in the hero's journey. Caught in a struggle between his good and evil tendencies, the hero must face his enemy alone. But the enemy likewise has both power and vulnerability; these too clash, and a stalemate ensues. Con-fusion and resentment grow between the pair before each must retreat to their own inner sanctum. If "Happy Endings" is separation, "The Shadow of Time" is initiation.

"Lost and Found" is resurrection. The hero survives his ordeal to return and tell the tale. Having escaped the lures and false promises of eternal life, the hero accepts his own mortality and shares his experience with others. He hopes this cycle of suffering and violence will end one day, not within his lifetime, but when the day and time is right. Only then will the hero's journey become complete. For now, it's just a story, it's just a fairy tale.

CONCLUSION

While difficult to describe in words, Rock Progressivo Italiano as a genre is best defined in sonics. Genre is useful as conventionalized discourse and, in the marketing, and consumption of music. But genre is also slippery, and membership is loosely maintained through stylistic norms and genre rules, even when the rules are broken or abandoned altogether. Monson's notion of riffs breaks genre down to its core constituent parts, the foundational building blocks of musical sound. Riffs can inspire, maintain, and reinforce genre conformity through repetition and musical language. *Second Thoughts* seeks out those building blocks to construct a new perspective on the Rock Progressivo Italiano genre through immersion, inspiration, and research-creation. This project challenges what constitutes a research output in an academic setting and serves as a template for further discussion of genre in music research. Through collaboration and musical discourse, practice-as-research methodologies can provide additional insight beyond analysis of musical texts and their contexts. Musicology and ethnomusicology would do well to incorporate research-creation in their respective disciplines.

REFERENCES

AllMusic. "Prog-Rock." Archived from the original on 8 February 2016. Retrieved 23 July 2016. https://www. allmusic.com/subgenre/prog-rock-ma0000002798

Bauman, Richard, *Folklore, Cultural Performances, and Popular Entertainments: A Communications-Centered Handbook.* New York: Oxford University Press, 1992.

Berry, Rafaella and Michael et al. "Rock Progressivo Italiano: A Progressive Rock Sub-genre." www.progarchives.com, *the ultimate progressive rock music website.* 29 July 2009.

Fabbri, Franco. 1982. "A Theory of Musical Genres: Two Applications." In *Popular Music Perspectives*, 52-81. Gothenburg; Exeter: IASPM

Lanzetti, Bernardo. 2021. Personal Communication with the author, February 16, 2021.

Monson, Ingrid. "Riffs, Repetition, and Theories of Globalization." *Ethnomusicology* 43, no. 1 (1999): 31–65.

Moore, Allan F. 2004. *Aqualung.* New York: Continuum.

Parentin Andrea. 2011. *Rock Progressivo Italiano: An Introduc-tion to Italian Progressive Rock.* Lexington KY: CreateSpace.

Romano, Will. 2010. *Mountains Come Out of the Sky: The Illustrated History of Prog Rock*. Milwaukee, WI: Backbeat Books.

Zagorski-Thomas, Simon. 2015. "Developing the formal structures of artistic practice-as-research." *New Vistas* 1(2), 28-32.

"Frank Zappa Talking about Progressive Rock." 1984. *Talking Classical*. MTV Interview 1984. https://www.talkclassical.com/ threads/frank-zappa-talking-about-progressive-rock.47852/.

Love, Mediterranean Style
New Visions on Apollonia and Michael's Relationship in *The Godfather*

D.J. Higgins

THE PENNSYLVANIA STATE UNIVERSITY

In our current age of rapid-fire divorce, *The Godfather* (1972) presents a manual to a (potentially) outdated form of courtship and a time when the objective of dating was marriage. *The Godfather* details the birth of one of cinema's most notorious gangsters, Michael Corleone (Al Pacino), as a romantic who witnesses the murder of the love of his life in a vicious car explosion. After the death of his wife, Apollonia Vitelli-Corleone (Simonetta Stefanelli), there is a notable change in Michael's cold-blooded nature and it is my thesis that had Apollonia's death not occurred, Michael would have been a drastically different gangster (perhaps, in fact, he might not have been one at all). This essay explores the depiction of the Mediterranean values that initially united Michael Corleone, an Italian-American, and Apollonia, a Corleone-born Sicilian, as a married couple.

The film's director, Francis Ford Coppola, presents Michael's encounter with Apollonia as love at first sight and suggests that Michael, at one point in the trilogy, was indeed a romantic. After murdering police Captain McClusky (Sterling Hayden) and Virgil Sollozzo (Al Littieri), Michael flees to Corleone[1] (his parents' birthplace). Michael serendipitously encounters Apollonia Vitelli after hiking in the mountains with his two bodyguards, Fabrizio (Angelo Infanti) and Calo (Franco Citti), and is immediately awestruck by her beauty. Upon meeting, they communicate through a series of reaction shots, as Coppola's camera highlights eye contact and reciprocating smiles as the hallmark of initiating a relationship in the Mediterranean culture. Michael stares at Apollonia in silence and dismay while his bodyguards warn him about Apollonia:

---

[1] Filmed in Savoca, Sicily.

FABRIZIO (in Italian) Mama mia what a beauty.

APOLLONIA (something in Sicilian)

FABRIZIO (to Michael, who can't keep his eyes off of Apollonia) Oh...I think you got hit by the thunderbolt.

CALO (poking Michael's shoulder; in Italian) Michele. In Sicily, women are more dangerous than shotguns.

Michael randomly encounters Apollonia's father[2] at the local bar and informs Signor Vitelli (Saro Urzì) that he wants to marry his daughter. As Michael and Apollonia have never spoken, Coppola's reaction shots underscore love at first sight as the only reassurance that Michael needs to ask her hand in marriage:

Fabrizio dons his lupara before going in to get Vitelli. Fabrizio, Vitelli, and other men emerge from the cafe. Vitelli looks irate.

MICHAEL I apologize if I offended you... Fabrizio translates into Italian.

MICHAEL I am a stranger in this country... (Fabrizio translates)

MICHAEL And I meant no disrespect to you, or your daughter... Fabrizio translates.

VITELLI (in Italian) Who is this? He sounds American...

MICHAEL I am an American...hiding in Sicily... (Fabrizio translates)

MICHAEL My name is Michael Corleone... (Fabrizio translates)

MICHAEL There are people who'd pay a lot of money for that information... (Fabrizio translates)

MICHAEL (after Vitelli nods) But then your daughter would lose a father... (Fabrizio translates)

MICHAEL ... instead of gaining a husband.

---

[2] Signor Vitelli is the owner of Bar Vitelli.

Her father obliges. Thrilled that Michael's courtship will lead to marriage, a first date is arranged.

In the current age of online dating, suitors swipe right or left based on a series of pictures and listed interests on their dating profiles. *The Godfather* offers an anthropological study (a glance and nod to the past) to a younger generation who perhaps have never experienced in-person courtship; a courtship that exists outside the realm of the cellular and independent of Instagram likes, private DM's (direct messages on Instagram), and emojis conveying cheap and saccharine emotions. *The Godfather,* apart from being a story about capitalism, details in-person courtship and potential face-to-face rejection (as opposed to unanswered texts). The film has become somewhat of an intellectual taboo to many academics, grouped as generic as pizza and pasta when addressing the Italian-American culture. Aside from being a filmmaking bible- a workshop on elliptical editing, Gordon Willis' brilliant use of natural light, a flawless score, ingenious directing, and acting- the film has been revisited in countless essays since its release (and rightfully so).

In light of Quentin Tarantino recently stating that his tenth film, *The Movie Critic,* will be his last, this is an opportune time to discuss the (many) merits of *The Godfather.* Tarantino's desire to stop making films is his historical defense regarding the merit of cinema- the director of *Pulp Fiction, Kill Bill, Once Upon a Time in Hollywood,* has been emphatic in his diatribe regarding the sacred nature of cinema- "bad" films should not be made (and the potential risk of creating "bad" films is the impetus to Tarantino's early retirement). Tarantino's radical criticism of contemporary cinema reinforces my thesis- the beauty of *The Godfather* is that upon each "modern" viewing, nuance presents itself. *The Godfather,* merely put, is a far better film than those that exist and thrive in the status quo of fast-food cinema: films that are packed with sodium, leaving spectators lethargic and unchallenged after a viewing. *The Godfather,* unlike many modern films, continues to provoke introspection after each viewing.

This past semester, I watched my CRIM 225N (Crime in Film and Society) students gasp in horror as they witnessed Apollonia's death during a screening of *The Godfather.* After class, I realized that I had missed an integral theme in the film in my last twenty-plus viewings- *The Godfather* is a (tragic) love story. After the death of Apollonia, Michael becomes so consumed with hatred and rage that he no longer fears death or hell. We witness the birth of a ruthless gangster (he kills Connie's husband on the day of her son's baptism, punches his pregnant wife in the stomach in *Godfather II*, and appears to have no qualms regarding murder as a form of business in both films). Coppola's transition from Michael witnessing Apollonia's death, to returning to the United States to pursue his ex-girlfriend Kate (Diane Keaton), shows the decline of a man who has lost the ability to love again. His soul is shattered, jaded, and broken upon seeing the murder of Apollonia. He too becomes broken by a system that does not play by fair rules or conduct. Before Apollonia's death, Michael was shown as a warm and loving partner (with both Kate and Apollonia). After her death, he is cold and dismissive of Kate.

It should be noted that while rewatching (and teaching) *The Godfather*, I was in the process of rereading bell hooks' *All About Love: New Visions*. I have seen *The Godfather* well over twenty times and this was my third venture with *All About Love: New Visions*. hooks presents love as an academic quagmire. Her hallmark text defends love as a universal theme: we all want it and are afraid to discuss it, as it makes us feel vulnerable (and academically speaking, it is regarded as a jejune field of study). hooks' book begs an important question: how many academics have ever taught a course entitled Love 101? hooks' thesis, that we cannot be happy without experiencing constant love, is a reminder that Michael's demise started with an attempted murder attack on his father and the subsequent death of his beloved wife. Michael seems to lose faith in all of humanity after Apollonia's death and hooks identifies this as "misguided thinking":

> Those who choose to walk on love's path are well served if they have a guide. That guide can enable us to overcome fear if we trust that they will not lead us astray or abandon us along the way. I am always amazed by how much courageous trust we offer strangers. We get sick and enter hospitals where we put our trust in a collective body of people we don't know, who we hope make us well. Yet we

often fear placing our emotional trust in caring individuals who may have been faithful friends all our lives. This is simply misguided thinking. And it must be overcome if we are transformed by love. (hooks 161)

hooks is unapologetically critical of academia, insinuating that love is an area of study that is academically deemed to be trivial and irrelevant in a university setting. As our world (and the media) continues to become more polarized (and radical), hooks' words are a stark reminder that Michael is a metaphor for humanity, and we are all by-products of receiving a sufficient or insufficient amount of love. hooks asks her readers, if we are not receiving love, how can we properly understand how to give it? And if we are not giving love, how are we expected to know how to receive it? When we are hurt, we tend to hurt other people (also known as a vendetta) and when we are loved, hooks states that we have the potential to be a proactive force in a world of chaos. In the current state of world affairs, her words ring loud and with authority:

When we love by intention and will, by showing care, respect, knowledge, and responsibility, our love satisfies. Individuals who want to believe that there is no fulfillment in love, that true love does not exist, cling to these assumptions because this despair is actually easier to face than the reality that love is a real fact of life but is absent from their lives. In the last two years, I have talked a lot about love. My topic has been "true love." It all started when I began to speak my heart's desire, to say to friends, lecture audiences, folks sitting next to me on buses and planes in restaurants that "I was looking for true love." Cynically, almost all my listeners would let me know that I was looking for a myth. The few who still believe in true love offered their deep conviction that "you can't look for it," that if it's meant for you "it will just happen". Not only do I believe wholeheartedly that true love exists, I embrace the idea that its occurrence is a mystery- that it happens without any effort of human will." (hooks 179-180)

The beauty of hooks' rhetoric is that she addresses love as an intellectual pursuit and without religious undertones; those who seek love, and learn how to give love, are smart. The rewards of a loving individual are not awarded in something as trite as a percentage or letter grade but by a positive sense of self-worth. Those capable of giving and receiving love, are the byproduct of a strong educational backbone.

hooks underlines that therapy is a fundamental component to a healthy society (and only a healed society, can con be unified). Therapy, in essence, is education, and it can come from the arts- music, film, paintings, and literature. Any medium that forces a person to engage in introspection can be deemed as therapeutic and our quest for self-love is the first step to living a fulfilling life. Michael does not seek therapy. After Apollonia's death, he buries his emotional turmoil and passive-aggressively treats Kate, his second wife, as a cure-all and crutch. While films such as Fellini's *La dolce vita* and Sorrentino's *La grande bellezza* address hedonism and fast- paced conquests, Coppola suggests that a Mediterranean marriage is based on the creation and growth of a family. One can assume upon meeting Apollonia (and the way that their love transpires cinematically) that Michael wants the love that his parents had, a long-lasting cultural bond that leads to grandchildren. When Apollonia is killed (the metaphoric death of love), Michael resorts to unapologetic violence. Murder becomes Michael's ultimate vendetta, and *The Godfather* proposes that a society that does not give love, cannot receive love. Coppola's film illustrates hooks' thesis as a metaphor underlining the inevitable self-destruction of a loveless society.

WORKS CITED

The Godfather. Directed by Francis Ford Coppola, Paramount Pictures, 1972.
hooks, bell. *All About Love: New Visions*. Harper Perennial, 2000.
Puzo, Mario and Francis Ford Coppola. *The Godfather*. 1972, https://www.public.asu.edu/~srbeatty/394/Godfather.pdf.

Morte per fuoco
Disastri ambientali e testimonianze letterarie

Mario Inglese

PhD, University of Galway

Nel 2023 l'Italia è stata uno dei paesi in cui si è registrata la più alta temperatura sin da quando hanno preso avvio gli archivi meteorologici. Il riscaldamento globale è ormai una realtà drammatica contro cui cercano di opporsi schiere di anacronostici negazionisti. Anche il Papa ha più volte richiamato l'opinione pubblica e le autorità politiche mondiali a un'inversione di rotta e a un rispetto pieno del nostro pianeta, non ultimo nella sua recentissima esortazione apostolica *Laudate Deum*. Gli incendi, in particolare, continuano a devastare il nostro territorio e, nel contesto nazionale, in proporzioni maggiori la Sicilia. Le cause sono quasi invariabilmente da ascrivere alla mano dell'uomo ma non sempre intelligibili risultano le motivazioni di tali gesti. In questo intervento intendo collegare questa sconfortante situazione alla testimonianza di poeti e scrittori che danno voce allo sgomento e all'indignazione per misfatti tanto sensazionali quanto insensati. Basti citare qui autori quali Valerio Magrelli, Giorgio Vasta, Chandra Candiani, Giuseppe Cinà, Cristiano Comelli, Enzo Di Pasquale.

La cosiddetta "Ecopoesia" (in inglese "ecopoetry") è particolarmente presente nel mondo anglosassone, sia per la diffusione dell'inglese che per una maggiore coscienza nei Paesi in cui viene pubblicata nei confronti dei temi ecologici. Il poeta si fa testimone delle emergenze ambientali e dell'instaurarsi di un nuovo rapporto tra uomo e natura, auspicando un passaggio da una visione antropocentrica a una biocentrica, dove l'uomo è alla pari con gli altri esseri viventi o almeno si pone come *primus inter pares*. Componente emozionale e componente razionale si fondono in questo tipo di poesia. Attravverso l'approccio empatico il poeta desidera risvegliare una presa di coscienza etica e un senso di responsabilità che coinvolga autore e lettore. A livello didattico proprio la componente emotivo-affettica può incidere efficacemente su tale presa di coscienza, a fianco o al di là di trattazioni più squisitamente scientifiche, fondate sui dati oggettivi. Per la poetessa canadese Di [Diana] Brandt la separazione di "queste due realtà ha generato un conflitto schizoide nella capacità di esprimersi, conflitto che oggi va *riparato* mediante il *reparative thinking*, cioè un modo interconnesso di pensare e di sentire capace di coinvolgere contemporaneamente razionalità e sentimenti e generare un'espressione artistica multidimensinale vicina alla sensibilita e alla formazione culturale degli uomini di oggi".[1] Tra i precursori di ecopoesia cito qui solo Gary Snyder, Mary Oliver, Mario Petrucci, John Burnside e Alice Oswald.

In Italia Ivana Trevisani Bach è tra i corifei dell'ecopoesia. Nel 2005 ha pubblicato un manifesto di ecopoesia. In un'intervista la poetessa definisce così questo genere di poesia: "Ecopoesia è un nuovo genere letterario che trae ispirazione dall'attuale emergenza ambientale. L'Ecopoesia si caratterizza anche per un nuovo e particolare rapporto etico *Uomo – Natura* in quanto si prefigge di 'dar voce ai viventi che non hanno voce per testimoniare i loro diritti'. L'Ecopoesia è una parte del vasto universo della Poesia. Non si pone in posizione di supremazia rispetto alle altre tradizionali espressioni di introspezione dell'io o di dinamica dei rapporti interumani. È semplicemente diversa, e non alternativa". Continua Trevisani: "Caduta l'idea di una Natura intesa come risorsa inesauribile, è entrata anche in crisi la visione antropocentrica e verticistica dell'uomo padrone senza limiti di tali risorse".[2]

Già Calvino, in un libro come il *Barone rampante*, aveva dato voce, sia pure nei modi fantastici che lo caratterizzavano, a indubbie istanze ambientaliste. Si ricordi che il padre era un agronomo e che la sezione sugli incendi dolosi nel romanzo sembra non solo confermare una grave minaccia all'ambiente sin dai tempi in cui scriveva Calvino ma anche preconizzare la crescita esponenziale di questi disastri come conseguenza del progressivo riscaldamento globale. Lo stesso primo cognome del protagonista, Piovasco, sembra alludere alla pioggia, una pioggia leggera e benefica.

Chandra Candiani, autrice milanese, dedica il suo più recente volume di poesie al bosco (*Pane del bosco* è il titolo del libro, del 2023). La

---

[1] Ricavo queste informazioni da Wilipedia alla voce "Ecopoesia" (https://it.wikipedia.org/wiki/Ecopoesia).
[2] www/poetrytherapy.it.

raccolta nasce dal trasferimento dell'autrice da Milano a un alpeggio piemontese in mezzo a un bosco. Come leggiamo dalla quarta di copertina:

> Non che Chandra non avesse un forte rapporto con la natura anche da 'cittadina', ma quando le relazioni diventano fisiche, quando gli alberi e gli animali ti circondano, li vedi e li puoi toccare, vivi con loro, le sensazioni raggiungono un'intensità diversa, e le poesie che nascono da questa esperienza, pur nella continuità delle caratteristiche stilistiche e di pensiero, propongono una svolta, per esempio disolvendo progressivamente i residui autobiografici e registrando i dati del mondo esterno e delle sue sofferenze con un sentire tanto più intimo quando più defilata è la posizione di ascolto.

Leggiamo una di queste liriche:

> Bruciano le foreste
> il mio cuore è nero carbone.
> Il mio costato di vetro
> è fatto polvere
> dove dormi nella bocca
> di un mitra, senza canto
> né orme di antenate.
> Grazie di aver portato
> il mio cuore a seppellire
> a Kabul.
> La polvere racconterà
> nei secoli in terra e aria
> come si scaglia devastazione.
> Con la voce del tempo
> gli alberi semineranno
> donne e uomini. (24)

L'autrice ha un rapporto così intimo con la natura che può rivolgersi a essa con il "tu", invocandone la presenza salvifica, come per esempio nel testo sulla pioggia che inizia con i seguenti versi: "Pioggia cara non abbandonarci / vieni a piovere pioggia / vieni ad amarci / come dài del tu alle pietre del fiume / come arroti ogni goccia / perché non resti deserta nessuna crepa" (25). Oppure in "Adesso plàcati acqua plàcati" (129), dove la furia delle acque è ascrivibile, come troppo spesso accade, alla miopia di tanti interventi umani sul territorio. Il fuoco è letterale ma assurge anche a una dimensione simbolica, offrendo ai testi di Candiani una qualità personale e metaindividuale, universale, allo stesso tempo, come nella breve poesia che segue, tratta dalla sezione "Primavera": "Tanto mondo / tanta tenebra / tanto fuoco // nessuna scorza / la vita ricomincia / dal punto nulla" (115). Oppure nel testo, sempre nella medesima sezione, "Non so come tenere":

Non so come tenere
questo mondo in fiamme
non so come lasciarlo andare
il pensiero ustiona ma cuce
alla terra sfigurata,
a chi combatte a chi spegne
a chi perde il sonno, la qualità
di abbandono che chiamiamo sogni.

Che siate visitati dagli animali custodi
che i fiumi siano in piena confidenza
con le lacrime, ci sia un pensiero
che ci pensa e rammenta
come tener salda la terra
nel mondo che si abbuia. (117)

Tomaso Montanari, all'inizio del suo volume *Ora d'arte*, sottolinea la bellezza della prima riserva naturale istituita in Sicilia, lo Zingaro, situata nel tratto di costa che va da Castellammare del Golfo a San Vito Lo Capo, in provincia di Trapani. Non è tuttavia un caso che un luogo così bello sia stato oggetto di un numero impressionante di incendi che, soprattutto nel periodo estivo, ne deturpano il fascino mettendo in serio rischio non solo la biodiversità ma anche l'incolumità delle persone che vi si trovano per goderne le attrattive naturali. Nel libro di Enzo Di Pasquale *Viaggio allo Zingaro* – a metà tra giornalismo e testo letterario – l'autore illustra i danni causati dalla piaga degli incendi.

Vincenzo Consolo ha sottolineato, con parole forti e icastiche, la coesistenza in Sicilia di bellezza e violenza (si vedano, tra i tanti esempi che si possono ricordare, i saggi contenuti in *Di qua dal faro*), così come Giorgio Vasta, attentissimo alla realtà antropologica della nativa Palermo, su cui ha scritto pagine memorabili (i due romanzi, la breve prosa "Palermo: qui altrove", *Palermo: Un'autobiografia nella luce*, *Come in un sogno* (con Michele Perriera), si chiede come possa coesistere nello stesso territorio tanta bellezza e tanta distruzione, e quale sia la motivazione che induce taluni palermitani a usare il fuoco (anche sotto forma di fuochi di artificio) sia come perversa modalità di comunicazione in ambito mafioso e delinquenziale, sia come plateale distruzione di discariche autorizzate o cumuli di rifiuti abbandonati abusivamente.

Giuseppe Cinà, poeta dialettale (o meglio post-dialettale) palermitano, dedica una poesia del suo *A macchia e u jardinu / La macchia e il giardino*, alla 'gente selvaggia' che non arretra davanti a luoghi baciati dalla bellezza per appiccare incendi devastanti: "Ma poi penso alle cose brutte / che succedono oggi, che neanche so / se Sparauli esiste ancora e mi tormento. / Ma io dico, Santo Dio perché incendiano / la montagna, perché? / sono gente selvaggia, vigliacchi!"(99). Ho riportato in questo caso l'autotraduzione fornita dall'autore stesso per un'immediata comprensibilità del testo in siciliano.

Vien fatto di pensare anche a un vasto territorio della Campania, piagato da fenomeni di disagio sociale e da organizzazioni criminali ma anche devastato da incendi dolosi, la cosiddetta "terra dei fuochi". L'espressione fa riferimento a un'area situata nella zona che va dalla provincia di Caserta a quella di Napoli ed è stata usata per la prima volta nel 2003 nel *Rapporto Ecomafie* a cura di Legambiente. L'area è interessata dalla presenza di rifiuti tossici interrati e a cui viene dato fuoco, il quale sprigiona sostanze tossiche, tra le quali diossina. È stato accertato che la presenza di queste sostanze velenose nell'aria e nella falda freatica è responsabile dell'incremento dell'incidenza nella zona di gravi patologie, tra cui diverse forme di leucemia. L'espressione "terra dei fuochi" è stata poi impiegata da Roberto Saviano in uno dei capitoli che compongono il libro *Gomorra*. È come se vi fosse una sorta di coazione a distruggere, e il fuoco si presta, forse più di altri mezzi, a tali pratiche di aggressione al territorio per via della rapidità e delle modalità di propagazione; rapidità che favorisce, inoltre, l'anonimato di coloro che perpetrano reati di questo tipo.

Nella *Laudate Deum* (del 2023), titolo improntato al francescano *Cantico delle creature*, papa Bergoglio riprende le preoccupazioni espresse nella sua enciclica *Laudato si'* (del 2015) sulla necessità di reagire agli effetti devastanti del cambiamento climatico. Scrive il Papa: "Per quanto si cerchi di negarli, nasconderli, dissimularli o relativizzarli, i segni del cambiamento climatico sono lì, sempre più evidenti". E continua: "L'origine umana – 'antropica' – del cambiamento climatico non può più essere messa in dubbio". Inoltre, va tenuto conto di quello che Bergoglio definisce il "paradigma tecnocratico", ossia la convinzione che il progresso tecnologico e lo sviluppo economico siano spontanei e inarrestabili, In realta esso è alla base dell'attuale processo di degrado ambientale". L'uso del potere va ripensato, continua Bergoglio, "un ambiente sano è anche il prodotto dell'interazione dell'uomo con l'ambiente, come nelle culture indigene e come è avvenuto per secoli in diverse regioni della Terra". Ma dove trovare lo stimolo a un'inversione di tendenza, a un cambio di paradigma? Sicuramente in quello che Francesco chiama "pungiglione etico", poiché "la decadenza etica del potere reale è mascherata dal *marketing* e dalla falsa informazione, meccanismi utili nelle mani di chi ha maggiore risorse per influenzare l'opinione pubblica attraverso di essi", come leggiamo ancora. La debolezza della politica internazionale e i progressi solo parziali, accompagnati dagli indubbi fallimenti, delle conferenze mondiali sul clima vanno, inoltre, presi in considerazione, argomenta il Papa.

Secondo il documento dal titolo "Incendio boschivo: le 4 cause che lo scatenano, ecomafie e dolo", le cause dolose si possono enucleare in tre gruppi: 1) ricerca di un profitto; 2) proteste e risentimenti; 3) cause dolose non definite. Per quanto riguarda il primo gruppo si legge: "Spesso gli incendi dolosi derivano dalla previsione errata che le aree boschive distrutte dal fuoco possano essere utilizzate successivamente a vantaggio di interessi specifici, connessi alla speculazione edilizia, al bracconaggio, all'ampliamento della superficie agraria. In altri casi essi sono riconducibili alla prospettiva di creare occupazione nell'ambito delle attività di vigilanza antincendio, di spegnimento, di ricostituzione boschiva". Relativamente al secondo gruppo leggiamo quanto segue:

"La seconda tipologia di motivazioni degli incendi boschivi dolosi comprende le manifestazioni di protesta e risentimento nei confronti di privati o della Pubblica Amministrazione e dei provvedimenti da essa adottati, quali l'istituzione di aree protette. In altri casi si tratta di azioni volte a deprezzare aree turistiche, o ancora da ricondurre a problemi comportamentali, quali la piromania e la mitomania". Al terzo gruppo appartengono, infine, tutte quelle manifestazioni dolose che non sono ascrivibili a un preciso obiettivo manifesto.

Cristiano Comelli (nato a Milano), nella sua poesia "Incendi boschivi", così si esprime:

> Null'altro s'ode,
> che sinfonie stridule,
> di cortecce e foglie
> schiave di urla diluviali,
> pelle ignobilmente scottata,
> dalla bifronte creatura di Prometeo.
> Geme in lontananza,
> d'una sigaretta l'anonima sagoma,
> appartenuta a labbra
> di ruscelli ramati,
> di perfidia e follia imbevute.
> Acqua giungerà
> nobile e fraterna
> a chiudere il tetro sipario
> sul triste volto e consunto
> di alberi che sorrisero timidi e maestosi
> a una teoria di giorni di Natale,
> e oggi primattori impotenti sono,
> di un mesto,
> vigliacco funerale.[3]

Vorrei concludere questo contributo con il poeta romano Valerio Magrelli, il quale dedica agli incendi dolosi un testo del suo *Il commissario Magrelli* (del 2018), una raccolta che, assieme a *Il sangue amaro* (del 2014), esprime inequivocabilmente e più che in altre sue sillogi

---

[3] www.poesieracconti.it.

l'impegno civile di un autore sempre attento alle emergenze e ai drammi del mondo attuale.

> Chi dà fuoco ad un bosco
> spesso è qualcuno che vive nei boschi,
> ma come un lupo, un albero o una pietra:
> non coglie la bellezza inerme a cui appartiene,
> e dunque la distrugge
> senza neanche accorgersene.
> Facciamo in modo che possa comprenderla,
> vuoi con la scuola, vuoi con la sanzione:
> bisogna terrorizzare ed istruire.
> L'incendio è un genocidio
> (il commissario schiuma)
> – pensare a un gemellaggio fra alberi e bambini.
> Bruciare una foresta,
> investire la folla con un camion,
> sono la stessa cosa,
> benché quelli dell'Isis agiscano per fede,
> non per soldi.
> Occorre far capire l'enormità del fatto,
> perché l'attentatore si ritragga atterrito
> anche alla sola idea di realizzarlo.
> Bandiere a mezz'asta, funerali di Stato,
> silenzio nelle scuole e negli uffici pubblici.
> La bellezza dovrebbe incutere sgomento.
> La dolcezza dovrebbe incutere un timore
> reverenziale. (28)

OPERE CITATE O CONSULTATE

AA.VV. "Incendio boschivo: le 4 cause che lo scatenano, ecomafie e dolo" www.tuost.com.

Astley, Neil. *Earth Shattering: Ecopoems*. Hexham: Bloodaxe Books, 2007.

Bate, Jonathan. *Song of the Earth*. Cambridge: Harvard University Press, 2000.

Brandt, Di. *So This is the World & Here I am in It*. Edmonton: NeWest Press, 2007.

Bryson, Scott. *Ecopoetry: A Critical Introduction*. Salt Lake City: University of Utah Press, 2002.

Burnside, John. *Selected Poems*. London: Jonathan Cape, 2006.

Calvino, Italo. *Il barone rampante*. Milano: Mondadori, 2002.

Candiani, Chandra. *Pane del bosco*. Torino: Einaudi, 2023.

Cinà, Giuseppe. *A macchia e u jardinu. La macchia e il giardino*. Lecce: Manni, 2020.

Comelli, Cristiano. "Incendi boschivi". www.poesieracconti.it.

Consolo, Vincenzo. *Di qua dal faro*. Milano: Mondadori, 1999.

Di Pasquale, Enzo. *Viaggio allo Zingaro*. Alcamo: Ernesto Di Lorenzo Editore, 2021.

Francesco (Jorge Mario Bergoglio). *Laudate Deum*. www.vatican.va.

Magrelli, Valerio. *Il commissario Magrelli*. Torino: Einaudi, 2018.

Montanari, Tomaso. *L'ora d'arte*, Torino: Einaudi, 2019.

Oswald, Alice. *The Thunder Mutters: 101 Poems about the Planet*. London: Faber & Faber. 2005.

Petrucci, Mario. *Heavy Water: A Poem for Chernobyl*. Enitharmon Editions, 2004.

Saviano, Roberto. *Gomorra: Viaggio nell'impero economico e nel sogno di dominio della camorra*. Milano: Mondadori, 2006.

Trevisani Bach, Maria Ivana. *Ecopoesie nello Spazio-Tempo*. Roma: Serarcangeli, 2005.

_____. "Ecopoesie Manifesto". www/poetrytherapy.it.

Vasta, Giorgio. *Il tempo materiale*. Roma: minimum fax, 2008.

_____. *Spaesamento*, Roma-Bari: Laterza, 2010.

_____. *Palermo: qui, altrove*. www.humboldtbooks.com/palermo-qui-altrove/.

_____. *Palermo: Un'autobiografia nella luce* (con Ramak Fazel). Milano: Humboldt Books, 2022.

_____. *Come in un sogno: Il racconto di Palermo* (con Michele Perriera). Palermo: Glifo Edizioni, 2023.

El otro Mediterráneo: *Conversación en Sevilla* de Vincenzo Consolo

Maria Làudani

LICEO CLASSICO "MARIO RAPISARDI" DI PATERNÒ

INTRODUCCIÓN

Vincenzo Consolo (1933-2012) puede ser considerado, sin duda alguna, uno de los escritores italianos contemporáneos más importantes. Su historia existencial lo une a otras figuras ilustres del panorama cultural siciliano desde Verga a Pirandello, a Sciascia a Camilleri: todos esos fueron autores que abandonaron la isla y maduraron sus experiencias tanto en Italia como en el extranjero, a pesar de que sus raíces e intereses siempre han estado vinculados a Sicilia, a sus tradiciones y a su historia. Para estos intelectuales es como si la distancia de su tierra natal hubiera servido para agudizar la mirada con la que captar los aspectos más profundos y relevantes de la sociedad siciliana, tanto en sentido negativo como positivo. Como explica Gianni Turchetta en la Introducción de colección de cuentos de Consolo *Le pietre di Pantalica*:

> In questa prospettiva la Sicilia diventa […] sia il luogo simbolico di una condizione universale e atemporale, sia l'oggetto di una rappresentazione ben individuata, costruita attraverso uno studio attento delle testimonianze storiche, come ci mostrano i lavori saggistici di Consolo e lo stesso uso di documenti veri all'interno delle opere letterarie. (Consolo 2022, VI)

De hecho, recordamos que la escritura de Consolo abarca desde el periodismo hasta la ensayística, la poesía, el teatro y la ficción; el autor entabla frecuentemente un fructífero diálogo con las figuras más relevantes de la literatura contemporánea como Lucio Piccolo, Leonardo Sciascia, Dino Bufalino, además se desenvuelve en una compleja investigación estilística que lo llevará a crear una forma expresiva peculiar. Asimismo, no debemos olvidar el compromiso y la sensibilidad que Consolo demuestra hacia las cuestiones ético-sociales. Todos estos elementos lo convierten en una de las figuras más destacadas de las últimas décadas.

Por otra parte, todavía hoy, once años después de la muerte de Consolo, la cultura literaria italiana y europea se acerca con enfoques muy diversificados al importante escritor. En particular en Italia se le considera un autor casi de nicho, y esto probablemente se debe a la complejidad expresiva de sus obras: Consolo utiliza el lenguaje de una manera peculiar, lo que hace que su estilo sea inconfundible, pero también casi "barroco" y de no simple lectura.

Entre otras cosas, el escritor se aleja muchísimo del italiano "estándarizado", por el contrario, recupera una forma expresiva rica de términos y construcciones recibidos directamente del siciliano y de todos aquellos componentes presentes en esta lengua: palabras griegas, árabes, españoles, etc. debido a la compleja historia de la isla caracterizada por dominaciones y presencias culturales muy diversas. Justamente Cesare Segre en un artículo conmemorativo por la muerte de Consolo define al escritor siciliano "arqueólogo de la lengua" (Segre 2012, 31).

De hecho, nos damos cuenta de un dato bastante sorprendente, a saber, que Consolo ha obtenido y sigue obteniendo un gran éxito de público y de edición sobre todo en el extranjero, y en España en particular, donde en su honor se han organizado varios Congresos y Simposios, tanto con la participación directa del autor como, en años más recientes, después de su fallecimiento. Los libros de Consolo reciben una gran atención por parte de la editorial española y de los lectores, y sus obras son traducidas y estudiadas con renovado interés.

Aquí nos gustaría centrarnos en un texto, en particular, *Conversación en Sevilla* (2014) que constituye un auténtico *unicum*, ya que fue concebido y escrito directamente en lengua española, con el sello de autenticidad del autor. Además, los contenidos del libro son paradigmáticos de la concepción del arte, de la escritura y del compromiso existencial del escritor siciliano.

LA RELACIÓN DE CONSOLO CON ESPAÑA

Para entender a fondo las motivaciones de las cuales surgió la obra *Conversación en Sevilla* tenemos que aclarar un punto importante, el hecho de que Consolo tuvo constantes relaciones con España y con su cultura: estas son muy profundas y nacen de la afinidad que el escritor siciliano percibía hacia esta tierra y sus tradiciones, en particular las «cervantinas».

A este respecto leemos las palabras del mismo Consolo cuando declaraba en una entrevista:

> Il mio itinerario verso la Spagna era in senso sentimentale, in senso romantico […] Significava arrivare alla matrice di quella che era la narrazione, di quello che era il romanzo europeo, il romanzo che fino a quel punto era stato 'marino', era stato quello dei poemi omerici. Cervantes, invece […] è stato quello che ha spostato il viaggio dal mare alla terra, ed è una terra di desolazione, di dolore, La Mancia, che diventa metafora del mondo. (Perrella 2015)

Además, con motivo del Congreso español *La pasión por la lengua: Vincenzo Consolo*, organizado por la Universidad de Valencia (2008) y dedicado al escritor, Consolo dio una ponencia titulada: *Due poeti prigionieri in Algeri: Miguel de Cervantes e Antonio Veneziano*, en la que trató de la amistad entre el poeta siciliano Antonio Veneziano y el gran escritor español Miguel de Cervantes: los dos personajes habían atravesado acontecimientos similares y, en particular, fueron secuestrados y encarcelados en Argel. Asimismo, los dos escritores entretuvieron una correspondencia epistolar durante largos períodos y que Consolo conocía, y que citó en su conferencia. Además, Consolo en la novela *Retablo* (1987) – que, como podemos ver, tiene un título español –, sigue el modelo del *Don Quijote*: los dos protagonistas, el pintor Fabrizio Clerici y su sirviente, el ex monje Isidoro, realizan un viaje de aventura por Sicilia, al igual que el Caballero de la Mancha y Sancho Panza que deambulaban por España. Por otra parte, en esta narración el escritor alude a *El retablo de las maravillas,* el más famoso de los ocho *Entremeses* (1615) de Cervantes.

Además de la ilimitada simpatía por Cervantes, Consolo percibe gran admiración por la literatura española más reciente, en particular por la del período que preludió la dictadura franquista, cuando nacieron la Generación del 98 y la del 27 que, con sus escritores, poetas, filósofos y artistas, dieron vida a un renacimiento cultural (Macaluso 2021, 144). Otro ejemplo del vínculo entre Consolo y España lo ofrecen directamente las palabras del escritor cuando, en la entrevista a Perella del 2015 ya citada, afirma sentirse más cercano a la cultura del barroco español que a la de la Ilustración francesa.

Por último, tenemos que subrayar que Consolo nunca perdió la oportunidad de viajar a España, tanto para participar en iniciativas culturales, como a título personal para visitar los lugares que tanto amaba.

Como decíamos, precisamente gracias a un Congreso dedicado a él nace el interesante libro del que hablamos en estas páginas.

CONVERSACIÓN EN SEVILLA

Conversación en Sevilla es un texto muy particular porque no es fruto de una redacción escrita por el autor Vincenzo Consolo, sino la suma de tres partes:

- *Autorretrato*, que propone por escrito una entrevista concedida por el escritor en 2004 a la televisión española Canal Sur 2 Televisión;
- las intervenciones de Consolo durante las jornadas que le dedicó la Universidad de Sevilla en el mismo año 2004;
- un texto de 1999, titulado *Las grandes vacaciones oriental-occidentales*.

Por lo que ataña a la entrevista, los pasajes más relevantes son los que se refieren a la elección por parte de Consolo de una literatura comprometida tanto a nivel social como político, y a la necesidad de recuperar el pasado a través de la memoria. Así leemos:

Bajo poderes que nos obligan a vivir en un infinito presente, carecemos de noción de nuestro pasado, de nuestra identidad, y no alcanzamos a imaginar siquiera nuestro inmediato futuro. Nos convertimos en la práctica en lo que Eliot llama el hombre *vaciado*, el hombre sin memoria. La literatura ha de ser siempre defensa de la memoria, no se puede prescindir de ella: nos lo han enseñado los grandes poetas. (Consolo 2014, 22)

También son muy relevantes las observaciones de Consolo sobre su estilo de escritura; él declaraba al respecto:

Concebí una especie de quimera […] un injerto imposible entre la escritura civil y el compromiso lingüístico: una escritura expresiva, no comunicativa, con la que trataba de sacar a la luz la memoria del lenguaje de mi tierra. […] Sicilia ha pasado dominaciones de toda suerte, que han dejado sus rastros: griegos, romanos, árabes, normados o españoles – en nuestra lengua son recurrentes los términos castellanos y catalanes – han dejato importantísimos yacimentos de lenguaje. Yo he tratado en verdad de excavar filológicamente en esta profundidad, de traer a la luz desde estos yacimentos vestigios con los que dilatar el istrumento lingüístico central. (Consolo 2014, 29-30)

En la segunda parte del texto, como decíamos, se encuentran varias intervenciones que el escritor hizo para responder a las preguntas del público y para aclarar algunos aspectos de sus concepciones artísticas, durante las jornadas que le dedicó la Universidad de Sevilla en 2004. Esta sección es titulada *70 + 1* precisamente porque el Congreso se inspiró en el aniversario de los setenta años de Consolo, conmemorados el año siguiente. En esta parte del libro encontramos también la evocación de encuentros fundamentales para el autor como en el caso de las amistades tejidas con Leonardo Sciascia y Lucio Piccolo. Otros capítulos son aquellos en los que Consolo explica los temas y la inspiración de varias sus obras.

Hay que destacar que todos los textos de Consolo contenidos en la primera y segunda parte de la obra derivan de intervenciones en italiano grabadas o transcritas por la voz de Consolo, mientras que la tercera parte está constituida por un relato escrito por el autor siempre en lengua italiana y publicado años antes, que aquí se propone en traducción española.

Por lo tanto, el libro es fruto de una cuidadosa obra de transcripción y traducción a cargo del editor, Miguel Ángel Cuevas, que supervisó todas las fases, hasta la redacción conclusiva que lleva el "sello" de autenticidad de Consolo, aunque, de hecho, el autor nunca escribió el texto completo. El proceso que caracterizó la elaboración de *Conversación en Sevilla* es descrito explícitamente por Cuevas en la introducción con las siguientes palabras:

En la trascripción-traducción de estas conversaciones se ha operado asimismo una cierta reelaboración, un proceso de montaje: tratándose de una propuesta selectiva, la fluidez del discurso […] obligaba a prescindir de momentos de grabación, lo que a su vez implicaba el establecimiento de nuevos nexos. Pero el resultado fue sometido […] a la revisión del propio Consolo, que autorizó su publicación en la forma en que ahora se presenta. Autorizó en dos sentidos, dio su consentimiento e imprimió su sello autorial: atento en cada párrafo a que la forma fija de la escritura no traicionara la oralidad, cuidadoso de que el transcriptor-traductor no redujera su palabra más de lo necesario a los códigos de la lengua escrita (Consolo 2014, 12).

En toda la obra queda fijada la imagen de un ambiente peculiar y muy querido por el escritor, es decir, el contexto de su Sicilia, insertada en el marco más amplio del sentimiento de la «mediterraneidad», sentimiento que hunde sus raíces en la cultura arcaica, en el mundo griego-latín, en el periodo árabe, en los varios momentos en que las dominaciones diferentes se entrelazaron en este lugar especial que está en el corazón del *Mare Nostrum*, y que dio lugar también a una lengua, el dialecto siciliano, al que Consolo recurre y que reelabora según criterios originales. Así, por ejemplo, en el capítulo *La lucerna y el retrato*, Consolo compara tres momentos históricos y tres modelos culturales relacionados con ellos: en primer lugar la fase clásica, los mitos antiguos y los vestigios griegos que él, desde joven, consideraba el aspecto más profundo y noble de la historia siciliana; después el período árabe que, con las palabras de Leonardo Sciascia (Sciascia 2004, IX-X) y de Américo Castro (Castro 1987), define «historiable», es decir, momento en el que en la historia de la isla se produce un giro importante que mira ya a la modernidad; finalmente, la fase contemporánea a la que Consolo comienza a acercarse en edad adulta y a través de una conciencia diversa, enriquecida por el conocimiento de los acontecimientos más recientes, que han dado la impronta a Sicilia del latifundio y del condado, de la *Expedición de los Mil* con todas las contradicciones que llevó como consecuencia.

Recuerdo y símbolo del periodo vinculado a la pasión por la fase griega es un fragmento de lucerna antigua, que el escritor conservaba con religiosa dedicación.

De las mismas palabras de Consolo aprendemos:

Era yo estudiante aún de secundaria, en mi pueblo, casi adolescente. Sant'Agata di Militello es un pueblo pequeño en la costa tirrénica de Sicilia. A sus espaldas, sobre las colinas, hay antiguas ciudades, ciudades de origen griego-romano [...] En aquella época yo estudiaba la Ilíada, quizá había empezado ya con la *Odisea*: estaba totalmente embebido del mundo y del *epos* griego, del mundo heroico. Un día un compañero de la escuela me dijo que su padre estaba ejecutando unas obras en Alunzio, donde hay un templo consacrado a Hércules, que durante los trabajos de excavación habían encontrado unas cerámicas. La cosa me intriga y le digo que me lleve. Allí [...] recogí del suelo una pieza que me pareció preciosa, aunque non estaba completa, estaba rota, una lucerna. [...] Aquella cerámica que recogí, aquella lucerna, la he conservado, me ha acompañado toda la vida [...] hasta hoy. (Consolo 2014, 17)

El escritor explica cómo, durante la adolescencia, en su imaginación vivía una Sicilia íntimamente ligada a la tradición clásica, la isla era considerada por "Consolo joven" como un gran parque arqueológico, un lugar mítico, visitado por los viajeros del siglo XVIII, primeros de todos Goethe.

Solo en la edad adulta logra mirar con los ojos de la razón, considerar su tierra, en la historia más reciente, también como un lugar de profundas contradicciones, de inmensos sufrimientos y de grandes injusticias:

Y comprendí que lo que existía era una Sicilia dramática, la auténtica de la historia, no la antigua del mito profundo sino la de la historia reciente: la del perpetuarse del sistema feudal, del latifundio, de la preponderancia de los barones terratenientes y la explotación del campesino. (Consolo 2014, 18)

Otro "encuentro" importante fue con el retrato anónimo de Antonello da Messina guardado en el Museo *Mandralisca* de Cefalù, que le inspiró la novela *Il sorriso dell'ignoto marinaio* (1976). Como nos explica el propio Consolo:

> El retrato se hallaba en la isla de Lípari, desde donde el comprador lo había llevado a Cefalù, traído a un contexto histórico: imaginé la sonrisa irónica del retrato como fruto de sabiduría, de razón. Me serví del retrato como leit-movid, como hilo conductor de mi novela *La sonrisa del ignoto marinero* (1976). En ella hablo de la llegada de Garibaldi a Sicilia en 1860, de las revueltas campesinas, de las masacres que tuvieron lugar, de la represión por parte de los garibaldinos, de los procesos sumarísimos y de los fucilamientos: reflexiones sobre este crucial momento histórico para Italia que parte precisamente de Sicilia y que alcanza después a todo el país. (Consolo 2014, 20)

Por lo tanto, los dos momentos descritos, el de la adolescencia y de la visión mítica de la realidad que lo rodea, y el siguiente, de la juventud y de la madurez, en la que Consolo conquista la razón y una visión más objetiva de la realidad histórica de Sicilia, son identificados por el mismo escritor como los ejes fundamentales también de su producción artística: el resultado de esta conciencia adquirida es su primera novela de éxito, *La sonrisa del ignoto marinero* (1976).

Un papel muy relevante para el escritor siciliano es el que desempeña la memoria, a la que le dedica otro capítulo, el segundo, titulado *La estratificación: la memoria*. También en este caso la tradición clásica, la de la oralidad de los poemas homéricos, ofrece ocasión para poner en evidencia la importancia de recordar a través del tiempo no solo los acontecimientos sino también el arraigo que en la historia tiene el lenguaje, a través de las diversas estratificaciones que lo caracterizan, como en el caso del dialecto siciliano.

De hecho, la lengua es también un auténtico vehículo de contenidos artísticos y literarios solo si es portadora de todas las presencias que la caracterizan durante las distintas fases de la historia, como leemos en la siguiente consideración:

> Creo que en literatura no se puede prescindir de la memoria, tampoco de la memoria lingüística. Por lo tanto, una literatura que yo

denominaría horizontal, una literatura sin memoria, es una literatura falsa, una literatura de consumo; la auténtica literatura es de tipo vertical, escribe sobra otras escrituras: es lo que llamamos escritura palimpséstica. (Consolo 2014, 22)

También la temática del desarrollo industrial de la posguerra es objeto de algunas consideraciones por parte de Consolo; en ellas se refleja sobre el impacto devastador de la industrialización a cualquier costo en relación con la realidad y la tradición campesina siciliana, como leemos:

Esta transformación me ha impresiodano, me ha hecho reflexionar mucho sobre el fenómeno. […] Pero se ha pagado un alto precio, el de la cancelación de tantas realidades profundamente humanas. Este ha sido uno de los grandes dolores de un poeta como Pier Paolo Pasolini, que sufrió en lo más hondo la rápida mutación italiana: Pasolini habla de desarrollo sin progreso, de regresión, de desarrollo económico carente de progreso civil. (Consolo 2014, 24)

Asimismo, Consolo subraya su posición de escritor comprometido en los temas sociales, rol al que no quiere renunciar porque es uno de los rasgos ideales que el intelectual tiene que ocupar, como el autor subraya en el capítulo IV, *La escritura, el silencio, la urgencia*:

Siento la necesidad de practicar lo que Roland Barthes llama *escritura de intervención;* no la de la novela que representa de modo metafórico nuestra realidad, sino interviniendo en la prensa, escribiendo en los periódicos sobre hechos contingentes. (Consolo 2014, 24)

Sus modelos son Pasolini, Calvino, Moravia y, sobre todo, Sciascia intelectual comprometido políticamente y libre en manifestar sus posiciones: «Sciascia era un hombre libre, como deberían serlo todos los escritores. Un escritor que no es libre se convierte en un cortesano, escribe y canta para el príncipe, es el paniaguado del príncipe: servil y cómplice» (Consolo 2014, 27).

Al compromiso civil se conecta también la «cuestión de la lengua», es decir, la elección de una lengua literaria adecuada para expresar la estratificación, tanto sincrónica como diacrónica, de la realidad histórica italiana, como ya subrayamos antes. A este respecto Consolo hace referencia a la propuesta "manzoniana" de unificación lingüística en torno al dialecto toscano, motivada claramente por toda la historia que va de Dante, precisamente, a Manzoni.

Sin embargo, Consolo, en el capítulo V, titulado *Cuestiones lingüísticas*, destaca otra vez el hecho de que el elemento que a su juicio es el más relevante en la cultura italiana: la presencia y difusión de diversos dialectos que siempre han representado no solo un medio de comunicación de los hablantes de las diferentes regiones, sino también la connotación más significativa de nuestra literatura:

> El toscanismo había conocido momentos álgidos (tras la tríada Dante-Petrarca-Boccaccio); pero después, en un país marcado por una múltiple dialectalidad, con la Contrarreforma y el Barroco, todo fluyó hacia la periferia, dando lugar a una gran literatura dialectal: el milanés Porta, el romanesco Belli, el siciliano Meli, el napolitano Basile, autor del *Cuento de los cuentos*... (Consolo 2014, 27)

Luego, en la sección central del texto – como decíamos titulada *70+1* del nombre de las jornadas hispalenses dedicadas a Consolo –, el escritor esboza, en breves capítulos, los elementos más destacados de sus varias novelas, desde *Nottetempo casa per casa* (1992), hasta *Retablo* (1987), *Lunaria* (1985), *La ferita dell'aprile* (1965). El hilo conductor de estas *Conversaciones* es siempre Sicilia considerada, como en Sciascia, metáfora y paradigma de la condición humana, recogida por la mirada crítica pero también profundamente sensible y comprometida del escritor.

Una vez más Consolo recurre al mito clásico, al mito del viaje de Ulises, para evidenciar cómo la sociedad occidental actual se ha perdido a sí misma, ha perdido el camino a Ítaca, y está condenada al mismo destino anunciado por el vate Tiresia al héroe griego: un eterno vagar sin meta, a menos que se recupere la memoria y la conciencia de la historia. La pérdida de memoria y de autoconciencia, es identificada por el escritor con la sociedad consumista occidental, que basa todo en la prisa, en el hoy, en lo efímero. Este mundo consumista es profundamente egoísta y no considera los sufrimientos del tercer mundo:

> Vivimos en un mundo trágicamente desequilibrado entre el consumo y la opulencia, y la miseria de pueblos enteros. Creo que en nuestro horizonte se perfila el conflicto, que fatalmente se producirá entre ambos mundos, el mundo de la miseria y el dolor frente al mundo de la alienación y de la alegría desquiciada (Consolo 2014, 37).

El tema del contraste entre progreso y regreso en el camino histórico de la humanidad se concreta con el profundo sentido de melancolía que se refleja en la producción literaria de Consolo y que el mismo escritor identifica claramente, como confirma el análisis del segundo capítulo de la sección II:

> En esta isla del sol que es Sicilia los demonios son diurnos, de la plenitud de la luz, y son también nocturnos: lo demoniaco prevalece sobre todo, no hay momento de no-melancolía. […] Pero los momentos melancólicos son de esperanza. Se me tiene por un escritor, un intelectual, pesimista; yo no creo serlo, creo ser realista: un historicista que cree que en la historia hay periodos altos y regresiones, y tras las regresiones nuevos saltos hacia adelante. (Consolo 2014, 38)

A su novela *Retablo* (1987), de la que ya hemos hablado a propósito del quijotismo en Consolo, el autor dedica dos capítulos el III y el IV, en los que explica las motivaciones que le llevaron a componer esta obra y las razones de la elección de sus personajes. El rasgo peculiar de *Retablo*, como aclara Consolo, es el del viaje por la isla, para resaltar no solo los paisajes marcados por las huellas de la antigüedad clásica, sino también para hacer emerger el fondo de injusticias y desigualdades entre las clases sociales.

Páginas muy intensas son las del capítulo VII, dedicadas a la amistad con los escritores sicilianos Leonardo Sciascia y Lucio Piccolo, amigos también entre ellos y que Consolo frecuentaba personalmente: Sciascia y Piccolo fueron los modelos literarios a los que se refirió constantemente:

Sentí […] como un desafío la escritura de *La sonrisa del ignoto marine-ro*. Un desafío en relación a Piccolo y a Sciascia: intenté que convergieran, que coincidieran estos que para mi son dos arquetipos: la poesía pura de Lucio Piccolo y el racionalismo del ilustrado e historicista Leonardo Sciascia. (Consolo 2014, 50)

El capítulo conclusivo de la sesión *70+1* se titula *Las islas lingüísticas*: aquí Consolo realiza una ulterior reflexión sobre la estratificación y multiplicidad lingüística presente en Sicilia: esta característica también está muy presente en sus obras debido a la posición geográfica del país del escritor, Sant'Agata di Militello, situado en la encrucijada de una zona caracterizada tanto por las influencias griegas, como por las latinas, árabes, españolas, pero también galo-itálicas.

Todos estos componentes tienen una fuerte connotación en el estilo peculiar de Consolo, un estilo impregnado de elementos dialectales armonizados con un lenguaje arcaico y evocador.

La última consideración la dedicamos a la sección final del libro, la titulada *Las grandes vacaciones oriental-occidentales*. Se trata de un breve pero bellísimo relato autobiográfico, publicado por primera vez en *Alias*, el anexo cultural del *Manifesto*, en agosto de 1999 y propuesto nuevamente, en la traducción española, con ocasión del Congreso en Sevilla. Consolo describe sus vacaciones, cuando, con solo quince años, atravesaba varios paisajes, desde la costa norte de Sicilia, lugares de sus orígenes, junto con los pescadores dedicados a reparar los barcos o a pescar de noche, hasta a una solitaria excursión por localidades ricas en historia y sugestiones como Marsala, Mozia, Segesta y Selinunte.

Lo que caracteriza estas páginas es el lenguaje, arcaico y expresionista, que es la cifra estilística más importante del escritor, bien reflejada en la traducción al español.

CONCLUSIONES

Para concluir nuestras consideraciones, queremos subrayar la peculiaridad de esta obra, nacida con la forma de la oralidad, de la que conserva el amplio ritmo del discurso que fluye espontáneamente en la interlocución directa.

Otro elemento original es el hecho de que *Conversación en Sevilla* está escrita directamente en español, como fruto de una obra filológica atenta por parte del editor, Miguel Ángel Cuevas, y con el aval y el sello de originalidad de Consolo.

En las breves pero intensas páginas, se realiza un viaje literario e ideológico muy interesante: Consolo nos conduce a través de su obra, sus ideas, sus pensamientos. En este camino, trazado paso a paso en los capítulos de *Conversación en Sevilla*, el escritor representa su tierra de origen, Sicilia, como lugar de profundas contradicciones: por un lado, en sus páginas percibimos la fascinación de una cultura rica y compleja, herencia del mundo clásico y de las estratificaciones milenarias de culturas diferentes. Este ambiente confiere una huella multifacética al estilo literario de Consolo: el escritor acoge conscientemente las aportaciones de una tradición lingüística variada que se convierte en el rasgo estilístico peculiar de sus obras.

Por otra parte, Consolo no renuncia al compromiso en el plano ético y social, al contrario, no puede dejar de asumir una posición clara de solidaridad con las clases sociales humildes, tanto las de la Sicilia del pasado, tierra dominada por el feudalismo y los barones, así como con los campesinos masacrados durante la *Expedición de los Mil* que, en realidad, se convirtió en medio de nueva opresión y violencia.

También en la cultura actual, dominada por el egoísmo del mundo occidental, Consolo no puede dejar de declarar su solidaridad con las poblaciones del tercer mundo, cuya revancha social preconiza en un futuro próximo.

En este panorama tan variado, el lenguaje, a través de las formas ligadas al dialecto, se convierte en un instrumento fundamental para reivindicar una literatura vertical y comprometida. Los modelos más importantes para Consolo son sobre todo los personajes de la cultura con los que entabló una relación de amistad, entre ellos el poeta Lucio Piccolo y el escritor Leonardo Sciascia. En particular, de Sciascia Consolo hereda la visión de Sicilia como un lugar ideal y metafórico desde el que empezar a comprender los temas más urgentes y los dilemas más profundos de la contemporaneidad. Estos, para resumir, son los temas tratados en este breve texto y por eso, consideramos *Conversación en Sevilla* un libro de inestimable valor.

REFERENCIAS BIBLIOGRÁFICAS:

Castro, Americo. *La realidad histórica de España*. Città del Messico: Editorial Porrúa, 1987.

Consolo, Vincenzo. *Conversación en Sevilla*, Sevilla: La Carbonería Ediciones, 2014.

Consolo, Vincenzo. *Le pietre di Pantalica*, Milano: Mondadori, 2022 (prima ed. 1988).

Macaluso, Sarina. *La recepción del Quijote en la cultura siciliana desde el siglo XVIII hasta nuestros días*, PhD tesis, Universidad de Murcia, 2021.

Perrella, Silvio. *Cervantino contro i padri illuministi: Consolo e la Spagna*, en Il Manifesto, 30 agosto, 2015. https://ilmanifesto.it/cervantino-contro-i-padri-illuministi-consolo-e-la-spagna.

Sciascia, Leonardo. *Opere* 1951-71, p. IX-X., cura di Claude Ambroise, Milano: Bompiani, 2004.

Segre, Cesare. "L'«archeologo della lingua» che realizzò l'anti Gattopardo", en *Corriere della Sera* del 22 gennaio 2012, p. 31.

Su Frabrizia Ramondino
Il paesaggio mediterraneo come condizione e fondamento dell'essere

Bruno Mellarini
IPRASE - ROVERETO (TN)

A Maria, al suo mare

«La psiche — ha detto James Hillman — si sceglie la propria geografia» (Hillman 1983, 12). Tale affermazione ci sembra particolarmente adatta per un'autrice come Fabrizia Ramondino (1936-2008), la cui vicenda biografica appare intramata di viaggi e trasferimenti, spostamenti e dislocazioni che ne scandiscono le diverse fasi e che non sembrano conoscere soluzione di continuità. Viaggi e spostamenti che ne hanno segnato la parabola esistenziale a partire dagli anni dell'infanzia, ai quali risale il trasferimento dalla natia Napoli a Palma di Maiorca a seguito del padre, diplomatico al servizio del regime fascista, ma anche tutta la vita a venire, quando la scrittrice ebbe modo di compiere numerosi viaggi, dalla Germania al Portogallo, dall'Argentina alla Cina, per non dire dei numerosi e frequenti spostamenti in territorio italiano, dall'isola di Ventotene a Trieste, solo per citare gli esempi più noti. Vi è insomma, e non è difficile riconoscerla, una componente di vagabondaggio e di erranza, che è parte costitutiva dell'esperienza della scrittrice, e che può essere colta anche solo ripercorrendo alcuni titoli di Ramondino, fra quelli suoi più noti: *In viaggio* (1995), *Passaggio a Trieste* (2000) e *Per un sentiero chiaro* (2004), tutti titoli in cui si palesa, a livello sia letterale che metaforico, la centralità dello spostamento, la decisività del viaggio e dell'esplorazione come occasioni che concorrono al definirsi della propria esperienza umana ed esistenziale.

Al centro, ovviamente, l'incontro con gli altri e la loro assidua frequentazione (cfr. Nitido 2021), il confronto/dialogo con l'altro da sé — che può essere anche oggettuale o animale — sempre col fine di trovare un *ubi consistam*, di dare forma e sostanza al proprio Io percepito — come avremo modo di vedere — come entità labile e sfuggente, sospesa nell'incertezza di un'irrimediabile evanescenza di cui è persino difficile dire le ragioni. In proposito, sembra essere Rimbaud il punto di partenza: più precisamente, la sua celebre affermazione *Je est un autre*, che Ramondino riprenderà in chiave negativa, in certo modo svuotandola fino a dimostrare la vacuità di quel pronome all'apparenza così assertivo e definitivo:

> Ripetevo *Je est un autre* come un tempo l'antica filastrocca su Son Batle, interrompendo le mie occupazioni, senza capirne a pieno il senso, ma intuendo che prima o poi ne sarei stata folgorata. [...] Non ci fu invece folgorazione, come si spera nella febbre giovanile di conoscenza, ma una dolorosa graduale consunzione di tutti gli *io*, gli *j*, i *moi*, trastulli, bambole, ghirlande depositati come doni votivi su un sepolcro vuoto. (Ramondino 1995, 23)

Ma con la villa di Son Batle siamo, appunto, al soggiorno trascorso negli anni dell'infanzia a Palma di Maiorca: con ogni evidenza, il luogo della prima scoperta del mondo, di un *imprinting* unico e non più ripetibile, in cui l'autrice bambina ha fatto esperienza, per esempio, di un universo connotato dalla presenza e dalla mescolanza di più lingue, dal napoletano d'origine al castigliano, dal dialetto locale al francese etc. Non sarà quindi casuale, allora, che le pagine iniziali dei suoi *reportage* odeporici si concentrino proprio sui ricordi di Palma di Maiorca, ovvero sulla riscoperta di un mondo del tutto peculiare, rivestito dei colori che la nostalgia gli metteva a disposizione, non solo perché si tratta di un mondo legato indissolubilmente ai ricordi più cari dell'infanzia ma anche perché era un mondo sì rievocabile attraverso la scrittura ma sostanzialmente perduto, confinato entro un Eden non più replicabile, e della cui perdita l'autrice dimostra piena consapevolezza: d'altronde, per dirla con Cristiana Collu, «[n]on esiste [...] Paradiso che non sia perduto, e non esiste luogo in questa terra che non lo diventi una volta che ci abbiamo messo piede» (Collu 2014, 15). Un Paradiso che coincide, per Fabrizia Ramondino, con la scoperta di quel territorio che ella chiama, poeticamente e miticamente, rifacendosi a un identificabile sostrato arcaico, l'*Arcadia*, non la mitica, virgiliana terra della poesia ma — scrive Ramondino — «l'estasi, l'esperienza dell'uscita dallo spazio e dal tempo, che anche se per un solo attimo, tutti gli uomini sperimentano e ricordano, altrimenti non sopporterebbero di vivere» (Ramondino 1995, 24). Questo è dunque l'Arcadia: il «paradiso perduto», una dimensione in cui si fa esperienza di un tempo dilatabile e restringibile a piacere, una sorta di tempo fuori del tempo, e di cui il soggetto può prendere coscienza solo *a posteriori*:

> A Son Batle del tempo non avevo avuto né intuizione né percezione. Tutto avveniva simultaneamente, erano necessari indifferentemente mille anni o un secondo perché il pavone facesse la ruota, l'asino carico di legna arrivasse dall'uliveto fino alla porta della cucina, la melagrana si spaccasse rivelando i chicchi maturi, [...] la sabbia del deserto scendesse tutta in fondo alla clessidra, il latte quagliasse nella ciotola di coccio, l'acqua appena attinta dal pozzo diventasse piatta nel secchio. (Ramondino 1995, 20)

Immagini potenti, queste, a definire la presenza di un tempo del tutto scardinato dalla catena della cronologia, un tempo avulso dal predominio ossessivo di *chrónos*, e che si risolve, di fatto, nella negazione di ogni temporalità intesa come condanna e oppressione.

Questo tema, che si potrebbe definire latamente "arcadico", non è tuttavia prerogativa solo dei *reportage* di viaggio, dove pure, come si è visto, ha una sua indubbia salienza: esso compare anche nelle poesie di Ramondino, seppure declinato in forme e sfumature di volta in volta diverse.

Di qui la necessità di introdurre, sia pure a grandi linee, il discorso sulla poesia della scrittrice, per solito assai trascurata dagli interventi critici, precisando innanzi tutto due punti essenziali, forse scontati ma decisamente importanti ai fini del presente discorso: il concetto di lirica, da un lato, e, dall'altro, la definizione, per quanto generale e il più possibile trasversale, del linguaggio poetico considerato nella sua unicità e specificità. Per quanto riguarda il primo punto, imprescindibile è la definizione di poesia lirica che Hegel ebbe a dare nella seguente, memorabile enunciazione:

> Il suo contenuto è il soggettivo, il mondo interno, l'animo che riflette, che sente, e che, invece di procedere ad azioni, si arresta al contrario presso di sé come interiorità e può quindi prendere come unica forma e meta ultima l'*esprimersi* del soggetto.
>
> (Hegel 1997, 1160)

L'*esprimersi del soggetto* (o, anche, come si dice, *espressivismo*): è questa, a ben vedere, quella finalità primaria e imprescindibile della poesia cui implicitamente si rifà la stessa Ramondino, in un modo, si direbbe, purissimo e primigenio, nativo e sorgivo, quasi che la sua poesia coincidesse con la prima, aurorale parola poetica che fosse mai stata pronunciata: un segreto, intimo *dirsi* dell'Io al cospetto del proprio essere più profondo, una poesia confessionale nel senso più alto del termine, eppure aperta, già a partire dalle sue prime prove, all'impegno del dialogo e alla comunicatività, al confronto con gli altri e alla "sociabilità". Ma non è solo questo: posto che la lirica sia, innanzi tutto, una sorta di pronunciamento interiore, un dialogo dell'Io con sé stesso, essa, in quanto segno iconico o «ipersegno» (Marchese 1985, 91), appare di per sé sottratta alle letture univoche e riduttive, proprio perché ammette, come osserva Julia Kristeva, una incontenibile pluralità di significazioni, una sua costitutiva e ineliminabile polisemia. Così, appunto, con le parole della studiosa, volte a evidenziare la complessità intrinseca al codice discorsivo poetico, la cui articolazione, anziché andare da 0 a 1 va sempre, contro la logica della semplificazione e della riduzione banalizzante, da 0 a 2:

> Il linguaggio poetico [...] è un "doppio". [...] Ciò significa che la definizione, la determinazione, il segno "=" e il concetto stesso di segno, [...] non possono essere applicati al linguaggio poetico, che è un'infinità di accoppiamenti e di combinazioni. (Kristeva 1978, 124)

Date dunque tali premesse, si può senza troppa difficoltà concludere che la poesia appartiene per Ramondino alla zona semantica più "drammatica" del soggetto, quella in cui l'Io si pronuncia e offre agli altri, dicendo, come si è visto, della sua originaria e costitutiva debolezza — spinta a volte fino all'assenza, alla riconosciuta condanna al non esserci — ma anche dei suoi legami con lo spazio e il paesaggio, della sua necessaria, ineludibile intrisione con la terra. Si vedano al riguardo due testi appartenenti alla prima sezione della raccolta delle poesie, risalenti entrambi al periodo 1961-1962:

"Momento"
Esiste uno scopo alla vita?
Quando la sera viene
è venuta.
Ai fili d'erba affido
di sondare il nulla.
[...]

Io non ci sono.
(Ramondino 2004, 31)

  "Noi"
La sera giunge con ciotole di silenzio.
Roche indietreggiano
voci.

L'assenza splende sulla spiaggia.
Fumose campagne custodiscono il seme dell'uomo.

Acqua fuoco aria.
Dietro le sbarre della giornata
noi, quasi terra.
          (Ramondino 2004, 40)

Là dove è evidente, in particolare nel secondo testo citato, accanto alla presenza di nuclei tematici facilmente riconoscibili (l'assenza, il legame imprescindibile con gli elementi terrestri etc.), l'adibizione di strumenti stilistici formalmente molto semplici ma funzionali al discorso poetico, quali l'aura metaforizzante (le «sbarre della giornata», per esempio) e la particolare *dispositio* degli elementi (l'iperbato in «Roche indietreggiano / voci»). Ma essenziale, soprattutto, è l'apposizione «quasi terra» che fa seguito al pronome personale «noi», a indicare, in modo icastico e indubitabile, la stretta connessione, leggibile anche in termini d'identità e interdipendenza, tra il soggetto (un soggetto in tal caso plurale, forse identificabile con la coppia di amanti) e la realtà circostante, tra il soggetto, dunque, e la terra, nella quale avviene quella compenetrazione-identificazione di cui si è detto più sopra.

Ma lo stesso discorso si potrebbe fare anche per *Ritorno III* (1969), dove, veicolati tramite versi di varia misura, dal quaternario al novenario al decasillabo e all'endecasillabo finale, emergono sia il rapporto con la natura, puntualmente denunciato dalle similitudini naturalistiche evocate, sia il tema malinconico, espressamente declinato attraverso il richiamo all'«astro» che dovrebbe *oscurarsi* stando a quanto si legge nel verso di chiusura, cui non è estranea, forse, una lontana suggestione rimbaudiana dal *Bateau ivre*. Essenziale, ad ogni modo, è il richiamo alla natura e al paesaggio, punti di riferimento che offrono all'Io un primo, essenziale e irrinunciabile ancoraggio:

> "Ritorno III"
> So il segreto
> quando il gioco — orrore —
> diventa scena; tu non vedi
> che invecchia anche la polvere
> né al passo la sollevi;
> aduni voci fresche invece
> nella notte, e sogni nel giorno
> dove vaghi, con indirizzi di piazze
> e strade; e hai svaghi come il mattino uccelli
> sopra i rami; e ti dirami
> come i virgulti a primavera, e ami
> le ragazze al muro nella sera.
>
> Selvaggia luceva la tua assenza.
> Oh che la stella mia diventi nera!
> (Ramondino 2004, 84)

Ma così, per tornare alla produzione degli anni giovanili, nella poesia programmaticamente intitolata *Compagni* (1961-1962), dove il tema della vicinanza alla terra si appalesa rivestendosi di sfumature di conforto e consolazione (la terra «che sola lava / la disperanza dei volti», quasi emblema di una potenza superiore e purificatrice, che salva il soggetto dal proprio male di vivere):

> "Compagni"
> Mi sento vicina agli asini

e alla terra
che sola lava
la disperanza dei volti.

Pesa essere donna in questo sentire
come agli alberi una primavera sepolta.
Potrei avere figli.
Perché la vita non sia spreco.

Ma ho da slegare mani, aprire prigioni.

Mi sono compagni il cielo
le nuvole, l'aria tiepida.

Saper rabbrividire.

(Ramondino 2004, 49)

Ed è appunto il *brivido* ritrovato nel rapporto con le cose ciò che davvero conta e ha significato per l'autrice: anche a fronte dei personali progetti di vita (la maternità, *in primis*) e a fronte del mai dismesso impegno sociale e politico, riconducibile, accanto all'Arcadia, all'altro polo di attrazione costitutivo e ineludibile (quello dell'*Utopia*, perseguita sulle tracce di Campanella e del Leopardi della *Ginestra*), prioritario rimane il legame con la terra, ovvero con le origini, con l'elemento ancestrale e primigenio in cui è possibile ritrovare il senso — l'*unico senso*, si direbbe — della propria esistenza.

Questo rapporto con il paesaggio non è tuttavia puramente idillico né risolto nell'ottica del *nostos* e della rievocazione memoriale: al contrario, e in particolare nelle poesie che risalgono agli anni '80, si può notare come emergano altri temi e, in generale, altre tonalità, caratterizzate dalla preoccupazione, sulla scorta si direbbe d'una calviniana "speculazione edilizia", per il degrado del territorio e lo stravolgimento determinato da una modernizzazione sconsiderata, in quanto incapace di accordarsi con i caratteri originali di uno spazio paesaggistico di rara bellezza qual è quello campano. Si vedano allora, in proposito, alcuni versi estrapolati dalla poesia *In Costiera, fra la montagna e il mare*, nella quale appare evidente lo sguardo portato sul degrado di un territorio — la costa campana — letteralmente sfigurato dal dilagare della cementificazione e del turismo di massa, dall'imporsi, insomma, di quelle forme di coatta omologazione di cui Ramondino dirà anche in altri testi e in altre occasioni, in particolare in alcune pagine dell'*Isola riflessa* su cui avremo modo di soffermarci. Ma, appunto, si leggano i seguenti versi tratti da *In Costiera*:

> "In Costiera, fra la montagna e il mare"
> In questa turistica estate
> mentre agonizza Venezia,
> nei mulini di Amalfi costruiscono case.
> [...]
> La padrona del bar Sirene
> ha recintato la spiaggia,
> ha costruito un muro nel torrente secco,
> abbandonato fichi e limoni.
> Nel Campo
> crescono alti gli acanti — infestanti.
>
> Ha sogni di cemento
> la padrona,
> allontana i marinai
> come una volta i polli
> dalla camera da letto.
> [...]
> (Ramondino 2004, 175-176)

Ora, ciò che emerge in primo piano è il problema legato alla perdita del paesaggio tradizionale, problema d'estrema gravità come suggeriscono alcune immagini che non necessitano né di sottolineatura né di ulteriore spiegazione: basti pensare alla figurazione del muro edificato «nel torrente secco», immagine emblematica di una cementificazione selvaggia e incontrollabile, che piega alle ragioni del profitto l'esigenza, prevista anche dal dettato costituzionale, di assicurare la tutela del paesaggio e della sua bellezza. A prevalere, infatti, sono i «sogni di cemento» della «padrona», la spinta affaristica che non esita a sacrificare il territorio in nome delle ragioni del guadagno e dello sviluppo indiscriminato. Ma non è solo questo: altrettanto importante, accanto all'azione deturpante esercitata nei riguardi del paesaggio, è il tema della decadenza, se non della perdita irrimediabile, di un intero immaginario, che è poi l'immaginario (*imagery*) innanzi tutto mitologico, riconducibile a quel *mythos* che, sebbene sia di per sé inattingibile (cfr. Jesi 2023), ha definitivamente smesso di parlare agli uomini del nostro presente allorché le Sirene, solo per fare un esempio eclatante, si riducono a essere nient'altro che l'insegna di un bar per turisti e, questo, entro un contesto stravolto e desublimato, là dove anche gli *acanti* — che, come vedremo a breve, assumono un'importanza non secondaria nell'immaginario della scrittrice — sono qualificati per mezzo dell'aggettivo *infestanti*, oltre tutto posto in evidenza dalla rima al mezzo («Nel Campo / crescono alti gli acanti — infestanti»). Non sarà un caso, del resto, che nel degrado generale dell'ambiente e di un intero territorio, la stessa pianta d'acanto si riduca, appunto, a una presenza infestante, segno di una realtà stravolta e di un territorio deturpato, in cui nemmeno più sono riconoscibili le presenze non solo di una vegetazione tipica e tradizionale ma anche di un'intera cultura, la quale sembra aver perso il proprio senso di testimonianza insostituibile, proprio in quanto retaggio di un passato che, lungo il filo di una tradizione ininterrotta, dovrebbe continuare a parlare agli uomini, abitanti di un disorientato e caotico presente.

Venendo ora al romanzo-*reportage L'isola riflessa*, che è anche un *memoir* molto personale, si può osservare come ritornino più o meno gli stessi temi: ancora una volta, dunque, lo sguardo attento e scrutatore della scrittrice si dovrà soffermare su una situazione ambientale profondamente segnata dal degrado, alterata dalla cementificazione e dall'invasione da parte di un turismo di massa che ha contribuito a stravolgere il paesaggio e i suoi caratteri originari, determinando, a causa della sudditanza alle ragioni esclusive del profitto economico, un processo di omologazione spinta e inarrestabile, in conseguenza del quale si può dire che «[a]nche sull'isola […] si tenta di riprodurre il supermercato mondiale» (Ramondino 1998, 78).

È in questo senso che saranno da leggere alcuni riferimenti e sottolineature, come quella che riguarda per esempio la cura dei muri a secco: presenza tradizionale ed emblematica dei paesaggi mediterranei, e in quanto tale ben presente anche ad altri autori di area mediterranea (cfr. Pagano 2009, 89), i muri a secco costituiscono un problema allorché, ai fini della loro conservazione, ci si chiede se sia più opportuno, e conveniente, curarne il ripristino o, al contrario, sostituirli con i più economici muretti in cemento. Si tratta di scelte tutt'altro che secondarie, e che sono importanti proprio perché vanno a incidere sulla gestione e conservazione del paesaggio tradizionale considerato nel suo complesso:

> Come i muretti a secco di tufo giallo o grigio, storti, rigonfi, in miracoloso equilibrio, che un tempo, se veniva turbato, veniva subito ripristinato con abile pazienza. […] È un'operazione furtiva, in cui si avverte un'esitazione: conservare quei muretti a secco, caratteristica mediterranea dell'isola, o sostituirli con i più moderni e meno costosi in cemento? (Ramondino 1998, 86-87)

Ne emerge, con ogni evidenza, un quadro ambientale che è sì ricco di tracce e di memorie storiche — dalle donne romane esiliate sull'isola alle vicende che portarono alla stesura del Manifesto federalista europeo di Altiero Spinelli —, ma che diventa anche il luogo in cui la scrittrice verifica, e per esperienza diretta in un momento di grave smarrimento e crisi personale, la propria estraneazione, la propria impossibilità di rispecchiarsi e riconoscersi nella vita comune degli altri, quella vita indifferente e "diurna" che, paga di sé, non sembra chiedere nulla alle cose, proprio perché si svolge in un clima di totale, serena pacificazione, entro un rapporto con il reale che non è antagonistico ma di piena accettazione del mondo e delle sue contraddizioni:

> Non si incontra nessuno che passeggia di notte, solo gente che va e viene da una casa o da un locale all'altro. Mai consegnata alla notte. Né al plenilunio. Gente che riproduce durante la notte il giorno in ristoranti, bar, discoteche, rumorose riunioni di famigliari e di amici.
> In questo loro mondo mi sento un'apolide e la notte diventa allora il luogo della mia incapacità di conoscere e amare il giorno degli altri. Per fortuna i luminosi cespugli delle belle di notte m'insegnano la mitezza, mi distolgono dal giudizio, mi annunciano la presenza dell'amore — nonostante tutto. (Ramondino 1998, 81)

E tuttavia non tutto è perduto né compromesso: dalla sua posizione di "ospite", non di turista ma di "studiosa" dell'isola e della sua ricchissima storia, da scrittrice che dialoga con gli abitanti e interroga, evocandole, le presenze storiche — e anche fantasmatiche — del passato isolano, Ramondino vive il viaggio come esperienza che le permette non solo di confrontarsi con la degradata realtà del presente ma anche di tornare in qualche modo alle origini, riscoprendo così «le rovine di Troia» e, fuor di metafora, il senso di un'inalienabile *appartenenza*: è così che i luoghi, Ventotene compresa, divengono per la scrittrice «luoghi antropologici» (Augé 1993, 54), ovvero luoghi che sono al contempo storici e identitari, vissuti e riconoscibili, in quanto legati a un'esperienza reale o, comunque, riconducibile a una tradizione cui la scrittrice stessa appartiene: la tradizione storica delle culture che sono fiorite sulle sponde del Mediterraneo e che hanno, tra i loro segni più iconici, proprio quelle foglie di acanto che, come noto, non sono solo un elemento vegetale ma parte costitutiva ed essenziale nell'*ordine corinzio* dell'architettura greca. Si tratta, peraltro, di una pianta di cui l'autrice aveva appreso l'esistenza negli anni del Liceo, durante le ore di disegno e di latino, ma che era rimasta, per così dire, lettera morta, una pura nozione del tutto irrilevante ed estranea al soggetto individuale, incapace di emozionare e di coinvolgere veramente la futura scrittrice. Ora, tutto questo sembra cambiare di segno proprio nella rievocazione memoriale, quando le piante di acanto sono ritrovate e riscoperte in tutta la pregnanza del loro significato storico e culturale:

> Gli acanti li ho scoperti vivi e negletti solo da adulta, nei luoghi più inselvatichiti della costiera amalfitana, addossati gli uni agli altri e coperti di ragnatele e di polvere. Ed essi, mescolati a vegetazioni infestanti, ché per il turismo si è abbandonata la campagna, per me furono emozionanti, come se avessi scoperto le rovine di Troia. (Ramondino 1998, 12)

Come si può facilmente comprendere, è sempre un regredire, un tornare indietro quasi filogenetico alla riscoperta del passato individuale e collettivo, un rievocare «le rovine di Troia» come riscoperta dell'*archè*, ritrovamento di un passato perduto eppure ancora presente e vivo, traccia mnestica che, pur risalendo a tempi immemorabili, giunge fino al mondo contemporaneo conferendogli senso e valore, attribuendogli quello spessore e quella densità di significazione che altrimenti non potrebbe avere. Riscoprire gli *acanti* equivale così a ritrovare le radici della propria identità, ad avere — in un mondo mutato e non più riconoscibile — un metro di misura delle cose e, in definitiva, una precisa direzione esistenziale che, se da un lato non è in grado di definire ciò che sarà nel futuro, dall'altro è in grado di offrire il senso del passato, svelando un orientamento a partire dalla direzione che gli uomini con le loro civiltà si sono trovati a tracciare.

È il passato, dunque, che fa lievitare il presente, e non viceversa. È il passato che permette di riscoprire e di riscoprirsi, arrivando ad attribuire senso e valore alla propria esistenza, altrimenti destinata a smarrirsi sotto la minaccia della perdita e dell'inevitabile disorientamento. Il paesaggio, di conseguenza, non sarà solo uno sfondo più o meno provvisorio e intercambiabile, ma un attore di primo piano rispetto alla vicenda esistenziale di un soggetto che appare spesso in preda all'*impasse*, ontologicamente indebolito e incerto rispetto ad ogni prospettiva esistenziale. Il paesaggio, quindi, non solo come terra-madre ma come riferimento e ancoraggio esistenziale, giacché la terra è importante non solo perché ne siamo i figli ma perché ad essa apparteniamo integralmente, al punto che non potremmo nemmeno concepire la nostra vita al di fuori di essa.

Al contempo, è evidente come il paesaggio mediterraneo si offra infine come occasione per una riflessione di ordine etico e morale: è infatti il paesaggio (le «belle di notte», come si è visto) a offrire alla scrittrice una vera e propria lezione di vita, un ammaestramento che le permette di apprendere la mitezza, di allontanarsi dall'urgenza del giudizio — quello esercitato nei confronti degli altri — e di cogliere nelle cose, nel proprio vissuto, nonostante tutto, «la presenza dell'amore».

In un mondo ormai stravolto, che non è fatto più di emigrati ma di profughi, e in cui «ciascuno ha lasciato dietro di sé la sua Troia in fiamme» (Ramondino 1998, 86), quel mondo delle guerre e dei disperati in fuga che la scrittrice già presentiva verso la fine degli anni '90, il paesaggio sembra offrire un'ultima, essenziale lezione etica a partire dalla quale il soggetto può forse ritrovare sé stesso o, per lo meno, l'invito alla fondazione di un diverso rapporto col mondo.

Il paesaggio, che Agamben considera — al pari del corpo e della lingua madre — come una delle forme dell'«inappropriabile» (Agamben 2017, 69), diviene così, di contro alle spinte centrifughe dello smarrimento e della derelizione sempre in agguato, il luogo per eccellenza del rispecchiamento e del ritrovamento di sé. E se la verifica "mitica", in un mondo abitato da anime che hanno smarrito il «soffio di vita» dell'ἄνεμος (Ramondino 1998, 97), non può essere che negativa, come testimonia una stravolta e inconcepibile versione del mito di Enea, secondo cui i figli si caricano i vecchi genitori sulle spalle solo per gettarli nel precipizio, è appunto il paesaggio, la cui visione si allarga infine all'insieme dell'isola, nonché all'idea stessa di "isola", a offrire una luce di futuro possibile e, con essa, il pensiero di una speranza più solidamente fondata, più capace di opporsi al vento corrosivo della *disperanza*:

> Anche ora che l'isola è semideserta e che gli elementi hanno spazzato via i turisti e le loro cose, bisogna con cura, come si liberassero i vari strati di un palinsesto, staccare da sé le immagini delle doppie case vacanziere, del nuovo molo, delle scritte ammiccanti su locali e botteghe chiuse, [...] per scoprire gli antichi miti e leggende sorti intorno alle isole, beate o maledette, di utopia o del tesoro, di idilli o naufragi, di avventure o scoperte, di fuga dalla civiltà o dal proprio passato, o di ritrovamento di nuove civiltà e di speranza nel proprio futuro. (Ramondino 1998, 121)

Opere citate

Agamben, Giorgio. "L'inappropriabile", in Id., *Creazione e anarchia. L'opera nell'età della religione capitalista*. Vicenza: Neri Pozza, 2017.

Augé, Marc. *Non luoghi: introduzione ad una antropologia della surmodernità*. Milano: Elèuthera, 1993.

Collu, Cristiana. [*Introduzione*], in Mosquera, Gerardo (a c. di), *Perduti nel paesaggio*. Trento: MART, 2014.

Hegel, Georg Wilhelm Friedrich. *Estetica*, a c. di N. Merker. Torino: Einaudi, 1997.

Hillman, James. *Intervista su amore anima e psiche*, a c. di M. Beer. Roma-Bari: Laterza, 1983.

Jesi, Furio. *Mito*, a c. e con un saggio di A. Cavalletti. Macerata: Quodlibet, 2023.

Kristeva, Julia. Σημειωτική. *Ricerche per una semanalisi*, trad. it. di P. Ricci. Milano: Feltrinelli, 1978.

Marchese, Angelo. *L'officina della poesia. Principi di poetica*. Milano: Mondadori, 1985.

Nitido, Paola. *Le vite degli altri abitano la mia. La scrittura del sé nell'opera di Fabrizia Ramondino*. Napoli: Fridericiana, 2021.

Pagano, Tullio. "Lo Sguardo Sul Mediterraneo di Francesco Biamonti", in *Quaderni del '900*, 9 (2009): 87-101.

Ramondino, Fabrizia. *In viaggio*. Torino: Einaudi, 1995.

_____. *Per un sentiero chiaro*. Torino: Einaudi, 2004.

_____. *L'isola riflessa*. Torino: Einaudi, 1998-2017.

Il veltro e la croce
Due allegorie, in dante e in kircher

Sant'Anna Institute

1. Andando verso sud

Per i viaggiatori del Grand Tour il viaggio è "la miglior scuola di vita", come lo definisce l'*Enciclopedia ragionata delle arti e dei mestieri del 1780*. Ma Pompei a Goethe non piace, la chiama "città mummificata", preferisce il Vesuvio e quando ci va e viene derubato rimane colpito da come i ladri si azzuffano poi a vicenda, alla maniera di Calcabrina nell'inferno dantesco. Sono gli anni in cui l'antico è vissuto al presente perché non è passato: viene imitato sulle porcellane da tè o nell'arredo delle pareti dei cottage inglesi. André Gide, che alloggia a Sorrento, dice di aver trovato nelle fattezze di un ospite la maschera di gesso di Leopardi: "esprimeva una tristezza profonda, un'amarezza squisita, una specie di desolazione appassionata" (Gide2016: 210); l'ospite era Renato Caccioppoli, l'illustre matematico.

Per Nietzsche solo "i pensieri nati camminando hanno valore" e ne *Il crepuscolo degli idoli,* in polemica con Rousseau che pure era un buon camminatore, suggerisce di andare in alto, verso l'eccelsa, libera e anche tremenda natura e naturalità: il viaggio, insomma, è mistica e all'orizzonte si sostituisce l'altezza. Come già sapeva bene Dante che si fece pellegrino verso la Gerusalemme Celeste.

La *Commedia* presenta infatti l'orientamento alto/basso secondo due sensi: uno è relativo e agisce nell'ambito terrestre, dove il basso coincide col centro di gravità della sfera terrestre, e l'altro con la direzione del raggio che parte dal centro: da questo punto di vista, l'emisfero superiore è quello con le terre emerse, mentre l'emisfero inferiore è quello acqueo, proibito alle genti, il "mondo senza gente" dove aveva fatto naufragio Ulisse.

L'altro senso è invece assoluto: l'asse terrestre ha il punto più basso verso Gerusalemme, attraversa l'*Inferno*, il centro della terra, il *Purgatorio* e arriva all'Empireo, e coincide con la traiettoria seguita da Lucifero nella sua caduta dal cielo. In accordo con quanto affermato da Aristotele nel secondo libro *De Caelo*, l'emisfero settentrionale, considerato meno perfetto, nella prospettiva assoluta si trova in basso, mentre quello meridionale in alto. Così, andando verso Sud, si sale. E questo perché nell'universo aristotelico il vero 'sopra' è il Sud: il cammino di Dante verso Dio, perciò, avviene in sintonia col movimento del sole e costituisce una salita anche durante la discesa all'*Inferno*, dal momento che ciò che è sotto per noi è sopra nel cosmo.

2. LA CROCE DI STELLE

Conosciuto il peccato e la perversità delle colpe in *Inferno*, e avendole detestate per tutti i Cerchi, il pellegrino Dante inizia la seconda tappa verso il bene sulla spiaggia del *Purgatorio*, al termine della quale conseguirà, con l'esercizio delle virtù, la purezza dell'anima e dunque la liberazione dal male, ossia quel che propriamente significa la felicità terrena.

Che il cammino a cui Dante è chiamato è quello della liberazione dal male per uso retto della ragione è preannunciato dalla visione in cielo di 4 stelle "non viste mai fuor che alla prima gente". Queste, che sono l'allegoria delle quattro virtù cardinali (prudenza, fortezza, consiglio, temperanza), non sono state viste da altri se non da Adamo ed Eva ("prima gente") quando erano nel Paradiso Terrestre: e infatti Dante le rivedrà nella forma di fanciulle proprio in Eden.

Custode del *Purgatorio* è Catone di cui Dante stesso già ne elogia la figura nel libro quarto del *Convivio* e nel primo del *Monarchia*; tanto lo ammira che, nonostante alla sua morte l'Uticense non avesse neppure cinquant'anni, nella *Commedia* lo ritrae con tutte le connotazioni del saggio degno di reverenza e di rispetto. Egli diventa simbolo della libertà dal peccato, meta di tutti gli espianti, espressione della rinuncia a ciò che è terreno e materiale per un bene più alto e più vero.

La faccia di Catone è illuminata dai raggi di quelle 4 stelle (Canto1, 37-39): perché? Il *Convivio* ci suggerisce un'interpretazione. Nel trattato 4, capitolo 24 leggiamo:

[...] l'umana vita si parte per quattro etadi. La prima si chiama adolescenza, cioè 'accrescimento di vita'; la seconda si chiama gioventude, cioè 'etade che puote giovare', cioè perfezione dare, e così s'intende perfetta - ché nullo puote dare se non quello ch'elli ha -, la terza si chiama senettude; la quarta si chiama senio, sì come di sopra detto è.

Lo stesso Poeta spiega le età usando la vicenda biografica di Catone. Nel capitolo 28 scrive:

> Marzia fu vergine, e in quello stato si significa l'adolescenza; poi si maritò a Catone, e in quello stato si significa la gioventute; fece allora figli, per li quali si significano le vertudi che di sopra si dicono a li giovani convenire; e partissi da Catone, e maritossi ad Ortensio, per che si significa che si partì la gioventute e venne la senettude; fece figli di questo anche, per che si significano le vertudi che di sopra si dicono convenire a la senettute. Morì Ortensio; per che si significa lo termine de la senettute; e vedova fatta - per lo quale vedovaggio si significa lo senio — tornò Marzia dal principio del suo vedovaggio a Catone, per che si significa la nobile anima dal principio del senio tornare a Dio. E quale uomo terreno più degno fu di significare Iddio, che Catone?

Catone diventa così l'uomo esemplare che ha vissuto autenticamente l'umanità nei suoi quattro stadi e la cui storia biografica diventa il modello della storia dell'uomo per antonomasia: ecco, dunque, che le 4 stelle diventano ontologicamente la guida del cammino della vita umana illuminato dalla ragione.

3. LE CROCI DI KIRCHER

In un piccolo libretto stampato a Napoli nel 1661, opera del gesuita Athanasius Kircher, il simbolo della croce mantiene le caratteristiche di 'segno', e dunque di guida morale, ma è anche affrontato dal punto di vista squisitamente razionale. Il titolo dell'opera rivela pure l'occasione della sua composizione: *Diatribe. De prodigiosis Crucibus, quae tam supra vestes hominum, quam res alias, non pridem post ultimum incendium Vesuvij Montis.* L'occasione, infatti, è data per stabilire la causa probabile delle croci che iniziarono a comparire su vestiti e altri oggetti a Napoli, subito dopo l'eruzione del 3 giugno 1660. Affronta il problema presentando le tre alternative possibili: primo, le croci sono opera di Dio e dunque fuori del corso ordinario della natura; secondo, sono opera di angeli o demoni che operano all'interno delle leggi della natura; terzo, rientrano del tutto nella sfera della natura e per questo l'intelletto umano è in grado di comprenderne le cause e le origini.

Dopo una prima parte di anamnesi storica dell'apparizione delle croci, si concentra sul fenomeno fisico:

> affinché nessuno pensi che io voglia escludere gli effetti puramente fisici dalla Provvidenza del Divino, iniziamo la terza parte del nostro ragionamento per far risplendere la verità in modo più evidente. (Kircher1661, 2)

Riflette così sulla forma e i colori delle croci, sul fatto che siano apparse in diverse zone dell'area napoletana, e sulle condizioni atmosferiche del momento. Nota che le croci erano comparse su vestiti di lino ma non di lana e che si erano formate in determinate condizioni di temperatura e umidità. Per sostenere la conclusione che bastano le leggi della natura a spiegare il fenomeno cita due casi: quando un gatto maschio aveva spruzzato il lino nella lavanderia del Collegio gesuita di Roma l'effetto prodotto erano croci gialle che seguivano la trama del tessuto; lo stesso era stato osservato anche nella biancheria da letto di un anziano gesuita che aveva bagnato accidentalmente il letto.

Così come per Dante il senso letterale viene prima di quello allegorico, allo stesso modo per Kircher l'indagine naturale viene prima di quella teologica: conclude così che le linee delle croci erano dovute alla polvere fine emessa dal Vesuvio, la quale si coagulava in striature che spesso assumevano quella forma quando si concentravano in pieghe su certi tipi di tessuto in condizioni climatiche definite. Concluso questo, passa al senso teologico: quei segni sono un invito alla penitenza.

> Concludo vel ipso Crucis vocabulo, quam Divina potentia mysterio Crucis vacare noluit, si enim quatuor literas, quibus Crux formatur in quatuor Crucis cornibus scripseris, hanc ex acrostycha lectione sensum efficies. (Kircher1661, 2)

4. CIACCO, O DEI VIZI DEI FIORENTINI

L'invito alla penitenza permea l'intera *Commedia* e fa di Dante il profeta di una rivoluzione totale, sia interiore che sociale. Già S. Agostino, nel *Sermo 35*, commentando la caduta di Gerico, aveva scritto:

> [...] Infatti, così come allora i muri caddero al suono delle trombe, così ora è necessario che la città del mondo, cioè la superbia con le sue torri, l'avarizia, l'invidia e la lussuria, insieme con la gente, cioè tutte le cattive concupiscenze, sia distrutta e dissipata mediante la costante predicazione dei sacerdoti (Agostino, 35.5)

Insomma, aveva chiarito che i vizi non sono solo una faccenda interiore e personale. Papa Gregorio Magno spiegherà ancora meglio questa dimensione 'sociale' del vizio e, in quello che si presenta come un trattato morale sulla condizione degli uomini, nei *Moralia in Iob*, dipana il filo che li lega tutti insieme:

> dall'orgoglio la vanità [...] che genera l'invidia [...] l'invidia genera l'ira [...] dall'ira nasce la tristezza [...] dalla tristezza si arriva all'avarizia [...] e da questa i due vizi carnali, la gola e la lussuria (Gregorio Magno, 22.15)

È la natura umana dopo il peccato ad essere intimamente corrotta, per questo scrive: "la razza umana tenta alcuni attraverso la lussuria, altri attraverso la malizia, e altri attraverso la superbia" (Gregorio Magno, ibid.). Tuttavia, Riccardo da S. Vittore, nel suo *De statu interioris hominis*, specifica che se triplice è la fonte del vizio, triplice è pure la fonte del bene:

> tripla è la fonte del vizio, tripla è la natura del peccato, tripla è la cura. Impotenza, ignoranza, concupiscenza; questi sono i tre vizi dell'anima che, quando ricevono il consenso, si trasformano in peccati. Per questo abbiamo un triplice genere di vizi e un triplice genere di peccati: alcuni peccati sono contratti per debolezza, altri per errore, e altri ancora sono commessi volontariamente solo per la cattiva volontà. (Riccardo di S. Vittore, 1)

S. Tommaso, nelle *Quaestiones disputatae de malo*, generalizza il discorso, ritorna a S. Giovanni e trova le 3 radici dei peccati umani: superbia e cupiditas, sotto la quale c'è la "concupiscentia carnis et concupiscentia oculorum". (Tommaso, 8.1.23). Tutto si gioca sul consenso, come la vecchia lezione di Abelardo. Il consenso al male è indice di insensatezza, questa è la lezione di Dante: "O insensata cura dei mortali" prorompe il Poeta nel Canto XI del *Paradiso,* in quello che è a tutti gli effetti un cantuccio manzoniano, prima di passare a descrivere la condizione di tutti gli uomini:

> Chi dietro a iura e chi ad amforismi
> sen giva, e chi seguendo sacerdozio
> e chi regnar per forza o per sofismi
> e chi rubare e chi civil negozio
> chi nel diletto de la carne involto
> s'affaticava e chi si dava a l'ozio.
> *Paradiso* XI, 4-9

Così fa il verso ad Alano da Lilla il quale, nel suo *Anticlaudianus*, elenca i vizi che, al fianco di Discordia, complottano contro l'uomo: in primis la lussuria, poi la superbia e infine la peggiore di tutte, l'avarizia. (Alano, 8.6.1). Detto questo, quando in *Inferno* Ciacco spiega le faville che hanno acceso i cuori ("superbia, invidia, avarizia") non si riferisce alla condizione degli uomini tutti, ma dei fiorentini e dei tre vizi che hanno come effetto quello di disgregare la città. Il contesto di riferimento è localizzato a Firenze, laddove in *Paradiso* è localizzato nell'universalità della natura umana.

La domanda seguente è dunque legittima: qual è il contesto del primo canto dell'*Inferno*? è personale? dunque le bestie che a Dante impediscono la salita al monte sono una questione personale dell'uomo Dante Alighieri? Se sì, come si può trovare spiegazione all'allegoria usando le parole di Ciacco?

5. LE BESTIE, O SULLE TENTAZIONI

Il Canto I dell'*Inferno*, che, come si sa, è un canto introduttivo di tutta la *Commedia*, letto secondo il senso letterale (che è primo fra tutti, come chiarisce lo stesso autore nel *Convivio*) descrive il momento per-sonalissimo dell'incontro dell'uomo Dante, "fiorentino di nascita ma non di costume", con tre bestie. È a partire da questo che ha senso trovare, sparsi qua e là, elementi biografici utili a dar conto di certe allegorie: così si legge l'"Io avea una corda intorno cinta, / e con essa pensai alcuna volta / prender la lonza a la pelle dipinta" (*Inferno* XVI, 106-108) come il riferimento all'aver indossato l'abito da cordigero francescano; di conseguenza la lonza diviene allegoria della concupi-scenza carnale, tenuta a bada dalla castità, che è a sua volta simboleg-giata da uno dei tre nodi presenti sul cordone francescano, insieme a obbedienza e povertà.

Castità, obbedienza e povertà diventano dunque i riferimenti con-trari alla lonza, al leone e alla lupa che, per forza di cose, devono perciò allegorizzare la concupiscenza della carne, la superbia e l'avarizia. Bo-sone da Gubbio, nel suo canto sulla *Commedia*, spiega proprio in questi termini il significato delle famose tre bestie che incontra Dante: "La Lonza per lo dilecto [...] el lion fue la superbia [...] la lupa fu l'avarizia" (Bosone, 19-26).

Tuttavia, la presenza del Veltro quale antagonista della lupa co-stringe ad essere più precisi. Se infatti si ritorna al comportamento del protagonista di fronte alle fiere, è chiaro che egli ha speranza di poter superare solo la lonza: il che ci suggerisce che è il solo vizio/peccato allegorizzato dalla lonza ad essere sotto il suo controllo, visto che la vista del leone lo terrorizza e quella della lupa lo costringe poi ad ab-bandonare del tutto l'idea di salire il monte. La spiegazione offerta da Virgilio chiarisce tuttavia che almeno il significato della lupa ha carat-tere generale, riguarda tutti gli uomini e non certo il solo Dante. Il si-gnificato delle allegorie deve dunque tener conto di entrambi i punti di vista, personale e universale.

Tornando al già citato Canto XI del *Purgatorio*, vale la pena ricor-dare che si apre con la preghiera del Padre Nostro cantata dai superbi della prima Cornice; questo canto fa da centro, da una parte, al canto XI dell'*Inferno*, in cui Virgilio spiega l'organizzazione dell'*Inferno* sulle "le tre disposizioni che il ciel non vuole" (*Inferno* XI, 82-83) ossia le aristoteliche incontinenza, malizia e matta bestialità; dall'altro, al già ci-tato Canto XI del *Paradiso*, e al cantuccio del Dante autore che anticipa tutto l'argomento del canto dedicato a S. Francesco d'Assisi. Insomma, tra il Canto XI dell'*Inferno* organizzato su Aristotele, e quello del *Paradiso* celebrante S. Francesco d'Assisi, sta il *Pater Noster*.

S. Tommaso alla preghiera insegnata da Cristo dedica il suo *Commento al Pater Noster* e si sofferma sul verso 'Non ci indurre in tentazione': parla dei tre modi in cui l'uomo viene tentato, ossia dalla carne, dal mondo, dal diavolo.

> La carne tenta distogliendo dal bene; [...] a sua volta, il diavolo tenta con estrema violenza; [...] il terzo tentatore è il mondo, il quale tenta anch'esso in due maniere. Prima di tutto con un eccessivo e smodato desiderio dei beni temporali, [...] tenta poi anche incutendo terrore. (Tommaso, 6)

Se dunque le bestie non possono allegorizzare vizi dei fiorentini (quelli elencati da Ciacco) né quelli del solo Dante, bisogna concludere che l'allegoria, anziché nella categoria dei vizi, ricada in quella delle tentazioni, e ancor meglio, in quelle che ogni uomo (e dunque pure Dante) riceve nel cammino della vita. Questo non elimina affatto la lettura biografica della corda (*Inferno* XVI) anzi la conferma ancor di più: l'essersi vestito del cordone di S. Francesco, come testimonia Benozzo Gozzoli nell'ex convento di S. Francesco di Montefalco (Perugia), fu la via personale dell'esiliato Dante Alighieri per fronteggiare la prima tentazione, quella di cui si autoaccusa, appunto della carne.

Per quanto le tre bestie (pardo, leone, lupo) siano già presenti in S. Girolamo, (Girolamo, 4.11.18) è in Mauro Rabano che troviamo un'altra possibile conferma. Nel *De universo* leggiamo della:

a) lince: "bestia maculis terga distincta, ut pardus, sed similis lupo" [...] simboleggia gli uomini invidiosi e astuti che desiderano più nuocere che fare del bene. Concentrandosi sulle loro cupidigie terrene, conservano inutilmente ciò che è superfluo per loro stessi, mentre potrebbero essere utili agli altri" (Rabano, 8.1.30);

b) leone: "[...] I leoni sono le potenze di questo mondo, come afferma Geremia: "Il mio popolo è stato disperso come un gregge, i leoni lo hanno cacciato" (Rabano, 8.1.9);

c) lupo: "può simboleggiare il diavolo, come nel Vangelo: 'Il lupo
   rapisce e disperde le pecore', oppure eretici o persone inganne-
   voli, come quando il Signore avverte: 'Guardatevi dai falsi pro-
   feti, che vengono a voi in vesti di pecore, ma dentro sono lupi
   rapaci'". (Rabano, 8.1.37)

A proposito del lupo, Hugo de Folieto legge nelle caratteristiche
dell'animale ciò che esso rappresenta bene: "[...] Il fatto che non giri
mai la testa indietro senza girare tutto il corpo indica che il diavolo non
può mai piegarsi alla correzione del pentimento" (De Folieto, 2.20.14).
E Hugo Pisano arriva a una quadra così: "et etiam meretrix dicitur lupa
propter similitudinem rapacitatis [...]; [...] quia improba voracitate alios
persequatur: nam lupum aviditas appellavit, ut diximus" (Ugo, 63). S.
Tommaso ripeterà il concetto che la cupidigia "è causa di tutti i mali"
ma, nello stesso *Commento al Pater Noster*, specifica pure che Dio sostiene l'uomo "col lume dell'intelletto, col quale ci istruisce sulle cose
da fare": non è dunque un caso che sarà proprio Virgilio, allegoria del
lume dell'intelletto, a ricordare a Dante "le tre disposizioni che il ciel
non vuole".

Lume dell'intelletto che però non può che condurre, al massimo,
alla sommità del *Purgatorio*, lì dove effettivamente Virgilio abbandonerà
Dante per lasciarlo a Beatrice che, ragione illuminata dalla fede, gli apre
alla possibilità di essere in armonia con Dio.

7. IL VELTRO

Al tempo di Dante era già nota una profezia che riguardava il mondo
ghibellino. Giovanni Villani, nel capitolo CXLI della sua *Storia*, scrive:

addì 19 del detto mese [luglio, ndr] v'entrò M. Cane con la sua gente,
e con gran festa, e trionfo, e fu adempiuta la profezia di Maestro
Michele Scotto, che disse che il Cane di Verona sarebbe signore di
Padova e di tutta la Marca di Trevisi.

Che Dante avesse una particolare idea sul ruolo del potere imperiale è cosa risaputa: in *Purgatorio* 26 riprende quanto già sostenuto più
dettagliatamente nel *Convivio* e nella *Monarchia*. Ma è ancora l'Aquinate

a poter suggerire un ulteriore tassello interpretativo a proposito dell'allegoria del veltro.

Nella *Summa* spiega le differenze tra «le tre disposizioni che il ciel non vuole», le aristoteliche incontinenza, malizia e matta bestialità. Tralasciando l'incontinenza, specifica che:

> [...] la crudeltà differisce dalla ferocia o brutalità così come la malizia umana differisce dalla bestialità, come si dice nell'Etica VII. Rispondendo al primo punto, la clemenza è una virtù umana, quindi è direttamente opposta alla crudeltà, che è una malizia umana. Ma la ferocia o brutalità rientra nella bestialità. Pertanto, non è direttamente opposta alla clemenza, ma è opposta a una virtù più eccelsa, che il filosofo chiama eroica o divina, che sembra appartenere ai doni dello Spirito Santo secondo noi. Pertanto, si può dire che la ferocia è direttamente opposta al dono della pietà. (Tommaso, II.159.2)

Da cui il Veltro come allegoria di qualcuno o qualcosa che ha le virtù dono dello Spirito Santo: non a caso Virgilio dice che tra le sue qualità ha "sapïenza, amore e virtute". E leggendo i versi a seguire vien facile intendere che si stia immaginando 'un dux voluto dalla Provvidenza': egli toglierà a Bonifacio quel Lazio (che fa parte della 'bassa Italia', o meglio della 'umile Italia') che per lui, lettore di Virgilio, fu il primo nerbo dell'Impero, preparato da Enea, realizzato da Cesare, perfezionato da Augusto. Insomma, se Michele Scotto aveva profetizzato del Cane di Verona, Dante profetizza il Cane del nuovo impero, tutto all'opposto di Gioacchino da Fiore che profetizza il "novus dux" pensando al Pontefice della nuova Gerusalemme e nel XII del suo *Liber Figurarum* parlando del 'canis' lo definisce "pastor angelica".

Tuttavia, anche il veltro dantesco ha un compito messianico, quello di ristabilire l'ordine, ricacciando l'avarizia dal mondo all'*Inferno*, "là onde invidia prima dipartilla". Insomma, più che un imperatore condottiero, il veltro rappresenta "un soggetto dotato di fortissima volontà e di sommo potere" come chiarisce nella *Monarchia* (Dante, I. XI.8): che è giusto perché ha il potere di "rendere a ciascuno il suo": Iustitia est constans et perpetua voluntas ius suum cuique tribuendi. Questa formula, che è di Ulpiano (Dig.I, I.10), è ripresa da Giustiniano che volle metterla all'inizio delle *Institutiones* come principio universale di diritto. Giustizia e cupidigia sono due contrari, come il veltro e la lupa. Ancora nel *Monarchia* scrive:

alla giustizia è massimamente contraria la cupidigia, come afferma Aristotele nel quinto libro dell'Etica a Nicomaco. Eliminata radicalmente la cupidigia, non vi rimane più nulla che si opponga alla giustizia; [...] ora il Monarca non ha più nulla da desiderare, poiché la sua giurisdizione è limitata soltanto dall'oceano [...] quindi il Monarca, tra tutti gli uomini, è il soggetto di giustizia più esente da ogni cupidigia [...] quindi, con il monarca si instaura, o può instaurarsi, il massimo di giustizia". (Dante I, XI. 11-13)

Passa dal piano metafisico (solo l'essere in atto può attuare un altro) a quello etico (solo il buono può educare alla bontà), per giungere al piano politico (solo chi ha in atto la virtù di governare, cioè il monarca, può creare negli altri prìncipi tali virtù). Così il governante produce qualcosa di simile a sé, i retti governanti: in parole povere, l'imperatore è modello di legislatore e giudice per gli altri principi. Cita il *Salmo* 71 e torna a re Salomone: "Dio, concedi al re il tuo giudizio e al figlio di re la tua giustizia". (Dante, I, XIII.7). E confessa:

io, sull'esempio del santissimo Profeta, e facendo mie le sue parole: 'Spezziamo le loro catene e scuotiamo da noi il loro giogo', troverò il coraggio di spezzare le catene dell'ignoranza di tali re e principi, e di mostrare il genere umano libero del loro giogo. (Dante, II, I.6)

Il che ci riporta a Rabano dove nel suo *De Universo* leggiamo:

Caleb, il cui nome significa cuore o cane, rappresenta un dottore cattolico saggio di cuore e forte e vigoroso nell'esercizio delle virtù. Egli chiede a Giosuè di concedergli il permesso di confrontarsi con i dialettici del mondo, con coloro che sostengono il falso come vero, per confutarli, superarli e demolire tutto ciò che hanno costruito su quelle false affermazioni. Alla luce di questa sua determinazione,

Gesù, vedendone l'alacrità, lo benedisse, dicendo che è giusto che egli chieda e ascolti tali cose". (Rabano, 34).

8. IL VELTRO DI KIRCHER

Nella lettera dedicatoria premessa al suo *Diatribe,* Kircher si rivolge al principe Leopoldo Guglielmo d'Austria enfatizzando fin da subito il suo esser potente e cristiano:

> La croce della pietà e del trionfo, adorata da imperatori pii e invitti, è ardentemente desiderata da Te, Serenissimo Leopoldo, discendente di imperatori, che la devozione ha cullato nelle culle, che la vittoria ha coronato più volte con palme. (Kircher,1)

Parimenti al veltro dantesco, Leopoldo è giusto:

> [...] hai vissuto negli accampamenti come se vivessi tra i recinti sacri degli altari, così tenace nel mantenere puri i costumi che, cosa straordinaria per un principe, facevi solo ciò che doveva essere fatto non perché possibile, ma perché giusto. Hai imposto ai tuoi domestici l'obbligo di essere probi, di non avere amici che non fossero amici di Dio; tra i sudditi non hai nutrito nessuno che non fosse il migliore o non fosse considerato tale: persino tra le milizie insegnavi ai soldati la santità. (Kircher, 1)

Parimenti è uomo della Provvidenza: "[…] La Croce, oggi solita splendere tra le stelle di gemme sulla testa dei re, ha desiderato il tuo mantello davanti alle gemme delle corone".

Leopoldo appartiene infatti all'Ordine Teutonico e porta già sui vestiti impressa la croce. Se questo fa già "[...] più sacra la religione di Leopoldo, più generosa la forza d'animo, più animosa la tolleranza del lavoro, più felice il fervore della fede, e mostra al mondo intero la coltivazione delle virtù in modo incorruttibile" (Kircher, 1); i segni apparsi all'indomani dell'eruzione del Vesuvio hanno un preciso significato. Lo anticipa al lettore in questo modo:

Quindi, non temiamo i segni del cielo, come giustamente pronunciato dal figlio di Ludovico Cesare, degno erede di Carlo Magno. Quando a Aquisgrana si convinse di dover affrontare la morte, minacciata da una cometa, e gli astrologi cercarono di dissuaderlo da questa convinzione, egli, con la consueta magnanimità e saggezza, disse: 'Non dobbiamo temere nessun altro oltre a Colui che è il Creatore di noi e di questo astro; ma non possiamo mai lodare abbastanza la Sua clemenza che si degna di ammonirci con tali segni, considerando la nostra indolenza, dal momento che siamo peccatori e impenitenti. Poiché questo prodigio ci riguarda tutti, affrettiamoci, ognuno secondo le proprie capacità e saggezza, a migliorare, perché forse, se la misericordia sarà prolungata e la nostra indolenza lo impedirà, ci troveremo indegni di essa" (Kircher, 1).

Da cui la conclusione: Leopoldo è "ad publicam Imperii et totius Europae salutem natum". Insomma, più veltro di così, si muore.

9. Profezie non avverate

È vero che proprio la casa d'Asburgo terrà le linee del Sacro Romano Impero fino a Francesco II marito di Maria Teresa di Borbone (1772-1807); ma è anche vero che la lettera dedicatoria del libricino è datata 25 marzo 1661; e che al tempo dell'evento prodigioso, cioè al 1660, Napoli era governata da Filippo III degli Asburgo (passato al trono con il nome di Filippo IV di Spagna); e che a essere imperatrice del Sacro Romano Impero è Margherita Teresa d'Asburgo (la protagonista de *Las Meninias* di Velasquez) moglie di suo cugino, Leopoldo I. Il quale non è il Leopoldo Guglielmo di cui stiamo parlando, passato invece alla storia come protettore delle arti, collezionista e, non ultimo, mecenate del nostro Kircher.

Insomma, né la profezia di Dante, né quella di Kircher si sono avverate: non è mai arrivato né il veltro salvezza dell'Italia, né un veltro salvezza dell'Europa. Non ci resta che sperare in quello del Mediterraneo.

BIBLIOGRAFIA

Agostino. *Sermones.* Editio latina: PL, 38.

Alano di Lilla. *Anticlaudianus.* MPL 210.

Bosone da Gubbio. *Capitolo in terza rima a compendio della Commedia.* Codice Cassinese 512.

Dante Alighieri. *Convivio.* Torino: Utet, 1986.

Dante Alighieri. *Commedia.* Torino: Utet, 1986.

Dante Alighieri. *Monarchia.* Torino: Utet, 1986.

De Folieto, Ugo. *De Bestiis Et Aliis Rebus Libri Quatuor.* MPL 177.

Gide, André. *Diario.* Milano: Bompiani, 2016.

Girolamo. *Commentarii in Isaiam.* MPL 028.

Gregorio Magno. *Moralia in Iob.* Corpus Christianorum: XI-XXII

Kircher, Athanasius. *Diatribe. De prodigiosis Crucibus, quae tam supra vestes hominum, quam res alias, non pridem post ultimum incendium Vesuvij Montis.* Roma, 1661.

Rabano, Mauro. *De Universo.* MPL 111.

Riccardo di S. Vittore. *De statu interioris hominis.* MPL 196.

Tommaso d'Aquino. *Collationes credo in Deum.* Corpus Thomisticum

Tommaso d'Aquino. *Quaestiones disputatae de malo.* Corpus Thomisticum.

Tommaso d'Aquino. *Summa Theologiae.* Corpus Thomisticum.

Ugo da Pisa. *Magnae derivationes sive Liber derivationum.* Archivio del Capitolo di San Pietro: C 114

Villani, Giovanni. *Nuova cronica.* Parma: Guanda, 2007.

"*Per mille sardine!*"
Italian identity in the Pixar animated film *Luca*
and in its Italian dubbed version

Ilaria Parini

UNIVERSITY OF TURIN

INTRODUCTION

The aim of this paper is to investigate the construction of Italian identity in the film *Luca* (2021), focusing in particular on the use of language and on the strategies used in its Italian dubbed version. *Luca* is an American computer-animated film produced by Pixar Animation Studios and distributed by Walt Disney Studios Motion Pictures in June 2021. The film was directed by Enrico Casarosa, an Italian filmmaker in his feature directorial debut, it was produced by Andrea Warren, and it was written by Jesse Andrews and Mike Jones. The story is set in the Italian Riviera, and more specifically in the fictional village of Portorosso (whose name is a blend of the names of the villages of Portovenere and Monterosso), in the coastal area of the Cinque Terre, in the northwest region of Liguria. The events take place in the mid-1950s, "a golden age that feels timeless" (Nemiroff 2021), "giving the film a touch of Italian nostalgia that is often stereotypically used in audiovisual products" (Passa 2021, 120). Luca is the main protagonist of the story. He is a 13-year-old sea monster boy who lives with his family and a whole community of other characters belonging to his species under the sea's surface. The monsters have the ability to assume human form when they go on land and get dry. However, as soon as water touches their body and they get wet, they immediately revert to their sea monster form. Luca is unaware of this peculiar ability that the sea monsters possess, as his family has always kept the truth hidden from him, because they are scared of the human beings who live on the surface. In fact, the people of Portorosso are a danger for the creatures who live under the sea. The sea monsters, indeed, are perceived as "the Other", they are feared by the humans, who narrate all sorts of terrible legends about them. In particular, the fishermen who sail distant waters occasionally detect them and try to kill them. Luca is shown how to turn into a human by Alberto, another sea monster boy whom he befriends, who encourages him to explore the surface and to go and visit Portorosso, the "human town". Here they meet the Italian girl Giulia, and the three of them become close friends, discovering the importance of matters such as diversity, inclusivity, and freedom. At the end of the film, the obstacles between humans and sea monsters are broken down and the two species learn to live together in Portorosso.

As Passa remarks (2021, 120), "*Luca* is primarily a tribute to Italy in its depiction of a typical 1950s-1960s Italian summer by the sea". Casarosa, who is originally from Genoa, claimed that *Luca* is a story inspired by his childhood in Liguria and that it contains several autobiographical elements[1]. First of all, the character of Luca shares quite a few features with Casarosa himself, as the director has stated that he has always been rather shy, just like Luca. Moreover, the character of Alberto apparently really exists, and he and Casarosa are still great friends, even if the director has been living in New York for over 30 years. Differently from Casarosa, his real-life friend Alberto is a free spirit, an extrovert person, like the fictional Alberto, and when they were kids, he encouraged him to venture on many adventures, similar to those narrated in the film[2]. Casarosa wanted the story to be set specifically in that area, and not generally in Italy. Therefore, as part of the groundwork for the film, some of the Disney and Pixar's artists were sent on a research trip to the Cinque Terre, so that they could accurately and thoroughly study the region's landscape and its inhabitants, in order to meticulously reproduce them. The village of Portorosso, indeed, clearly recalls the villages of the Cinque Terre, as is evident from the pictures below: the first one depicts the main square of Portorosso, whereas the second one is a photograph of Manarola, and the third one is a photograph of Vernazza, which are two of the Cinque Terre:

---

[1] "Intervista a Enrico Casarosa, il regista di *Luca*", by Andrea Giordano, *Wired*, 14 April 2022. https://www.wired.it/article/intervista-enrico-casarosa-luca/.
[2] "Il regista del film di Disney «Luca»: «C'è tutta l'Italia nell'amicizia tra Luca e Alberto»" by Manuela Croci, *Corriere della Sera*, 17 June 2021.
https://www.corriere.it/sette/cultura-societa/21_giugno_09/enrico-casarosa-c-tutta-l-italia-nell-amicizia-luca-alberto-8bba0bf0-c8a8-11eb-a854-b5489e4fa044.shtml.

Picture 1: Portorosso

Picture 2: Manarola

Picture 3: Vernazza

From a glance of these pictures, the fictional village of Portorosso has been designed with the unmistakable intent of representing the villages of that specific area of the Riviera Ligure: the shape and the pastel colours of the houses, their typical green shutters, the small balconies, the clothes hanging out of the windows to get dry. Moreover, in the very first scene of the film, we can see two fishermen, who are holding a map in their hands, which specifically locates the story in this exact spot of Italy:

Picture 4: Map of the area

Even the sea monsters present in the film are inspired by some legends of the area, among which the octopus from Tellaro, as stated by Martusciello (2022, 105).

Besides being accurately located in space, the film is precisely situated also in time. As already mentioned, the events take place in the mid-50s, and the music soundtrack is a helpful tool which allows to position the story in time. As Passa notes (2021, 127):

> The film opens with "Un Bacio a Mezzanotte"[3], which immediately sets the story in place and time. In the opening scene, an old gramophone plays "O Mio Babbino Caro"[4], an aria used repeatedly in Anglophone audiovisual products to give the scene a touch of Italianness [...]. Giulia's father, Massimo Marcovaldo, sings "Largo al Factotum"[5], and whistles "La Donna è Mobile"[6], and the cavatina "Una Voce Poco Fa"[7]. The song "Il Gatto e la Volpe"[8] is used to portray the deep friendship between Luca and Alberto. Although the song is anachronistic – as it was composed in the 1970s – it is inspired by the Cat and the Fox, two characters from the Italian novel *The Adventures of Pinocchio* (Collodi 1883), which has become one of the symbols of Italian culture in the world. "Andavo a Cento All'ora"[9] [...] is played by Ercole Visconti's radio while he drives a loud red Vespa. Similarly, "Fatti Mandare dalla Mamma"[10] is used to refer to the typical lifestyle of the 1960s, as is "Viva la Pappa al Pomodoro"[11], which is played in a scene involving food. The credits are accompanied by "Città Vuota", an iconic song released in 1963 by the most famous Italian female singer of all time, Mina.

---

[3] A very famous Italian song by Quartetto Cetra, released in 1952.

[4] A soprano aria from the opera "Gianni Schicchi" by Giacomo Puccini (1918).

[5] An aria from "The Barber of Seville" by Gioacchino Rossini (1775).

[6] An aria from Giuseppe Verdi's "Rigoletto" (1851).

[7] An aria from "The Barber of Seville" by Gioacchino Rossini (1775).

[8] A song composed by Edoardo Bennato in 1977.

[9] A song released by Gianni Morandi in his first album, in 1963.

[10] A song released by Gianni Morandi in 1962.

[11] A song by Rita Pavone, released in 1965, when *Il giornalino di Gian Burrasca* by Vamba was adapted into a popular RAI TV-series starring Rita Pavone in the title role. "Pappa al pomodoro" is a traditional dish from Tuscany, including bread and tomato.

Moreover, the events are situated in time also thanks to the presence of a series of specific Culture-Specific References, such as the posters of the films *Vacanze Romane* (Wyler, 1953) and *La strada* (Fellini, 1954), which are attached to the walls of the streets.

ITALIANNESS IN *LUCA*

Besides the specific positioning of the story in the area of the Cinque Terre, the film is extremely rich in various elements that contribute to the representation of its more general Italian identity. Italianness, indeed, pervades the film from the very beginning to the end. First of all, all the characters, both sea monsters and humans, have Italian names. Some of the sea monsters, moreover, also have Italian surnames, some of which are actually names of fish species, such as Luca Paguro (which is the Italian word for a hermit crab), Alberto Scorfano (rockfish), Mr and Mrs Branzino (seabass), Mrs Aragosta (lobster). Other Italian names of human characters are Ercole Visconti, Giulia and Massimo Marcovaldo (Giulia's father), Guido, Ciccio, Giacomo, Tommaso, Giuseppe, Caterina, Enrico, Daniele, Signora Marsigliese.

Furthermore, Italian cultural references which are present in the film include the much desired Vespa scooter, the Ape car (a three-wheeled light commercial vehicle, produced by Italian manufacturer Piaggio), the Fiat 500 (the old model), the Lavazza coffee, the card game Scopa played by the men in Portorosso, the way the people in the village are dressed (especially the women wearing scarves on their heads and men wearing berets) (Passa 2021, 126).

Finally, it is worth noting that Italianness is conveyed by the extremely significant presence of the Italian language in the film, which occurs in various forms, as will be seen in the next sections of the essay.

ITALIAN IN WRITTEN FORM

The Italian language is visually present in the various signs that can be seen all over Portorosso, from the signs that indicate the names of the streets, to the many shop signs (the following are just a selection):

Picture 5: Via Revello (street name)   Picture 6: Entrata (entry)

Picture 7: Latteria San Giorgio   Picture 8: Pizza e focaccia

Picture 9: Trattoria da Marina

Moreover, written Italian can also be seen in the titles of Giulia's books, which include Collodi's *Le avventure di Pinocchio* and *L'universo* (with a map of the solar system):

Picture 10: Collodi's *Pinocchio*

Picture 11: Mappa del sistema solare, from the book *L'universo*

Written Italian can also be seen in the poster advertising the Vespa scooter (which claims "Vespa è libertà", meaning "Vespa is freedom") and in a sign that indicates that Vespa scooters are sold ("Vendesi Vespe").

Picture 12: Vespa's poster

Picture 13: Vespas for sale

Other instances of visible written Italian include Italian newspapers, with articles about the spotting of sea monsters around the island close to Portorosso, signs related to the enrolment in the Portorosso Race Cup, the sponsor of the Race Cup (Giorgio Giorgione Pasta), the signs held by the spectators of the race which encourage and exhort the participants ("Serena sei la migliore", meaning "Serena you are the best", "Vai Beatrice!", meaning "Go Beatrice!", "Forza Marco!", meaning "Go Marco!"), besides the previously mentioned film posters.

ITALIAN IN SPOKEN DIALOGUES

The use of Italian in spoken dialogues undoubtedly plays an extremely important role. Indeed, *Luca* can be defined as a multilingual film, where English is the prevailing language, but the presence of Italian is definitely significant. If we adopt the terminology put forth in the model of analysis of multilingual audiovisual products and their translation proposed by Zabalbeascoa and Voellmer (2014) and Voellmer and Zabalbeascoa (2014), then we can say that English is the L1 (the predominant language), whereas Italian is the L3 (any language of type of linguistic variation that is significant and distinguishable from L1), which, in this case, coincides with the L2 (the language used in translation). Multilingualism, no doubt, plays a crucial role in the film's storytelling. In fact, in the original version there is a stark contrast between the human and the non-human worlds which is reflected in the use of languages: the sea monsters living underneath the sea surface speak standard American English and their language variety is not connoted in any way from a diatopic perspective. On the other hand, the humans who live on the Ligurian coast either speak Italian, or they speak English with a very thick Italian accent and their speech is often interspersed with Italian words (through a strategy of code-mixing) or even with whole Italian sentences (through a strategy of code-switching).

Language, therefore, is an important tool in the construction of character. As already mentioned, the sea monsters represent "the Other", and language functions as a means of identification which contributes to define the identity of the speakers. In Lippi Green's words (1997, 81), language is "a shortcut to characterization". Italian is used with various functions, which will be analyzed in the following pages of the paper.

First of all, Italian is used by Luca and Alberto as a tool to integrate with the inhabitants of Portorosso. In fact, the two sea monsters repeat sentences that they have heard from humans, especially when they mingle with the locals in what they call "the human town" under their human form, in order to avoid suspicions about their identity. For example, they repeat the question "What's wrong with you, *stupido*?", without realizing that the word *stupido* is actually an insult, and consequently the people whom they address are not exactly happy to be called this way. An Italian sentence that Alberto tends to say when he introduces himself to somebody else is "*Piacere. Girolamo Trombetta*". Also in this case, he does not know what it means, but he explains to Luca "It's a human thing. I'm kind of an expert". A further Italian expression that Alberto teaches to Luca is "*Silenzio, Bruno!*", where Bruno is the imaginary voice in the two kids' head which tells them to be cautious and not act irresponsibly, and by repeating this sentence to themselves they basically silence the voice and find the courage to do as they want.

Secondly, Italian is most often used by the inhabitants of Portorosso to greet each other, with expressions such as "*Buongiorno!*" ("Good morning!"), "*Ciao!*" ("Hello!"), "*Ciao, ragazzi!*" ("Hi, guys!"), "*Benvenuti a Portorosso!*" ("Welcome to Portorosso!"), "*Buonanotte, boys!*" (Goodnight, boys!") and others.

Italian is also used in various forms of exhortations, such as "*Forza!*" ("Come on!"), "*Andiamo! Dai!*" ("Let's go! Come on!"), "Eh, *basta!*" ("Eh, stop it!"), "*Subito!*" ("Hurry!"), "*Pronti, ai posti, via!*" ("Ready, steady, go!").

Moreover, Italian is often used in interjections/exclamations, such as "*Mannaggia*, here we go!" ("Darn, here we go!"), "Oh, *mamma mia!*" ("Oh, my goodness!"), "*Perfetto!*" ("Perfect!"), "*Benissimo!*" ("Excellent!") and "*Porca paletta!*" ("Holy moly!"). It is interesting to note that the dialogues also present a series of creative interjections, which are not commonly used in Italian, and are composed of the adjective *santo/santa* ("saint") followed by the name of various types of typical Italian cheese, for example "*Santa mozzarella!*", "*Santo pecorino!*", "*Santa ricotta!*" and "*Santo gorgonzola!*". Other creative interjections uttered by the humans are "*Per mille sardine!*" ("For a thousand sardines!") and "*Per mille cavoli!*" ("For a thousand cabbages!").

Italian is also used: a) to express gratitude, with expressions such as "*Grazie, papà*" ("Thanks, Dad"), "*Grazie mille!*" ("Thanks a lot!"); b) to ask for favours, with expressions such as "*Papà, per favore*" ("Please,

Dad"), "*Ti prego*" ("I'm begging you"); c) to apologize: "*Mi dispiace, Giulietta*" ("I'm sorry, Giulietta"), "*Scusa*" ("Forgive me"); d) in allocutive forms: "I don't know, *ragazzi*", "Okay, *ragazzi*", "Alright, *ragazzi*" ("ragazzi" meaning "guys"), "What's wrong, *piccoletto*?", "Listen, *piccoletto*" ("piccoletto" meaning "little guy"); e) in disparaging/derogatory allocutive forms: "*Idioti!* You let him go away!", "Nobody wants you here, *idioti!*" ("idioti" meaning "idiots"), "*Disgraziati!*" ("You rascals!"), "*Sto imbecille!*" ("What an imbecile!") and the already mentioned "What's wrong with you, *stupido?*" ("stupid").

Moreover, in the dialogues there are quite a few Italian words related to the food semantic field, such as *pizza* and *focaccia*, *gelati*, and the different kinds of pasta formats (*cannelloni, fusilli, lasagne, penne, trofie, trenette al pesto*), as well as the tools used to eat ("You have to use a *forchetta*", meaning a "fork").

As far as code switching is concerned, the dialogues are extremely rich in examples, such as: "*Non preoccuparti, Giacomo*" ("Don't worry, Giacomo"), "*Che puzza, Ercole*" ("What a stench, Ercole!"), "*La mia bambina*" ("My baby!"), "*Oh piccolina*, are you hurt?" ("Oh, you little one…"), "*Buongiorno signora Marsigliese! Due sogliole! Perfetto!*" ("Good morning, Mrs Marsigliese! Two soles! Excellent!"), "You can't swim, you can barely ride a bike… *siete un disastro!*" ("… you are a disaster!"), "*Hai visto il giornale*, today?" ("Have you seen the newspaper?"), "*Ma sei scemo, Ercole?*" ("Are you stupid, Ercole?"), "*Ercole, che cavolo stavi pensando, eh?*" ("Ercole, what the heck were you thinking, uh?"), "*Ma sei matta, Giulia?*" ("Are you crazy, Giulia?"), "*Ehi, la palla! Prendila!*" ("Hey, the ball! Take it!"), "*Trenette al pesto. Mangiate*" ("Trenette with pesto sauce. Eat!"), "*Cosa pensi?*" ("What's on your mind?").

ITALIAN DUBBING

In the Italian dubbed version of the film, the dubbing professionals have opted for a strategy of neutralization, which, in Zabalbeascoa and Voellmer's words (2014, 43), is the strategy used when the L3 loses its visibility because it is rendered as the L2 (the language spoken in the country where the translated product is distributed). In other words, all dialogues are spoken in Italian, regardless of the characters' origins. Consequently, the contrast between humans and sea monsters is neutralized, linguistically speaking, as everybody speaks standard Italian, with no accents or other distinctive features.

In spite of the fact that the contrast between sea monsters and humans is made clear by their visual characterization (the former have distinct inhuman features when they are in the water), as well as by the narrative elements of the story, it is a fact that language plays an extremely important role in the film. In fact, as previously mentioned, language acts as a sign of identification and it is an important tool in the construction of the identity of the characters. Indeed, it clearly allows the spectators to differentiate between the sea monsters – who speak General American English – and humans – who speak Italian, or English with a thick Italian accent and/or English mixed with Italian words/phrases.

It ought to be noted that the linguistic distinction between the two species could have been easily maintained in translation by exploiting the use of Italian dialects or regiolects. In fact, if the sea monsters had been dubbed in standard Italian but the human characters had spoken Italian with a Ligurian accent and if some words in Ligurian dialect had been inserted in their speech, the contrast could have been preserved also in translation. The practice of using accented Italian or dialects/regiolects in the Italian dubbed versions of animated audiovisual products, indeed, is quite common (see Minutella 2021; Parini 2009, 2019). Consequently, most probably this choice would have been accepted by Italian spectators, who are used to hearing characters speaking in Italian varieties which are connoted from a geographical perspective, and it would not have created any estrangement effect in the audience. At the same time, the characterization of the original version would have been functionally transposed in the dubbed version. On the contrary, all the instances of code-mixing and code-switching present in the original version have been left unaltered, with a resulting effect of linguistic levelling out.

The only cases when the translation has somehow deviated from the original version in the rendering of the semantic meaning of the content of the dialogues which contain Italian words or phrases is when they present instances of disparaging/derogatory allocutive forms. For example, the question "What's wrong with you, *stupido?*" has been translated as "Che c'è in quel *cervello bacato?*" (meaning, "What do you have in that lame brain?"), the sentence "*Idiot!* You let him go away!" as "*Citrulli!* L'avete fatto scappare!*" ("citrulli" meaning "silly") and "*Sto imbecille*" as "*Quel pallone gonfiato*" (meaning "What a big head"). In all three cases the Italian translation has used some milder expressions, compared to those used in the original version. This is probably because the film is presumably targeted at an audience predominantly consisting of children. Consequently, the use of derogatory forms in the target text was considered inappropriate by the Italian professionals, who have opted for softening the insults.

CONCLUSIONS

In conclusion, this paper has shown how *Luca* is a film where the construction of Italian identity is undoubtedly extremely important, which has been achieved by exploiting various strategies, both narrative, visual, and verbal. The aim of the study was to focus in particular on the importance of language, as it turns out to be crucial for the identification of the characters as belonging to either the group of the sea monsters or the group of human beings. The sea monsters, in fact, speak a language variety identifiable as standard General American English, whereas the humans speak English with a thick Italian accent, and their variety is interspersed with Italian words/phrases and sometimes they also switch to Italian at the level of entire sentences.

The analysis of the Italian dubbed version of the film has revealed that the Italian dubbing professionals have opted for a general strategy of neutralization, therefore erasing any trace of distinction between the variety spoken by the sea monsters and that spoken by the humans, as all characters speak standard Italian, with no accents or other distinctive features.

This could have been avoided if the dubbing professionals had decided to resort to the use of accented Italian (making the characters speak with the accent typical of the area of the Cinque Terre), or even Ligurian dialect or regiolect. In fact, the use of accents and regional variation is a strategy which is often employed in dubbed animated products, and it often allows the speakers to maintain the connotations present in the original versions.

REFERENCES

Croci, Manuela. "Il regista del film di Disney «Luca»: «C'è tutta l'Italia nel-l'ami-cizia tra Luca e Alberto»", *Corriere della Sera*, 17 June 2021, https://www.corriere.it/sette/cultura-societa/21_giugno_09/enrico-casarosa-c-tutta-l-italia-nell-amicizia-luca-alberto-8bba0bf0-c8a8-11eb-a854-b5489e4fa044.shtml, accessed January 2024.

Giordano, Andrea. "Intervista a Enrico Casarosa, il regista di *Luca*", *Wired*, 14 April 2022, https://www.wired.it/article/intervista-enrico-casarosa-luca/, accessed January 2024.

Lippi-Green, Rosina. *English with an Accent: Language, Ideology, and Discrimination in the United States*. London: Routledge, 1997.

Martusciello, Mariaelena. "Stereotipi di lingua e cultura italiana nel film di animazione americano: il caso di *Luca*", *Lingue e Culture dei Media*, V. 6, N. 1, 2022. 103-118.

Minutella, Vincenza. *(Re)Creating language identities in animated films. Dubbing linguistic variation*. Basingstoke: Palgrave Macmillan, 2021.

Nemiroff, Perri. "What do Pixar sea monsters look like? 'Luca' – director Enrico Casarosa explains", *Collider*, 25 February 2021, https://collider.com/luca-sea-monsters-explained-enrico-casarosa/, accessed January 2024.

Parini, Ilaria. "Sleeping with the Fishes. Italian Americans in Animation", in Irene Ranzato and Serenella Zanotti (eds) *Reassessing Dubbing. Historical Approaches and Current Trends*. Amsterdam: John Benjamins, 2019. 245-262.

Parini, Ilaria. "The changing face of audiovisual translation in Italy", in Kemble, Ian (ed) *The Changing Face of Translation*, Portsmouth: University of Portsmouth, 2009. 19-27.

Passa, Davide. "Santa mozzarella!": The construction of Italianness in *Luca* (Disney and Pixar, 2021)", *Token: A Journal of English Linguistics*, 13, 2022. 119-139.

Voellmer, Elena and Patrick Zabalbeascoa. "How heterolingual can a dubbed film be? Language combinations and national traditions as determining factors", *Linguistica Antverpiensia*, No. 13, 2014. 232-250.

Zabalbeascoa Patrick and Elena Voellmer. "Accounting for Multilingual Films in Translation Studies. Intratextual translation in dubbing", in Dror Abend-David *(ed) Media and Translation: An Interdisciplinary Approach*, New York & London: Bloomsbury, 2014. 25-52.

134

De-rive di civiltà sulle rive del Mare nostrum
Il Mediterraneo come paesaggio letterario

Daniela Privitera
UNIVERSITÀ DEGLI STUDI "NICCOLÒ CUSANO"

Sulla definizione di "paesaggio" si è molto disquisito nel dibattito contemporaneo specialmente alla luce delle recenti problematiche legate al mutamento climatico e al futuro del pianeta.

Al di là di qualunque definizione di carattere teorico, le riflessioni che intendo proporre in questa sede vanno riferite all'idea di "paesaggio" come prodotto culturale e alla sua ricezione nell'immaginario collettivo lungo il corso del tempo.

Alla domanda complessa di cosa sia un paesaggio si potrebbe rispondere in maniera altrettanto complessa: esso è uno spazio e un luogo geografico o una dimensione ancestrale, mitica, frutto di una *rêverie* in cui il soggetto guarda al mondo per conoscerlo, abitarlo, viverlo?

Se è vero, come affermava Carlo Socco che "nel paesaggio si può entrare attraverso diverse porte" (1999), un buon punto di partenza, per far chiarezza sulla questione, sarebbe quello di interrogare il segno linguistico che del paesaggio porta il nome.

Rispolverando il suo significato etimologico la parola deriverebbe da una etimologia remota di origine germanica creata dall'unione di due morfemi (lant) terra + scap (comunità) mentre la più recente origine latina lo collegherebbe a *pagus,* il cui significato è quello di "villaggio". In entrambi i casi l'idea di "paesaggio" è connessa a quella di "comunità" ed indica, in buona sostanza, il rapporto dell'uomo con il territorio che è lo "spazio stesso che si costituisce ad oggetto di esperienza e a soggetto di giudizio" (Assunto, 23).

Se, dunque, nel corso dei secoli, l'esperienza del territorio ha segnato per la storia dell'umanità la progressiva nascita della civiltà e del progresso scaturiti dal contatto delle diverse comunità o popolazioni, discorso diverso andrebbe fatto per l'idea di territorio che, nell'immaginario dell'uomo, è diventato uno spazio virtuale delimitato da confini e da immaginarie cartografie che nel corso dei secoli hanno individuato arbitrarie appartenenze. Siamo di fronte all'eterno scontro tra la natura e l'uomo, tra la geopolitica e la letteratura, tra il capitale simbolico di un paesaggio-romanzo o di un paesaggio – poesia (con buona pace di Calvino)[1] e il sofferto trauma della modernità, in cui limiti e confini imposti dall'uomo ci restituiscono un "idea" di paesaggio antitetica alla sua stessa definizione di spazio comune e collettivo, proiettandoci nella dimensione di "una menzogna totalitaria" (Forti, 205) in cui finiamo col perdere di vista la realtà fattuale e storica per credere a "un caleidoscopico mondo mediatico, fatto di immagini scomposte e ricomposte, di sostituti iconici che assumono lo statuto di realtà, a fornire un'immensa possibilità di mentire" (Forti, 207).

Nel passaggio dalla memoria al presente ciò avviene per diversi "paesaggi" reali che, nell'immaginario collettivo di noi spettatori passivi e consumatori mediatici, sono diventati paesaggi "virtuali", fotografati e selezionati da droni e ricostruzioni al computer che ci restituiscono spesso una realtà non corrispondente né alla memoria storica e letteraria di quei luoghi, né all'esperienza fattuale di essi.

Può accadere, pertanto, che nella striscia di Gaza le eterne lotte tra Palestinesi ed Israeliani fanno emergere "paesaggi" dilaniati da guerre indotte da contenuti ideologici e confini geopolitici ritagliati da "altri" su cartine virtuali, mentre il baratro liquido che è diventato oggi il Mediterraneo ci fa riflettere "su che cosa vogliamo che oggi sia questo mare che all'inizio di questo millennio sembrava nascere nel segno delle 'primavere arabe' ma che poi si è terribilmente involuto nelle forme che abbiamo sotto gli occhi fino a metterci di fronte alla più crudele e radicale alternativa che si possa immaginare: culla di civiltà e fonte di una nuova civilizzazione o teatro di nuove guerre e di una barbarie senza fine"? (Quaini, 26).

Se la storia e la cronaca, dunque, unitamente alla ragion di stato di una geopolitica spesso bianca, occidentale ed eurocentrica tendono ad avallare l'idea di "paesaggio" entro il letto di Procuste di una perimetrazione cartografica, è (forse) alla storia artistica e alla connotazione estetico-letteraria del termine che dobbiamo volgere lo sguardo

---

[1] Scrive Italo Calvino: "Una poesia è fatta di idee, di parole e di sillabe, mentre un paesaggio è fatto di foglie e di colori e di luce" (577).

per scoprire il valore potenziale di quei luoghi e spazi del mondo che poeti, narratori, filosofi e artisti ci hanno raccontato e tramandato.

La scelta, peraltro, non sarebbe poi tanto peregrina se consideriamo il fatto che la parola paesaggio nasce geograficamente "in senso scientifico" solo nell'Ottocento con Alexander Von Humboldt mentre le prime attestazioni letterarie esistono già sin dai tempi del Petrarca[2] per il quale l'idea di paesaggio si identifica con una dimensione estetica della natura e uno spazio interiore per il soggetto. In diversi brani del suo epistolario incontriamo, infatti, evocazioni panoramiche e descrizioni geografiche, in un continuo oscillare fra paesaggi reali e immaginari; tralasciando, peraltro, quell'idea di natura, croce e delizia di una dimensione tutta umana che segna il progressivo e graduale affrancamento dalla condizione di subalternità dell'uomo a Dio.

Boccaccio, nel mondo orizzontale del suo *Decameron* inaugura, invece, la scoperta di una vera e propria dimensione mediterranea, una civiltà del mare ove c'è spazio e accoglienza per un *melting pot* di popoli, tradizioni e visioni unite nella loro diversità.

Alla luce di queste considerazioni mi chiedo, dunque, se per rispondere a certe domande che oggi la storia ci pone a proposito dei paesaggi della geopolitica reale e mediatica, non sia forse più prudente affidarsi alle narrazioni di alcuni paesaggi e immagini che, rimasti scolpiti nella nostra memoria storica, ci hanno raccontato meglio e in modo più autentico quella condizione umana che è scritta nell'idea di "paesaggio" che la parola in sé contiene: in altri termini, il rapporto del soggetto con lo spazio vissuto.

A tal proposito, dunque, (per dirla con Quaini) se esiste un'anima mediterranea che viaggia da secoli al di là dei confini di un mare che *nostrum* non fu mai, perlomeno nel senso di un limite invalicabile, dobbiamo allora interrogare quei luoghi e paesaggi mediterranei emblematici da Omero a Erri de Luca, da Pascoli a Montale da Saba a Biamonti, fino a Braudel o Matvejević ed altri ancora, per renderci conto che il Mediterraneo come paesaggio "continua a rimanere, nell'intreccio geostorico infinito delle sue differenze un minimo comun denominatore"

---

[2] Il paesaggio nella lirica petrarchesca assume una forte connotazione soggettiva ed introspettiva. Nel panorama europeo Petrarca è ritenuto il poeta antesignano della dimensione estetica della natura. Si veda a tal proposito il volume di Carlo Tosco e il saggio di Elissa Tognozzi.

(Brondino, 16) per tutti quelli che lo abitano e lo solcano come si evince da queste parole del poeta palestinese Darwish:

> mi avevano detto che tu sei un poeta simbolista [...] Per questo ho pensato che il tuo mare fosse diverso […] dal nostro mare. No fratello, ti hanno ingannato! […] Il mio mare è il tuo mare. Noi […] andiamo verso un unico mare. Il mare è il mare". (Darwish, 193-194)

E tuttavia se, per la poesia, il Mediterraneo oggi continua a rimanere un mare che unisce, perché "il mare è il mare", per le dinamiche storiche che lo attraversano e gli interessi della geopolitica, esso si sta lentamente trasformando in un "archivio e sepolcro" (Matvejević, 38).

Complice l'imperativo categorico della globalizzazione di fronte alla quale il mondo sta lentamente divenendo un villaggio globale di città invisibili tutte uguali e tristemente disumane, il Mediterraneo, mare tra le terre che non appartiene a nessuna di esse, mare allergico ad ogni annessione, subisce l'attacco dell'omologazione e del pensiero unico nemico dell'alterità e delle differenze.

In questo senso quello a cui stiamo assistendo è una deriva di civiltà a cui un europeismo "eurocentrico"[3] (Guerin) e una geopolitica mondiale hanno condannato questo mare mitico in cui per secoli hanno convissuto musulmani, ebrei e cristiani; ulissidi di tutti i tempi hanno solcato la sua superficie senza che "nessuno li rimpatriasse in paesi sicuri".[4]

Di fronte, dunque, a un'umanità senza storia e senza memoria, che "distrugge pensieri, biblioteche e compie stragi di innocenti" (Quaini, 26) il pensiero va a quel paesaggio della memoria che il Mediterraneo è stato, a quella luce interiore di una geografia dell'anima che esso è riuscito ad ispirare a chi ne ha cantato le meraviglie, raccolto i frutti, costruito ponti invisibili ma proficui tra *logos* e luoghi.

Nella narrazione letteraria occidentale il Mediterraneo della letteratura comincia con i grandi poemi omerici dove la distesa acquorea di

---

[3] A proposito dell'europeismo eurocentrico e dominatore si vedano le profonde riflessioni di Jeanyves Guérin (2011) sul pensiero di Camus.
[4] Il pensiero va alla decisione del governo Meloni che, aggiornando la lista dei "paesi sicuri" in cui rimpatriare, ha incrementato il numero delle espulsioni dei soggetti richiedenti protezione internazionale. Per questo argomento cfr., https://portaleimmigrazione.eu/individuati-13-paesi-sicuri-espulsioni-e-rimpatri-facili-dei-richiedenti-la-protezione-internazionale-verso-marocco-albania-tunisia-senegal-e-altri-stati.

questo mare domestico si presta ad assumere il valore di una sonda dell'umana inquietudine, in cui si misura il rapporto tutto umano con la Natura.

Più volte l'Odisseo omerico solca e si avventura tra le onde del mare nero color del vino, ed ogni volta in concomitanza di tempeste e di prove che l'animo umano dell'eroe della *metis* deve sostenere.

Il mare è "nero" per Ulisse quando dovrà lasciare l'isola di Circe per tornare ad Itaca, quando il mare lo sballotterà tra le onde prima di arrivare sull'Isola dei Feaci; quando scaraventerà nell'abisso la sua nave, lasciando lui solo aggrappato all'albero maestro, dopo la profanazione delle vacche sacre al Dio del Sole.

Il mare è allora un simbolo che rivela l'abisso delle sue viscere come quelle dell'animo umano in procinto di una sfida che pone l'uomo dinanzi alla sua grandezza: andare oltre i limiti per raggiungere un traguardo, per addomesticare la morte e sfidarla, per rendere eterna la fede nell'uomo e nella sua intelligenza.

Appare chiaro, dunque, che l'espressione "mare color del vino" non allude ad alcun intento mimetico del reale ma è un mare fatto di parole che in un testo narrativo non sono strumenti mimetici del reale ma indizi che mettono in moto l'immaginazione.

L'importante, allora, non è stabilire se il mare violaceo o rosso scuro esista davvero nella realtà, né tantomeno Omero ce lo dice, ma cogliere nell'altissimo valore entropico del testo il nesso analogico, immaginativo e allegorico del profondo legame del vino con la terra, con il sangue con la vita e con la morte, nella misura in cui la tempestosa vitalità dell'uomo si scontra e incontra con il mare in tempesta, mare da cui si nasce e a cui si ritorna (Spinicci, 2023).

Emerge, pertanto, la differenza di senso che un'espressione letteraria riesce a fare rispetto a una definizione geografica o peggio ancora geopolitica del Mediterraneo.

Se, infatti, oggi il Mediterraneo è diventato un abisso liquido colore del vino significa che il livello cromatico corrisponde (a differenza della finzione narrativa) drammaticamente ad una verità che nulla ha di vitale e di umano ma, al contrario, rivela che tutte le volte che la realtà supera l'immaginazione ci avviamo verso la deriva inarrestabile della nostra disumanità.

La metafora della navigazione campeggia ancora nel poema eterno e il Mediterraneo, con un salto temporale dall'età classica al Medioevo, bagna lo spazio della *Commedia*. Pur non essendo mai stato solcato da Dante esso è presente nel suo immaginario e per la prima volta si manifesta come distesa liquida e salata, concepito, quindi, come spazio geografico.

Con i suoi versi, dall'*Inferno* fino al *Paradiso,* Dante ripercorre i luoghi del mito dall'Egeo al Tirreno, privandoli dell'aspetto fantastico per localizzare geograficamente i luoghi come accade per Scilla e Cariddi.

Il valore simbolico rimane però al centro del poema per cui l'acqua come elemento primordiale e purificatore, pericolo e salvezza, si articola attraverso le metafore del pelago ——"e come quei che uscito fuor dal pelago a la riva"— e del "gran mar dell'essere" (Morosini 2020).

Sorvolando sulle restanti due Corone di cui s'è già detto, il Mediterraneo come paesaggio letterario ricompare in uno degli archetipi più noti della letteratura mondiale: l'Ulissismo.

Sulle pagine di poeti e scrittori di tutte le epoche si misura lo scarto gnoseologico che investe il significato del mare che, nei diversi contesti storici e filosofici, passa da forza della natura e limite invalicabile a spazio di conoscenza da sondare grazie alla potenza e alla volontà dell'uomo, novello Ulisse.

L'Ulisse dantesco, pertanto, eroe del *nostos* e della *metis*, da Itaca riparte virtualmente per un viaggio nel tempo alla scoperta della *curiositas* pagando con la vita l'oltranza della sua "orazion picciola".

Attraversando Dante e Tennyson, passando per la tragica e romantica *performance* foscoliana dell'esule ribelle, l'eroe omerico rivive nei fumi roboanti delle fantasmagoriche pagine delle *Laudi* dannunziane ove lo ritroviamo con tanto di tripode, arco e duro nervo a bordo della sua nave nera, pronto a sfidare l'implacabile Mare:

> Il tema del mare, peraltro, centrale nella poetica dannunziana, diviene pretesto per la celebrazione della retorica della latinità. E tuttavia, "il Mar Mediterraneo non è solo sede di epiche battaglie fra latini e barbari, ma è, soprattutto, per certi aspetti, il mare di Ulisse, in cui 'Navigare / è necessario; non è necessario / vivere', secondo l'*incipit* di *Maia*". (Caburlotto, 2010)

Quella di D'Annunzio appare dunque come una rilettura dell'asse ideologico, geografico e semantico della guerra che tende ad enfatizzare la centralità del mare nostro assicurando in "quest'area di incrocio di popoli e di culture la possibilità di affiancare il diritto della storia al diritto della forza" (Isnenghi, 430).

E tuttavia, l'apoteosi del Mare nostrum come espressione dell'arroganza militare e della forza è destinata a soccombere tra le melodie del canto pascoliano, ove nella trama malinconica dei *Conviviali* si staglia la figura umbratile e moderna di un novello Ulisse.

Protagonista di una personalissima rilettura dell'Odissea, nel poemetto *L'Ultimo viaggio* di Pascoli, l'eroe diventa una semiotizzazione del "dramma del destino umano nel momento in cui la contraddizione si esaspera e si risolve" (Pisanti, 41).

L'Odisseo dei *Conviviali* è la sintesi dell'uomo moderno che, annaspando nella disperata ricerca di sé, scopre di essere nessuno. "Nel viaggio a ritroso verso il proprio passato Ulisse scopre tra le onde di un Mediterraneo che lo accoglierà morto nel suo grembo, la fragilità del mito stesso che l'ha sostenuto. Il rapporto che lega l'eroe al mare è venato da sottili ed arcane complicità: la distesa immensa delle acque spinge Ulisse, giunto all'ultimo atto del dramma della vita, a ricercare l'ombra che lo ha creato e lo richiama. L'acqua, elemento primigenio, rinnova il rito della nascita suggerendo una possibilità di *renovatio*" (Privitera, 41).

Nel poemetto, al mare, come simbolo di mistero e sete di sapere, si collega il sogno di Ulisse di attingere alle origini della vita umana, attraverso il recupero del proprio passato.

La semantica del mare simboleggia ora la dinamica eterna della vita e della morte e infatti Odisseo sulla distesa del mare compirà il suo ultimo viaggio. Il viaggio finisce con la morte tra le onde di un Mediterraneo che, come una madre, riabbraccia la propria creatura.

La domanda di senso su chi è l'uomo del Novecento è la stessa che Ulisse morente rivolge al cospetto delle sirene che, mute, lasciano che il mare lo risucchi nelle sue profondità:

> Ditemi almeno cl i sono io! chi ero!
> E tra i due scogli si spezzò la nave.
> ("L'ultimo viaggio" XXIII, vv.47-55)

> E il mare azzurro, che l'amò, più oltre
> spinse Odisseo, per nove giorni e notti,
> e lo sospinse all'isola lontana .[...]
> ("L'ultimo viaggio" XXIV, vv.1-3)[5]

Il Mediterraneo come oggetto di una geografia umanistica che, nell'universo finzionale della letteratura, recupera l'idea di un rapporto tra soggetto e oggetto nella spazialità della vita umana, torna costantemente nella poesia del Novecento.

"In questo contesto la poesia sembra mantenere aperta la possibilità di un rapporto dialettico tra l'essere umano e i luoghi che abita, aiutandolo a riscoprirli non come astratta dimensione spaziale o come oggetti di un immediato usufrutto economico, materiale ed estetico, ma come dimensione propriamente significativa del proprio essere nel mondo" (Lollini 2022).

La poesia di mare che già fu di Pascoli e D'Annunzio costella adesso l'universo poetico di Montale che al Mediterraneo dedica un intero poemetto di nove liriche all'interno di *Ossi di seppia*.

Attraversando D'Annunzio, Montale ribalta la visione panica, vitalistica e sensuale dell'implacabile mare, immaginando il Mediterraneo come una personificazione paterna (Gioanola, 55-68).

Alterne vicende legano l'uomo al mare le cui paterne acque ora avvinghiano il soggetto incapace di comprendere la propria identità al di fuori della legge del mare ("Antico, sono ubriacato dalla voce"):

> Tu m'hai detto primo
> che il piccino fermento
> del mio cuore non era che un momento
> del tuo[6]

E tuttavia, dalla consapevolezza di infrangere la legge severa del mare che tutto genera e distrugge nasce la necessità "nella fiumara del vivere" di cantare il definitivo distacco dal padre mare che consente all'uomo la conquista di una identità possibile, e pur nell'esilio della terraferma fa dire a Montale in "Giunge a volte, repente":

---

[5] Si fa riferimento all'edizione de *I Poemi Conviviali* di Giovanni Pascoli.
[6] Tutte le citazioni delle poesie montaliane sono tratte da *Tutte le poesie*.

Dalla mia la tua musica sconcorda
[...]
E questa che in me cresce
è forse la rancura
 che ogni figliuolo, mare, ha per il padre.

Nella dialettica montaliana il botta e risposta tra l'uomo e il mare si conclude con la consapevolezza della fragilità di una vita che rimane esposta alla forza del mare: la forza indistinta della natura capace di annullare il soggetto a suo piacimento.

Il riconoscimento dell'alterità del mare e della necessità di mantenere aperto e vivo il dialogo e il rapporto dialettico con la forza che esso esprime, "sia sul piano fisico che su quello metafisico" emerge però con forza dalle battute finali di "Dissipa tu se lo vuoi" (Lollini, 2022):

M'attendo di ritornare nel tuo circolo
s'adempia lo sbandato mio passare
[...] a te mi rendo in umiltà. Non sono
che favilla d'un tirso. Bene lo so: bruciare,
questo non altro, è il mio significato.
(*Ossi di seppia*, vv. 5,6-21-23)

Dal mare–padre di Montale al Mediterraneo "terra di nessuno" di Saba la geografia poetica sembra svelare lo spazio come luogo di un incontro possibile tra l'uomo e la natura.

Umberto Saba reduce da un'esperienza di viaggio nel Mediterraneo, come Ulisse, riscopre il senso della vita umana nel viaggio e nell'incontro con l'altro.

Oggi il mio regno è quella terra di nessuno. Il porto accende ad altri
i suoi lumi; me al largo sospinge ancora il non domato spirito, e della
vita il doloroso amore.[7]

---

[7] La citazione è tratta da Saba, *Mediterranee*, 75.

Al paesaggio come destinazione dell'esserci nel mondo si rivolge la scrittura narrativa di Biamonti, scrittore ligure emulo di Montale e Sbarbaro

> È destino umano. — Dice lo scrittore — abitare un mondo. Non denuncio, descrivo un disagio. La terra forse insegna la calma, la ricerca della verità. Amo le radici della terra, il cielo e il cosmopolitismo. Ben vengano altri popoli altri individui colgono anch'essi il significato delle rocce e dei cieli.[8]

L'osmosi tra paesaggio e scrittura confluisce nella formula calviniana del romanzo-paesaggio di Biamonti dove la struttura stessa del racconto indica una contiguità tra il soggetto e lo spazio esterno.

Nei suoi testi il mare che si staglia su costoni di luce dorata o si sovrappone con la terra che si assimila ad esso e viceversa rimanda alle valenze metaforiche del *Cimitero marino* di Valery "alla sua concezione del mare — scrive Mellarini come presenza ancestrale ed eterna, voce perenne rispetto alla quale l'uomo può commisurare il proprio destino di finitudine" (162).

"Il mare ossessiona chi lo guarda troppo a lungo, proprio per il suo sciogliersi nell'eterno e nel nulla".[9]

Mare o terra che sia, i paesaggi di carta, per poeti e scrittori sono la realtà in cui si rispecchiano gli uomini che si interrogano sulla condizione del mondo.

In questo senso la realtà del luogo geografico viene svelata e resa visibile, e in questo senso, forse, la letteratura esprime un dissenso, una critica alla realtà e all'ideologia dominante come quella gridata da alcuni versi composti di Tesfalidet Tesfom, detto Segen, migrante eritreo sbarcato a Pozzallo il 12 marzo 2018 in pessime condizioni di salute e morto il giorno dopo:

> Non ti allarmare fratello mio,
> dimmi, non sono forse tuo fratello?
> Perché non chiedi notizie di me?

---

[8] La citazione è tratta da Francesco Biamonti (2008). Sul concetto di paesaggio di Francesco Biamonti, vedi anche Bruno Mellarini.
[9] La citazione è tratta da Francesco Biamonti (1983).

È davvero così bello vivere da soli,
se dimentichi tuo fratello al momento del bisogno?
Cerco vostre notizie e mi sento soffocare
non riesco a fare neanche chiamate perse,
chiedo aiuto,
la vita con i suoi problemi provvisori
mi pesa troppo.

Nella dialettica tra mare immaginato e mare vissuto, oggi l'idea che la letteratura può restituirci del concetto di paesaggio è sempre più simile a quella di una "deriva" perché, parafrasando ancora Biamonti: "Si lavora su una terra che frana, su una luce che diventa ombra, su un azzurro che diventa nero" (Mallone, 50).

BIBLIOGRAFIA

Assunto, Rosario. *Il paesaggio e l'estetica*, Palermo: Novecento, 1994.

Biamonti, Francesco. *L'Angelo d'Avrigue*. Torino: Einaudi, (1983).

Biamonti, Francesco. "Breve nota autobiografica", ora in *Scritti e parlati*, a cura di G. L. Picconi e F. Cappelletti, Torino: Einaudi, 2008.

Brondino Michele. "Il Mediterraneo: mare della diversità e della condivisione. Quaderni IRCrES-CNR, vol. 3, n. 2, (2018): 13-24.

Caburlotto, Filippo. *D'Annunzio, la latinità del Mediterraneo e il mito della riconquista*, 2010 in https://www.semanticscholar.org/paper/D%E2%80%99Annunzio%2C-la-latinit%C3%A0-del-Mediterraneo-e-il-mito-Caburlotto/bae9d688c6d0e085385d27bccf56285b4228b9b0

Calvino, Italo. *Saggi 1945-1985*, a cura di Mario Barenghi, Milano, Mondadori, 1995.

Darwish, Mahmoud. *Une mémoire pour l'obli*. Arles: Actes Sud,1994.

Forti, Simona. "Spettri della totalità", 2003 *Micromega Almanacco della Filosofia* 5.

Gioanola, Elio. "Il mare negli *Ossi di seppia*", in *Il secolo di Montale: Genova 1896-1996*, a cura della Fondazione Mario Novaro. Bologna: il Mulino, 1998.

Guérin, Jeanyves. "Albert Camus et la construction europeenne", *L'Europe selon Camus*. Le Pontet: A. Barthélémy, 2011.

Isnenghi, Mario. "D'Annunzio e l'ideologia della venezianità". *Rivista di storia contemporanea*, 19, 1990.

Lollini, Massimo. "Il Mediterraneo dalla contingenza fisica di Montale all'apertura etica di Saba". In *La mer dans la culture italienne*. Nanterre:

Presses universitaires de Paris, 2009. 357-372. https://books.open edi-tion.org/pupo/26535?lang=it.

Mallone, Paola. "Il paesaggio è una com-pensazione". *Itinerario a Biamonti con una appendice di scritti disperse.* Genova: De Ferrari, 2001.

Matvejević, Predrag*Mediterraneo, un nuovo breviario,* Milano: Garzanti, 1991.

Mellarini, Bruno. *Tra spazio e paesaggio, Studi su calvino, Biamonti, Giudice e Ce-lati.* Venezia-Mestre: Amos Edizioni, 2021.

Montale Eugenio. *Tutte le poesie.* Milano: Mondadori, 1984

Morosini, Roberta. *Il mare salato. Il Mediterraneo di dante, Petrarca e Boccaccio.* Roma: Viella, 2020.

Pascoli, Giovanni. *I Poemi Conviviali,* a cura di Giuseppe Leonelli. Milano: Mondadori, 1980.

Pisanti Giuseppe. *Ulisse nella poesia del Tennyson e in quella di Pascoli,* San Giu-seppe Vesuviano: Tipografia Amendola, 1937.

Privitera, Daniela. *Pascoli: il mito infranto e la poesia come vita,* Mantova: Univer-sitas Studiorum, 2018.

Quaini, Massimo. "Del romanzo — paesaggio mediterraneo" *in Territori e sce-nari. Ripensare il Mediterraneo.* Vol.2 (2018). https://www.ircres.cnr.it/ima-ges/quaderni/Quaderni_2018_03_25-34_Quaini.pdf.

Saba Umberto, *Mediterranee,* Milano: Mondadori, 1946.

Socco, Carlo. Intervento al Forum. "Paesaggi italiani per il governo delle trasformazioni". *Castelfranco Veneto* (maggio 1999): 26-29.

Spinnicci, Paolo. "Il mare colore del vino" 2023 in https://rivi-ste.unimi.it/index.php/MdE/article/view/20680.

Tognozzi, Elissa. "La Natura come corrispondente esterno ad una condi-zione psicologica-sentimentale nel *Canzoniere*", *Forum Italicum* 32:1 (March 1998): 51-62.

Tosco, Carlo. *Petrarca: paesaggi, città, architetture.* Macerata: Quodlibet, 2012.

Mediterraneo e pensiero meridiano
Il primo uomo di Gianni Amelio

Roberta Rosini

LICEO SCIENTIFICO "P. BORSELLINO E G. FALCONE"

L'intervento verte sull'analisi del film *Il primo uomo* (2011) di Gianni Amelio, sullo sfondo di una rilettura del suo cinema alla luce della riflessione del "pensiero meridiano" fondato da Albert Camus.

L'intervento prende le mosse dall'individuazione e dalla discussione di alcune figure considerate centrali all'interno del pensiero meridiano: viaggio, paesaggio, Mediterraneo, luce, *otium*, *pathos*. Nella riflessione filosofica degli esponenti del cosiddetto — a partire da Camus — "pensiero meridiano"[1], quali Franco Cassano e Mario Alcaro, in particolare il Mediterraneo, luogo di incrocio tra terra e mare, viene inteso come centro di un'identità ricca e molteplice, come elemento cardine nella costruzione di un'identità meridiana.

Nel pensiero meridiano, il viaggio si fa occasione di una ricerca esistenziale, la ri-scoperta dei territori originari opportunità di esplorazione dei propri spazi intimi. Sulla base di un rispecchiamento tra spazio esteriore e spazio interiore, discende così una concezione del viaggio meridiano come ricerca identitaria all'interno di un percorso d'identificazione personale. Il viaggio geografico diviene dunque metafora di un viaggio psichico e soggettivo, il percorso tracciato negli spazi esterni si fa segno di un itinerario spirituale di autoscoperta e trasformazione del sé.

In particolare, il pensiero meridiano inscrive il viaggio in un doppio movimento, opposto e contrastante. Il duplice processo dell'andata e del ritorno racchiude infatti il bisogno umano di stare nella propria dimensione abituale e familiare e al contempo la spinta verso l'altrove, la tensione verso l'ignoto; una partenza che conduce allo spaesamento, alla perdita di sicurezza e stabilità e un ritorno con arricchimento e ritrovamento di sé. Il pensiero meridiano presenta dunque una visione

---

[1] È Camus, infatti, che conia il termine "pensiero meridiano" e al pensiero meridiano il filosofo dedica l'ultima sezione dell'opera *L'uomo in rivolta*, cfr. Camus (2002 [1951], 303-335).

contraddittoria del viaggio, fondata appunto sulla «liceità conflittuale del partire e del tornare» (Cassano 2011, 41): al binomio partenza-ritorno corrisponde il duplice e reciproco trapasso dall'esperienza del distacco, della perdita di una parte di sé, al ritrovarsi, secondo una concezione ambivalente del viaggio, dove si intersecano lo smarrimento e la riscoperta di sé.

Il viaggio meridiano, in particolare, si viene a configurare come un *nòstos*, sull'esempio dell'aurorale viaggio fondativo odissiaco: il viaggio che ricongiunge alla terra originaria attraverso un ritorno con accrescimento personale e identitario, un ritorno quale ritrovamento di sé e riscoperta delle proprie radici culturali ed affettive rimosse. I pensatori meridiani pongono in relazione antinomica il pensiero di Nietzsche con quello di Heidegger: se in quest'ultimo essi individuano il simbolo della fedeltà alle radici, l'altro è reso emblema dello «sradicamento universale» (Cassano 2011, 40). Mentre entrambe le polarità, il viaggio nietzscheano come «metafisica dell'oltre» (Cassano 2011, 41) e l'attaccamento ossessivo alla radice heideggeriano, si fondano su un unico movimento, il viaggio meridiano tesaurizza al contrario ambedue i movimenti del viaggio, custoditi nel sapere greco, ospitando al tempo stesso l'erranza e il desiderio del ritorno, la fuga e la radice.

La concezione del viaggio come ricerca esistenziale all'interno di un processo d'identificazione personale sottende una corrispondenza tra paesaggio geografico e paesaggio mentale, un intreccio inestricabile tra luoghi esteriori e luoghi interiori. Così nelle parole della studiosa contemporanea Giuliana Bruno: «Il paesaggio non è solo una questione di esteriorità: l'impatto del paesaggio si prolunga all'interno, nel nostro paesaggio interiore […] esterno e interno sono figurativamente connessi: l'immaginazione geografica include e attraversa entrambi» (Bruno 2006, 335).

Il paesaggio meridiano, in particolare, si dimostra uno spazio privilegiato per viaggi soggettivi di autoscoperta: «Il viaggio […] si rivela un viaggio di autoscoperta. In questo tipo di esplorazione il paesaggio […] [mediterraneo] era un sito privilegiato: […] si prestava come pochi altri a fare da veicolo ai viaggi psichici e soggettivi» (Bruno, 336-337). L'ambiente mediterraneo, infatti, con le sue peculiari connotazioni che ne delineano la morfologia, quali il mare, il sole, il calore, lascia emergere lo spazio interiore del soggetto che lo abita, illuminandone i luoghi più intimi ed inesplorati.

Al fondo del pensiero meridiano si trova un discorso critico sulla modernità, dimentica della natura, e la necessità del recupero di un rapporto armonico con essa, dimensione originaria all'interno della quale l'uomo si trova inquadrato, che rappresenta, secondo i pensatori meridiani, la più importante eredità del naturalismo del pensiero greco lasciata alla cultura mediterranea. Il cuore della concezione del fondatore del pensiero meridiano, Camus, è rappresentato da una dialettica tra spirito e natura ricondotta all'antitesi tra idealismo tedesco e tradizione mediterranea, tra cultura nord-europea e pensiero meridiano, unico strumento attraverso il quale l'uomo può condurre la rivolta contro l'assolutismo della ragione storica pervasiva. Il filosofo francese rintraccia infatti nella tradizione mediterranea l'equilibrio della natura, di contro alla dismisura dello spirito della cultura nordica; la cultura mediterranea si rivela l'unica in grado di destituire lo spirito, in quanto — spiega Alcaro — «dispone di un armamentario teorico incomparabilmente più ricco di quello di qualsiasi altro luogo» poiché fondato sulla «forza creativa della vita e della natura» (Alcaro 2002). Infatti, secondo Camus il Mediterraneo custodisce la primordiale relazione armonica tra uomo e natura, propria del pensiero greco originario, destituita dall'onnipotenza dello spirito nordico. Il Mediterraneo si viene così a configurare storicamente come «il luogo nel quale è (ed è stato) possibile dire nel modo più puro un sì al mondo» (Cassano 2011, 89).

Lo spazio mediterraneo, bacino interno e spazio chiuso tra i continenti — la cui natura ci appare ben espressa dalla locuzione latina *mare nostrum* — caratterizzato da una peculiare natura di mediatore, di *medium* che mette in comunicazione le terre e i popoli, riveste allora un ruolo chiave nella costruzione dell'identità meridiana.

I pensatori meridiani, all'interno del gioco di opposizioni tra terra e mare, radice e sradicamento, misura e dismisura, contrappongono ancora una volta Heidegger, secondo gli esponenti del pensiero meridiano il filosofo più rappresentativo dello spirito tedesco, a Nietzsche. In entrambe le prospettive, quella heideggeriana e quella nietzscheana, secondo i pensatori meridiani, si smarrisce quella contiguità tra terra e mare propria della grecità e della tradizione mediterranea. Sia nel radicamento tellurico heideggeriano che nella dismisura oceanica nietzsche ana viene meno infatti l'equilibrio greco armonizzante terra e mare, dimora e altrove, identità e alterità, limite e smisuratezza.

La cesura tra terra e massa oceanica vede il suo superamento con il pensiero meridiano fondato da Camus, nel quale la riflessione sul mare, e in particolare sul Mediterraneo, si rivela centrale: la mediterraneità, all'interno del pensiero dell'autore francese, assurge a vera e propria categoria filosofica. All'interno della dicotomia istituita dal filosofo, insita nel continente europeo, tra ideologia storicista tedesca e pensiero meridiano fiorito lungo le coste mediterranee, storia e natura, il Mediterraneo viene infatti ad incarnare uno dei due poli: la misura e il limite della natura, in rapporto dialettico con l'onnipotenza e la dismisura dello spirito nordico. Il nostro mare riveste così un ruolo fondamentale, assurgendo ad unico ed autentico depositario del segreto della natura, incarnando quella bellezza naturale, da cui siamo stati esiliati con l'affermarsi della modernità. Non resta allora che, come propone Alcaro, «ritrovare e rianimare la natura; […] ritornare sulle rive del Mediterraneo e, lì, mettersi in ascolto» (Alcaro 2006, 24), invito che fa da eco alle parole camusiane: «la giovinezza del mondo si trova ancora intorno alle stesse sponde» (Camus, 2002, 328).

L'uomo mediterraneo si colloca così al confine tra terra e mare, si configura come mediazione tra l'istanza terrestre e quella marina, ovvero tra radice tellurica e sradicamento oceanico, tra esperienza del limite e dismisura. Il Mediterraneo, crocevia tra Oriente e Occidente, Nord e Sud, si rivela un innesto tra arcaismo e modernità, esotismo e dimensione domestica, identità ed alterità. La riflessione dei pensatori meridiani è volta allora a restituire al Mediterraneo una collocazione di centralità, valorizzando, sulla base della sua posizione geografica di intervallo e mediazione tra le terre, proprio il suo aspetto di limite, di confine, di crocevia. Lo spazio mediterraneo, dunque, come «spazio condiviso» (Cacciatore, 36), come spazio del riconoscimento della differenza e della pluralità, che porta in seno la contraddizione e la conflittualità che tenta di ricomporsi in unità.

Un altro elemento cardine nella conformazione del paesaggio meridiano e nella costituzione dell'identità meridionale è costituito dal sole meridiano. Lo stesso Camus identifica il pensiero meridiano con un «pensiero solare» (Camus 2002, 326). La dicotomia tra natura e spirito, tra pensiero meridiano e idealismo tedesco, individuata dal filosofo francese viene ricondotta all'antitesi tra solarità meridiana e oscurità nordica. Come rileva Alcaro, l'autore di *L'uomo in rivolta* infatti «contrappone lo spirito del Mediterraneo alla cultura del Nord-Europa come il giorno alla notte» (Alcaro 2006, 19): l'immagine a cui Camus ricorre per esprimere l'antinomia tra lo storicismo nordico e il pensiero mediterraneo è appunto quella di un'Europa che «non è mai stata altrimenti che in questa lotta fra meriggio e mezzanotte» (Camus 2002, 2006).

Il paesaggio meridiano, fondato sull'intreccio di sole e mare, colloca, secondo gli esponenti del pensiero meridiano, in una sospensione del tempo, che libera dalla tirannia del tempo frenetico e produttivo; lungi, tuttavia, dal costituire una perdita, questa liberazione dal tempo quantitativo e misurabile della produzione restituisce un tempo qualitativo, più autentico e prezioso, destituito dalla modernità. Al fondo del pensiero meridiano è possibile allora rintracciare l'antico concetto di *otium*, concepito come distensione fisica e godimento dei sensi, dischiusa in particolare dall'ambiente meridiano, che fa presa su chi attraversa questi luoghi. Gli esponenti del pensiero meridiano rivendicano infatti il valore di un tempo lento, libero dai vincoli imposti dal progresso della modernità, che si accompagna piuttosto all'assolutizzazione della velocità e dell'accelerazione che logorano e destrutturano le esperienze basilari dell'uomo.

I pensatori meridiani tessono così un vero e proprio elogio della lentezza (cfr. Cassano 2001), dell'ozio, che apre all'esperienza di un tempo liberato, custodito nell'area mediterranea come una forma di esperienza alternativa a quella imposta dal progresso dilagante e fagocitante. Al contrario, il mondo mobile della velocità getta l'uomo nell'individualismo e nella competitività, che apre la strada allo sradicamento e alla perdita delle proprie radici. La civiltà nord-occidentale allora, secondo i pensatori meridiani, inghiottita dalla spirale della corsa, si traduce in un vero e proprio fondamentalismo, nell'integrismo della modernità, che non concepisce forme di pensiero altre: all'"'homo naturalis" camusiano, secondo gli esponenti del pensiero meridiano, si contrappone allora l'«*homo currens*» (Cassano 2001, 59), figlio del progresso e della modernità. Il pensiero meridiano dischiude così il valore dell'oziosità, rivelandone la connotazione creativa e produttiva, che lo rende propulsore dell'atti-vità umana più elevata, quella del pensiero riflessivo.

La spazialità percorsa attraverso il paesaggio meridiano rimanda ad una dimensione passionale ed emotiva: «Si è attirati verso la topografia: la terra provoca una risposta emozionale; la geografia è un modo di esprimere i propri sentimenti» (Bruno, 336). Il paesaggio meridiano delinea allora una geografia emozionale come mappa di sentimenti, di pulsioni, di desideri. Lo spazio diventa il campo in cui l'identità dell'individuo si costituisce come soggetto e la geografia dei luoghi si traduce in una mappatura emozionale.

Il Mediterraneo si delinea infatti, sullo sfondo della riflessione camusiana, come luogo di intreccio e riconoscimento reciproco tra spirito e natura, tra ragione e passione; non già la ragione del pensiero nordico solipsisticamente ripiegata nel suo isolazionismo, quanto piuttosto una ragione che entra in contatto con il mondo meridiano da cui proviene Camus, ovvero «da un mondo più caldo e più sensuale, da un sottosuolo in cui si affollano le passioni e le pulsioni, […] da una prossemica dei corpi più estroversa, dalla conoscenza delle dinamiche del desiderio» (Cassano 2011, 104).

IL PRIMO UOMO

Se al fondo del pensiero meridiano si trova un discorso critico sulla modernità, dimentica della natura, e la necessità del recupero di un rapporto armonico con essa, la filmografia di Amelio si rivela significativamente efficace e in consonanza con questo pensiero. Le figure individuate all'interno del pensiero meridiano si delineano come tematiche centrali in particolare nel film *Il primo uomo*, ispirato al romanzo autobiografico postumo e incompiuto del fondatore del pensiero meridiano, Camus, ritrovato all'interno dell'automobile sulla quale lo scrittore ha trovato la morte in un incidente stradale nel 1960.

Nel romanzo, il protagonista Jacques Cormery è la proiezione del filosofo francese. Nel film, alla vita del bambino francese Amelio sovrappone la propria infanzia: la pellicola costituisce così un'opera autonoma rispetto a quella camusiana, dove la figura del protagonista rappresenta una compiuta sintesi tra l'esperienza esistenziale dell'intellettuale francese e quella del regista. Così, la trasfigurazione sullo schermo dell'opera camusiana dal contenuto autobiografico operata da Amelio rappresenta una dissimulazione del suo vissuto esistenziale, il quale si riflette in essa come in uno specchio, che duplica la sua stessa autobiografia: a partire dall'assenza del padre (morto in guerra quello dello scrittore, emigrato quello del regista) all'educazione affidata alle due figure femminili della madre e della nonna decisive negli anni dell'infanzia (è da quella di Amelio che sono tratti i dialoghi del film) e al peso della povertà; dalla ricerca di una guida alla cultura come riscatto ed emancipazione dalla povertà e al ruolo essenziale del Sud. Infatti, l'Algeria di Camus si fa specchio della Calabria del regista: entrambe patrie abbandonate di cui gli autori avvertono il richiamo — come emerge, più o meno esplicitamente, nelle loro opere — ed entrambe terre meridiane, dove questa come quella è trafitta dalla «miseria di un paese che ha smarrito [...] identità e ragioni» (Masoni, 10); identità, quella mediterranea, per la costruzione della quale il pensiero meridiano è l'attuale protagonista.

Nel film come nel romanzo, lo spazio e il paesaggio mediterraneo definiscono una topografia soggettiva, una geografia emozionale dei personaggi. L'ambiente mediterraneo si manifesta infatti come territorio dei sensi: attraverso il paesaggio meridiano e le sue diverse connotazioni quali il Mediterraneo, il sole, il calore, l'*otium*, i personaggi entrano in contatto con la loro sensibilità ed interiorità, scoprendo la loro dimensione emozionale ed identitaria. Nel ritorno in Algeria, man mano che il protagonista compie la discesa geografica nel cuore del territorio meridiano, penetra anche nelle profondità del proprio spazio intimo, il paesaggio che visita nel corso del viaggio è soprattutto il suo paesaggio interiore: questi iscrive nel paesaggio le sue passioni, trasformandolo in uno spazio emozionale, percorre le regioni degli affetti e il terreno delle emozioni, compiendo un viaggio di metamorfosi emotiva e di costruzione identitaria.

Anche questo film, come altri del regista, è imperniato allora sul tema del viaggio, analogamente all'opera dell'iniziatore del pensiero meridiano. Il percorso si inscrive, in particolare, nel secondo movimento del viaggio, quello del ritorno: il viaggio si configura, in linea appunto con l'idea di viaggio presentata dai pensatori meridiani, come un *nòstos*, come un rientro nella terra natia, un ritorno alle proprie origini culturali ed affettive. Il ritorno in patria del protagonista, alla ricerca del ricordo del padre, corrisponde infatti ad una ricerca delle proprie radici esistenziali. Il viaggio geografico ed esteriore si accompagna allora ad un percorso interiore e il rientro nel paese originario ad una ricerca identitaria e ad una riscoperta di sé.

Il viaggio del protagonista è volto infatti alla riappropriazione di una dimensione perduta di sé, di un'identità smarrita, racchiusa in quel "primo uomo", che indica quell'essenza originaria e rimossa peculiare dell'essere bambino. In particolare, il viaggio riesce a dischiudere quella dimensione patetica ed emotiva — di cui il pensiero meridiano ha messo in luce la potenza pervasiva — ormai sepolta dal protagonista adulto, custodita nel bambino che questi era. Così, il viaggio si fa innanzitutto viaggio nel tempo e nella memoria, che, ripercorrendo i momenti di vita che segnano la crescita del protagonista, è volto alla riscoperta dei ricordi della sua formazione, attraverso i quali fa riaffiorare quell'originario mondo infantile, depositario delle radici identitarie ed emotive del soggetto. La realtà è infatti inquadrata, come nel celebre *Il ladro di bambini* (1992), dallo sguardo innocente, spontaneo e sensibile del bambino. Il viaggio mette allora in comunicazione il personaggio con il proprio spazio intimo, con la zona inesplorata di sé, quella emozionale ed affettiva, legata soprattutto all'infanzia e rimossa dall'adultità.

Nella centralità assegnata all'universo dell'infanzia, eletta a custode della radice identitaria e del patrimonio emozionale del soggetto, il legame con *Il ladro di bambini* si fa stringente. Tuttavia, mentre il precedente film di Amelio era costruito sul rapporto dialettico tra la figura dell'adulto e quelle dei bambini, considerate non semplicemente come due entità anagrafiche, ma anche e soprattutto come condizioni esistenziali, esemplificazioni della sfera consapevole, della maturità e della responsabilità l'una e di quella desiderativa, dell'infanzia e dell'innocenza l'altra, in *Il primo uomo*, con un passaggio ulteriore, divengono le rappresentazioni divaricanti di un modo di sentire e di essere dello stesso protagonista (come dell'autore, Amelio-Camus, stesso).

Fa da sfondo alla metamorfosi emotiva del protagonista, che — al pari dell'autore che nel soggetto rappresentato si identifica — ritrova nelle diverse fasi della narrazione della sua vita, età adulta o infanzia, un tratto del proprio percorso, il paesaggio mediterraneo, di cui i pensatori meridiani hanno evidenziato tutta la forza propulsiva. Questo non si delinea, nel film, come un semplice elemento di contorno, ma si rivela, sullo sfondo del pensiero meridiano, il vero catalizzatore della trasformazione identitaria del soggetto — «lo spirito dell'Algeria era protagonista» (Finos), ha rivelato lo stesso regista. È il ritorno nella terra meridiana di origine, in questo caso l'Algeria quale terra meridiana rispetto al continente europeo in stretta analogia con il Meridione italico di *Il ladro di bambini*, che innesca la ricerca identitaria del protagonista. Il rientro nella patria meridiana si caratterizza allora, proprio come hanno illustrato i pensatori meridiani a proposito del viaggio meridiano concepito come *nòstos*, come un ritorno alle proprie radici storiche ed identitarie, avviando un processo di ricerca esistenziale. Il Meridione, infatti, con le peculiari connotazioni del paesaggio meridiano, quali il Mediterraneo, il calore, l'ozio — ritagliate dal pensiero meridiano — sottraendo il soggetto alla propria dimensione abituale e costringente, ne fa affiorare il tessuto passionale ed emozionale, dischiude quello spazio sepolto e dimenticato di sé, conducendo il protagonista ad un percorso di riscoperta identitaria. Così, soltanto rivisitando gli originari luoghi meridiani abbandonati il protagonista può, perdendosi attraverso i sentieri dimenticati della terra meridionale primigenia e di sé, invero ritrovarsi. In particolare, l'Algeria che il film raffigura è una terra meridiana fatta di luce e arsa dal sole, pervasa dal chiarore intenso, in una pellicola in cui l'illuminazione gioca un ruolo centrale, in quanto tesa a restituire l'atmosfera afosa delle coste mediterranee, ricordando la luce tragicamente accecante che avvolgeva la spiaggia di *Lo straniero* (Camus 2009 [1942]).

Il viaggio del protagonista nella terra meridiana d'origine si caratterizza come una "deviazione" dal percorso della sua carriera di scrittore di successo che si dispiega in Francia: il discorso da tenere all'università di Algeri si configura soltanto come un pretesto, mentre il vero scopo del viaggio si rivela fin da subito la ricerca delle proprie radici e il recupero degli affetti familiari e primordiali — la prima richiesta del protagonista appena approdato sul suolo algerino è infatti, prima di essere accompagnato all'università, quella di potersi recare dalla madre presso cui soggiornare (richiesta che non può essere soddisfatta per motivi di sicurezza personale dello scrittore e della madre stessa). L'intero viaggio si delinea così come una parentesi di "ozio" — proprio nel senso su cui si è indagato all'interno del pensiero meridiano — in cui il protagonista si ritaglia del tempo autentico, di tipo qualitativo, da dedicare ad esperienze affettive ed incontri personali, all'interno del tempo produttivo e quantitativo, scandito dai ritmi della carriera e del lavoro — sebbene si tratti di un lavoro creativo come quello dello scrittore, esso deve infati comunque sottostare ad impegni, doveri e scadenze, quale ad esempio appunto l'intervento da fare all'università, che lo sottrae all'incontro con la madre. Alla dicotomia lavoro-ozio si accompagna dunque quella che oppone il Nord al Sud, in quanto se il Paese europeo è la patria di Cormery-Camus scrittore, è nell'Algeria che si dischiude quel tempo "ozioso" e liberato che restituisce il protagonista agli affetti e a sé stesso.

Si analizzano di seguito alcune scene del film ritenute particolarmente pregnanti, alla luce appunto della riflessione del "pensiero meridiano", in cui l'elemento mediterraneo e meridiano gioca un ruolo chiave.

Il film è ambientato ad Algeri nell'estate del 1957, quando l'Algeria, occupata dai francesi e divisa tra spinte indipendentiste e assoggettamento coloniale, è teatro delle azioni terroristiche delle frange algerine più estremiste; in questa terra meridiana, dilaniata dalla guerra di liberazione, il protagonista ritrova i luoghi della sua infanzia. Nel percorso in automobile verso l'università, dove l'affermato scrittore è stato invitato a tenere una conferenza, lo studente che lo accompagna cita una sua frase: «Colui che scrive non sarà mai all'altezza di colui che muore», connettendosi al tema della morte non naturale preannunciato nel prologo e introducendo lo spettatore alla componente politica del film. L'ambiente universitario è diviso tra gli indipendentisti e i sostenitori dell'Algeria francese. Se l'intervento precedente a quello dello scrittore si colloca in una posizione oltranzista — «C'è voluto che il sangue dei francesi scorresse per le strade e le case di Algeri per aprire gli occhi sulla verità. Non è più tempo di compromessi» — la prospettiva proposta da Cormery è conciliatoria. Il film, infatti, storicizza le posizioni contrapposte delle due fazioni estremiste, mediate dal pensiero dello scrittore, che, favorevole alla rivoluzione ma contrario al terrorismo, mira ad una ricomposizione politica del conflitto. Il discorso pronunciato dal protagonista, collocato ad apertura del film, assume un rilievo centrale per comprendere e mettere in chiaro, fin dall'inizio, la controversa posizione politica di Camus, quella dell'«uomo in rivolta» (cfr. Camus 2002). Inoltre, inserisce da subito lo spettatore nella parte politica del film, che costituisce una delle due direttrici fondamentali su cui è costruita la pellicola.

Il suo alter ego, Cormery, mette innanzitutto in luce l'identità negata dell'Algeria: «L'Algeria non è la Francia e non è più l'Algeria. L'Algeria è questa terra negata, dimenticata, lontana, disprezzata, [...] che si lascia soffocare nel proprio sangue». L'Algeria assume, fin da subito, la connotazione di una terra meridiana dal fascino orientalizzante, abitata da «arabi misteriosi» e da «francesi esotici»; ma come ogni Meridione del mondo è destinata a subire la prevaricazione, la sopraffazione, il dominio di un Nord imperante, in questo caso la Francia, a partire dall'età coloniale fino all'indipendenza, a cui si aggiunge la violenza del terrorismo autoctono. L'intero film così, nel suo versante politico, è percorso sotterraneamente dalla dialettica camusiana tra cultura settentrionale e pensiero meridiano, tra spirito nordico e tradizione mediterranea, e dall'idea dell'assoggettamento della cultura meridiana da parte dell'ideologia nordica prevaricante.

In particolare, questa dialettica tra Nord e Sud assume in Camus, come si è visto, la forma della dicotomia tra storia e natura, dove la storia si fa usurpatrice e soverchiatrice dell'ordine naturale. La storia universale sovrasta le storie individuali degli uomini, che ne subiscono la violenza, quali vittime inconsapevoli, come spiega lo stesso regista che nel film ha cercato di rappresentare il pensiero di Camus:

Una situazione [il colonialismo] di cui non si sono resi conto nemmeno i protagonisti la cui storia è, in un certo senso, passata sopra le loro teste, subendola. [...] Una delle idee che tormentano sempre Camus per tutto il libro è l'idea di dovere parlare di persone che hanno una storia piccola perduta all'interno di una Storia più grande: vittime che non conoscono i loro carnefici, ovvero quelli che hanno manovrato le loro esistenze. (Spagnoli)

Così, nel film come nel libro, non si vedono mai i colpevoli, perché i morti sono sempre innocenti — «Solo i morti saranno innocenti» dice Cormery — mentre il vero nemico viene identificato nella storia. La tracotanza e la violenza della storia, con il suo carico di morti innocenti contro natura, viene allora denunciata da Cormery-Camus nel suo discorso, in cui si schiera dalla parte di chi ha mantenuto un legame originario con la natura, di chi rimane vittima del processo storico, in questo caso gli algerini: «Si accetta troppo facilmente che solo il sangue possa muovere la storia. Ma il dovere di uno scrittore non è di mettersi al sevizio di quelli che fanno la storia, ma di aiutare quelli che la subiscono». Gli algerini rappresentano dunque l'altro polo, quello della natura contrapposto alla storia: il popolo algerino esemplifica infatti quell'entità che difende la propria naturalità contro le aberrazioni della storia. Tuttavia, lo scrittore si schiera allo stesso tempo anche contro gli atti terroristici degli algerini, contro chi risponde alla violenza del colonialismo con la violenza del terrorismo.

Cormery-Camus auspica allora, come rivela nel suo discorso, la costruzione di «un'Algeria nuova», di cui sente l'improrogabile urgenza: «C'è un argomento più importante per noi qui e adesso di questo?». Questa nuova terra utopica di campanelliana memoria[2] — utopica data la consapevolezza dell'assurdo[3] — lontana dalla sopraffazione dell'Algeria coloniale, ospita la convivenza pacifica di entrambi i popoli, quello francese e quello arabo: «L'Algeria è questo territorio abitato da due popoli, uno dei quali è musulmano. [...] Io credo fortemente alla possibilità di una giusta coesistenza tra arabi e francesi in Algeria e che una tale coesistenza tra persone libere e uguali sia oggi l'unica soluzione». La posizione propugnata da Cormery-Camus conciliatoria e mediatrice di istanze divergenti — le spinte indipendentiste oltranziste e quelle conservatrici — utopia di una coesistenza pacifica tra il popolo meridiano arabo e quello europeo di origine francese, sottende la nozione camusiana di misura. La misura consiste infatti in una mediazione tra aspetti antitetici, quali spirito nordico e natura meridiana, storia e limite, rivelandosi così come un concetto os-

[2] Alla società utopica ideata dal filosofo calabrese Amelio dedica uno dei suoi primi film, *La Città del Sole* (1973).
[3] Cfr. A. Camus (2009), Camus (2001 [1942]), Camus (2010 [1944]), Camus (2003 [1944]).

simorico percorso da un'intrinseca contraddittorietà: «esso non può non essere intimamente lacerato», «è costante conflitto» (Camus 2002, 329), «non può essere che l'affermazione della contraddizione stessa» (Camus 1992 [1962], 28). Spirito e natura, Europa e Mediterraneo, Nord e Sud, francesi e arabi, possono così convivere, secondo Camus, attraverso la mediazione della misura che concilia le opposte istanze, sulla base della convinzione della coesistenza del rovescio e del diritto quali aspetti complementari della medesima realtà[4].

E il terreno su cui questa conciliazione degli opposti e convivenza di popoli eterogenei può avvenire non può essere che una terra meridiana, quale in questo caso l'Algeria: è il Mediterraneo il luogo d'eccellenza dove, secondo Camus che lo elegge a patria del pensiero meridiano, è depositato il senso di equilibrio e di misura racchiuso nella natura, di cui l'ambiente mediterraneo è il più insigne custode. Soltanto nelle aree meridiane dove terra e mare si intersecano, soltanto sulle sponde del Mediterraneo, infatti, è potuto nascere il pensiero, quello meridiano, della misura e dell'integrazione. Emerge allora, nel film, il ruolo di mediatore del Mediterraneo algerino di Camus come tramite e misura: spazio di incontro, che si fa anche scontro, ed intreccio di popoli e culture diverse, quella europea e quella musulmana, e luogo di confronto dialettico e riconoscimento tra spirito occidentale e natura mediterranea, tra francesi ed arabi.

Tuttavia, la reazione dell'assemblea universitaria al discorso di pacificazione tra i due popoli divisi sul suolo algerino pronunciato da Cormery è fortemente negativa. La prospettiva conciliante dello scrittore, così come è stato per lo stesso Camus, risulta infatti equivoca sia per gli indipendentisti che per i difensori dell'Algeria francese e viene così da entrambi rigettata.

Un'altra scena chiave è rappresentata da un lungo piano sequenza che riprende la spiaggia algerina piena di persone colte in un momento di riposo e di svago. In questa scena, il tema dell'ozio e quello del paesaggio meridiano, con il suo mare ed il suo sole, si intrecciano in un'armoniosa sintesi: è lungo le rive di Algeri che i suoi abitanti possono mettere tra parentesi per un breve momento di serenità le brut-

---

[4] Cfr. A. Camus (1988 [1937]).

ture della situazione politica attuale, concedendosi uno spazio di divertimento in una calda giornata estiva. L'economia delle inquadrature con cui è costruita la precedente scena dell'esplosione di una bomba, di contro a questo lungo piano sequenza, individua il vero centro del film nella dimensione privata e personale della vicenda, piuttosto che nei risvolti storico-politici della situazione algerina. La lunga carrellata permette di cogliere i diversi elementi del paesaggio mediterraneo, la natura, la spiaggia, la luce avvolgente, e di catturare il tempo ozioso della gente che anima l'ambiente meridiano. Nella scena le persone appaiono perfettamente integrate nel contesto naturale entro cui sono collocate: vi si rispecchia quel rapporto armonico tra uomo e natura teorizzato nel pensiero meridiano[5]. La scena ricostruisce infatti lo splendore dell'estate mediterranea[6] descritta da Camus, recuperando quell'«antica bellezza» (Camus 1988, 156), smarrita nella storia. La bellezza naturale, come quella di Elena (Camus 1988, 137-141), è stata esiliata dal mondo: «Noi abbiamo esiliato la bellezza» (Camus 1988, 137); ma essa viene ritrovata, come è rappresentato in questa scena, in quella mediterraneità che torna a farsi emozione. È infatti soltanto in quel mondo mediterraneo, sospeso tra i contrari, che i confini si sfumano e storia e natura, uomo e paesaggio, ragione e passione si intrecciano.

In particolare, i dettagli del paesaggio meridiano che scopriamo vengono alla luce man mano al passaggio del piccolo Jacques, protagonista della camminata seguita dalla macchina da presa: quasi a suggerire che è solo appropriandoci dello sguardo puro ed innocente di un bambino — qui la coincidenza con *Il ladro di bambini* è assoluta — che si può acquisire una rinnovata visione unitaria e conciliante della realtà e della vita. Il bambino, infatti — proprio come nel precedente film e nel cinema di Amelio in genere — si rivela depositario di quella innocenza e di quell'istanza patetica ed emozionale che permette di gettare uno sguardo autentico sul mondo.

La sequenza si conclude con la corsa del piccolo protagonista verso l'orizzonte: il bambino è ora inquadrato di spalle e davanti a lui si

---

[5] Cfr. Alcaro (1999).
[6] Cfr. Camus (1988).

dischiude il mare e quel mondo mediterraneo depositario, secondo il pensiero meridiano, del segreto della natura e della verità. La macchina da presa stacca sul piccolo Jacques che gioca spensierato ed ilare sulla spiaggia con lo zio Étienne. La spiaggia permeata da una luce calda e pervasiva richiama la spiaggia assolata di *Lo straniero*, dove «il calore era tale che era una fatica anche restare immobile sotto la pioggia accecante che cadeva dal cielo» (Camus 2009, 72). Sono ancora il sole e il Mediterraneo, elementi precipui del paesaggio meridiano, a produrre quel rilassamento sensoriale e a liberare quella dimensione oziosa, in cui il tempo libero si interseca con lo spazio del gioco e con la creatività[7]. In particolare, il mare, quale catalizzatore di passioni, dischiude una relazione autentica tra i due personaggi che, attraverso il gioco e l'ozio, si trovano in assoluta sintonia, superando ogni barriera dovuta alle diverse età e ai diversi ruoli, proprio come era accaduto tra il carabiniere e il bambino nella scena chiave del mare in *Il ladro di bambini*. Entrambi i personaggi, infatti, Jacques in quanto in piena età infantile e lo zio lievemente ritardato, sono accumunati dall'essere depositari di quell'innocenza e di quella dimensione patetica, emozionale ed istintuale, messa in luce dall'attività ludica sulla spiaggia, che li rende le figure più sensibili ed emotive del film.

Dall'ultimo primo piano di Cormery bambino la macchina da presa stacca sul presente della storia. Durante il viaggio del protagonista e la madre verso la casa di riposo dove ora vive il vecchio zio, lei gli rivela teneramente: «Mi piacerebbe vivere qua con te». Si assiste — come avviene diverse volte nel film e spesso nel cinema di Amelio — ad un'inversione dei ruoli, in quanto la madre, incarnazione della dimensione passionale ed affettiva, pronuncia la battuta che dovrebbe dire il figlio. Lo zio, anche da anziano, racchiude in sé quell'innocenza ed ingenuità che lo avevano caratterizzato da giovane ed accomunato al protagonista bambino. La follia — e qui il pensiero corre al vecchio pazzo Spiro di *Lamerica* (1994) — si rivela custode, proprio come l'infanzia, della dimensione emotiva ed istintiva, nonché di un'autentica visione del mondo. Étienne è una persona pura e semplice, che ha sacrificato la sua vita al lavoro per il sostentamento della famiglia e che

---

[7] Cfr. De Masi.

ora prova un certo timore reverenziale nei confronti del nipote letterato, a cui dà del "voi" in segno di rispetto e sudditanza. Dopo, all'aperto, campeggia sullo sfondo il paesaggio meridiano: i personaggi sono avvolti dall'atmosfera mediterranea del luogo, con la natura incontaminata, il clima mite e la luce calda che li avvolge.

Il finale del film è affidato al congedo di Cormery dalla madre, a sottolineare che è nella dimensione intimistica del rapporto affettivo tra i due personaggi che è racchiuso il senso del film. La madre analfabeta è inquadrata mentre impara a scrivere il cognome del figlio copiandolo dal giornale. Nel colloquio tra Jacques e la donna, il figlio le chiede di andare a vivere con lui in Francia, ma la madre risponde: «È bella la Francia, ma non ci sono gli arabi». In questa risposta lapidaria è sintetizzato il senso politico del film: le parole della donna, che nel corso del film è stata vista convivere con gli arabi, a partire dall'esperienza fondamentale del parto in cui è stata assistita dalle loro donne ai momenti di vita quotidiana come fare la spesa nel loro mercato, esprimono il profondo legame che la unisce al popolo musulmano e il senso di appartenenza alla terra algerina. Con gli arabi la donna ha condiviso, come ha rilevato nella scena precedente anche il figlio alla radio, la sofferenza dovuta alla miseria, ma anche la bellezza del paesaggio mediterraneo dell'Algeria, con la sua natura, il suo mare e il suo sole, e quella particolare sensibilità e pateticità che l'ambiente meridiano dischiude. La donna viene così accomunata, come si è visto più volte nel corso del film, al popolo musulmano: entrambi hanno vissuto un'esistenza «a metà strada tra la miseria e il sole» Cassano 2011, 96) — come dice Cassano a proposito di Camus — all'incrocio tra povertà, ambiente mediterraneo e *pathos*.

Le ultime battute del film sono semplici, pronunciate da madre e figlio che parlano di questioni quotidiane, apparentemente di inezie — come era stato per la battuta finale della bambina di *Il ladro di bambini*: «Magari ci staccano la luce quest'inverno» chiede lei; «No, non credo» risponde Cormery. A sottolineare che è nella dimensione intimistica del rapporto affettivo tra i due personaggi che è racchiuso il senso del film. Il protagonista, partito alla ricerca della memoria del padre, nel viaggio di ritrovamento delle proprie radici ha scoperto invece che la figura che, tacitamente, è stata sempre presente nella sua vita e nella sua crescita è stata quella della madre. Nel viaggio resta insoluta la ricerca del padre, mentre il suo pilastro esistenziale si rivela essere la madre: donna semplice e umile, capace di grandi sacrifici e dotata di fierezza e forza interiore, con cui è legato da un profondo rapporto che non necessita di molte parole, rappresenta per il protagonista il porto sicuro a cui approdare per ritrovare se stesso, ed infatti è quella che rimane. Nell'ultima inquadratura, la madre si trova di fronte alla finestra, della quale alla fine chiude le ante: l'immagine finale del film è quella della donna illuminata dalla luce del sole meridiano dell'Al-geria, che considera la sua terra e che non vuole abbandonare, in quanto sente di appartenerle. Nell'ambiente domestico la macchina da presa allora si allontana dalla donna, con un carrello che non segue il movimento del protagonista, come ci si aspetterebbe: rivela al contrario l'assenza del figlio, che è ripartito, lasciando un vuoto nella stanza, nel cuore della madre e nella terra meridiana d'origine.

Nel corso del film è emerso come il paesaggio meridiano venga connesso al paesaggio interiore dei protagonisti e come i personaggi si costruiscano in relazione con l'ambiente: l'interiorità dei personaggi viene trasferita dal regista nel paesaggio meridiano, nei suoi elementi peculiari, dal mare alla luce e all'atmosfera di ozio, e nel loro itinerario nello spazio, in particolare nel ritorno in Algeria del protagonista, e, reciprocamente, la topografia dei luoghi determina la loro trasformazione interiore. Se allora, nel film ameliano, lo spazio acquisisce un senso emotivo, in particolare il Mediterraneo è inteso oltre che come un luogo fisico, soprattutto come un luogo dell'anima. Lo spazio mediterraneo, infatti, attraverso il paesaggio mediterraneo e le sue diverse connotazioni quali il Mediterraneo, il sole, il calore, l'*otium*, è divenuto il campo in cui, attraverso il viaggio meridiano che ha condotto il protagonista alla riscoperta delle proprie radici mediterranee, si è dispiegato il processo di costruzione dell'identità meridiana del soggetto.

FILMOGRAFIA

Le premier homme (tr. it. *Il primo uomo*) 2011

    Regia: Gianni Amelio. *Soggetto*: dall'omonimo romanzo di Albert Camus (tit. or. *Le premier Homme*). *Sceneggiatura e dialoghi*: Gianni Amelio. *Aiuto regia*: Jean-Luc Roze e Charles Sénard. *Scenografia*: Arnaud De Moleron. *Costumi*:

163

Patricia Colin. *Direttore della fotografia* (35mm, colore): Yves Cape. *Suono*: François Waledisch. *Musiche*: Franco Piersanti (*canzoni*: "Marjolaine" di Nathan Korb e Rudi Revil, cantata da Francis Lemarque; "Bonjour tristesse" di Georges Auric e Arthur Laurents, cantata da Juliette Gréco; "Maria Marì'" di Eduardo Di Capua, Vincenzo Russo e Alfredo Emmanuele Mazzucchi, cantata da Beniamino Gigli; "Ramona" di L. Wolfe Gilbert, A. Willemetz, Saint-Granier e J. Le Seyeux, cantata da Fred Gouin). *Brani tratti da film*: "Il padrone delle ferriere" (di Eugenio Perego, 1919); "Les Fantômes" (di anonimo, s. d.). *Montaggio*: Carlo Simeoni. *Interpreti e personaggi*: Jacques Gamblin (Jacques Comery), Nino Jouglet (Jacques Comery da bambino), Maya Sansa (Catherine Comery nel 1913 e nel 1957), Catherine Sola (Catherine Comery nel 1957), Ulla Baugué (la nonna), Denis Podalydes (il maestro Bernard), Nicholas Giraud (lo zio Etienne nel 1924), Jean-Paul Bonnaire (lo zio Etienne nel 1957), Alexandre Delamadeleine (Henri Cormery), Abdelkarim Benhabouccha (Hamoud), Djamel Said (Hamoud bambino), Mohammed Zahir Taifour (il fratello di Hamoud), Michel Crémades (il guardiano del cimitero), Michel Batret (lo studente alla guida dell'auto), Jean-Benoit Souilh (l'altro studente dentro l'auto) Régis Romele (il macellaio), Hachemi Abdelmalek (Aziz), Olahai Messouda (la madre di Aziz), Jean-François Stévenin (il padrone della fattoria), Nicolas Lublim (il giornalista), Florent Chesne (lo studente al balcone), Franck Marcadal (il conferenziere), Alexandre Michel e Benoit Bertrande de Balanda (studenti universitari), Barthélémy Gilet, Jean-Bastien Perichon e Nathan Blanchedan (compagni di Jacques Comery), Mohamed Boubker (l'accalappiacani), Mohamed Boubker jr. (il figlio dell'accalappiacani), Christophe Réveille (l'ammiratore di Catherine), Jerome Le Paulmier (il padrone del mulino), Adij Benguettat (l'assistente del padrone del mulino), Cecilia Ouled Mohand (la bambina nella tipografia), Roumayca Abbou (la bambina sulle scale), Ygal Egry (l'ufficiale francese), Sacha Petronijevici (il funzionario), Zoubir Moumni (il mendicante), Hanae Bardiaux (la ragazza nel bar), Maurice Antoni (il professore agli esami), Franck Beckman (il colono). *Produzione*: Riccardo Tozzi, Marco Chimenz, Giovanni Stabilini, Bruno Pesery, Philippe Carcassone, Yacine Laloui per Cattleya/Soudaine Compagnie, La Maison du Cinema/France 3 Cinema/Laith Media; in collaborazione con Canal +, Rai Cinema, France Television. *Organizzatore generale*: Benoit Pilot. *Distribuzione*: 01 Distribution. *Origine*: Italia/Francia/Algeria, 2011. *Durata*: 100'. *Prima proiezione mondiale*: 36°

Toronto International Film Festival, 9 settembre 2011. *Prima proiezione europea*: Bari International Film Festival, 30 marzo 2012. *Uscita*: 20 aprile 2012. *Premi e riconoscimenti*: Premio FIPRESCI (Premio della critica internazionale) al 36° Toronto International Film Festival.

Dopo essere stato al cimitero di Sain-Brieuc, per visitare la tomba del padre morto nel 1914, durante la Prima Guerra Mondiale, quando lui aveva solo un anno, nell'estate del 1957, lo scrittore Jean Cormery (alter ego di Camus) fa ritorno nella sua patria d'origine, l'Algeria, che ormai da tre anni si trova immersa in una vera e propria guerra civile tra l'esercito francese e gli indipendentisti algerini. Durante il suo soggiorno ad Algeri, Comery, in alcune occasioni sia pubbliche sia private, sostiene la sua idea di un paese in cui francesi e musulmani possano convivere in pace. Lo scrittore approfitta del viaggio per ritrovare sua madre e rivivere, attraverso articolati flashback, parte della propria vita, concentrate essenzialmente in due periodi: il 1913 (anno della sua nascita) e, soprattutto, il 1924, anno in cui frequentava la quinta elementare. Proteso verso la ricerca del padre, morto, in guerra, un anno dopo la sua nascita, e delle sue radici, rivive parte della sua fanciullezza costellata da vicende dolorose proprie di un bambino la cui famiglia poverissima è retta da una nonna spesso severa e dispotica. Gli anni '20 sono, però, per il piccolo Jean anche il momento della formazione, delle scelte più difficili, come quella di voler continuare a studiare nonostante tutte le difficoltà, in cui gioca un ruolo fondamentale, il professore Bernard, il suo maestro delle scuole elementari. In definitiva il film si presenta come la ricerca interiore della figura di un uomo ideale, quel "primo uomo" che forse potrebbe essere in ciascuno di noi.

BIBLIOGRAFIA

Alcaro, M. *Sull'identità meridionale. Forme di una cultura mediterranea*, Bollati Boringhieri, Torino 1999.

Alcaro, M. *Il Mediterraneo di Albert Camus*, in "Ora Locale. Lettere dal Sud", n. 27, dicembre 2001-febbraio 2002.

Alcaro, M. *Filosofie della natura. Naturalismo mediterraneo e pensiero moderno*, Manifesto Libri, Roma 2006.

Bruno, G., *Atlas of Emotion. Journeys in Art, Architecture, and Film*, Verso, New York 2002, tr. it. di M. Nadotti, *Atlante delle emozioni. Il viaggio tra arte, architettura e cinema*, Paravia B. Mondadori Editori, Milano 2006.

Cacciatore, G., *Mediterraneo e filosofia dell'interculturalità*, in AA. VV., *Il Mediterraneo. Incontro di culture*, a cura di F. M. Cacciatore, A. Niger, Aracne, Roma 2007.

Camus, A. *L'envers et l'endroit*, Éditions Gallimard, Paris 1937, tr. it. di S. Morando, *Il rovescio e il diritto*, Bompiani, Milano 1988.

Camus, A. *L'Étranger*, Éditions Gallimard, Paris 1942, tr. it. di A. Zevi, *Lo straniero*, Bompiani, Milano 2009.

Camus, A. *Le mythe de Sisyphe*, Éditions Gallimard, Paris 1942, tr. it. di A. Borelli, *Il mito di Sisifo*, Bompiani, Milano 2001.

Camus, A. *Caligula*, Éditions Gallimard, Paris 1944, tr. it., *Caligola*, Bompiani, Milano 2010.

Camus, A. *Le Malentendu*, Éditions Gallimard, Paris 1944, tr. it., *Il malinteso*, in *Tutto il teatro*, Bompiani, Milano 2003.

Camus, A. *L'Homme révolté*, Éditions Gallimard, Paris 1951, tr. it. di L. Magrini, *L'uomo in rivolta*, Bompiani, Milano 2002.

Camus, A. *Carnets* (1935-1959), Éditions Gallimard, Paris 1962, tr. it. di E. Capriolo, *Taccuini*, Bompiani, Milano 1992, vol. III.

Camus, A. *L'Étè*, Éditions Gallimard, Paris 1954, tr. it. di S. Morando, *L'estate*, in *Il rovescio e il diritto*, Bompiani, Milano 1988. 99-169.

Cassano, F. *Modernizzare stanca*, Il Mulino, Bologna 2001.

Cassano, F. *Il pensiero meridiano*, Laterza, Roma-Bari 2011.

De Masi, D. *Ozio creativo. Conversazione con Maria Serena Palieri*, Bur, Milano 2002.

Finos, A. *Il primo Uomo. «Nell'Algeria di Camus ho ritrovato me stesso»* (intervista a G. Amelio), in "la Repubblica", 26 marzo 2012.

Masoni, T. *"Il primo uomo" di Gianni Amelio. La differenza e la fedeltà*, in "cineforum", n. 514, maggio 2012.

Spagnoli, M. *"Il primo uomo". Intervista a Gianni Amelio* (intervista a G. Amelio), sul sito "Primissima", 16 aprile 2012, http://www.priccmissima.it/cinema_news/scheda/il_primo_uomo_-_intervista_a_gianni_amelio/.

Solitudine e isolamento
Confinamento fisico e/o emotivo in *Amaro amore*, *Un giorno nuovo* e *Zen sul ghiaccio sottile*

Maurizio Scontrino
THE UNIVERSITY OF ARIZONA

"La solitudine ha due volti: da un lato è apparentata alla malinconia e dall'altro riconosciuta come condizione propizia allo sviluppo dell'interiorità e come scaturigine del pensiero"
(Morpurgo 1995, 14)

In questo lavoro si prendono in considerazione alcune delle variabili affettive utili alla comprensione del disagio esistenziale legato a una sessualità che infrange le categorie binarie di genere convenzionali. Si vuole dimostrare infatti come il conflitto intestino esistente tra sesso e genere nei soggetti presi in esame–sia ragione di profonda crisi esistenziale perché fonte di rigetto e/o discriminazione da parte della società verso il singolo. In particolar modo, si tiene conto di come *solitudine* e *isolamento* siano sentimenti collegati "alla perdita, al rifiuto e all'isolamento" (Lingiardi 2016, 92) e vadano annoverati quindi all'interno del quadro relativo di certe emozioni considerate come indicatori sociopsicologici di tale disagio nel cinema italiano LGBTQ+ contemporaneo. Dall'analisi di *Amaro amore* (2013) di Francesco Henderson Pepe, *Un giorno nuovo* (2016) di Stefano Calvagna e *Zen sul ghiaccio sottile* (2018) di Margherita Ferri emergono nuove modalità di descrivere la mascolinità dell'individuo basate su di una prospettiva endogena, che fa leva sulla percezione che i protagonisti hanno di se stessi e su di una esogena, che tiene conto di quella che gli altri hanno di loro. Il conflitto che si genera tra l'interno e l'esterno è per questi soggetti talmente traumatico tale da essere fonte di scollamento dalla realtà e ragione di alienazione sociale.

In *Amaro amore*, l'estraniamento di Santino dagli altri isolani fa capo al modello di mascolinità "Sicilian style" descritto da Jacqueline Reich (55) e del conseguente fenomeno del "gallismo" di cui si occupa Rosler (2000, 483), secondo cui la sessualità non eteronormativa di un individuo collide il concetto di virilità e di "masculine honour" descritto da Gilmore (44). Santino, intrappolato all'interno di un meccanismo che verte sul più bieco machismo autoreferenziale non ha altra scelta per vivere liberamente la propria sessualità se non quella di lasciare l'isola.

L'alienazione dall'altro è anche il tema conduttore di *Un giorno nuovo* dove Giulio/a insieme alla battaglia ingaggiata con il suo prossimo per l'accettazione della propria identità di genere che stride con il suo sesso biologico, aggiunge quella personale contro un corpo che non lo rappresenta. Gli episodi di "bullismo" a sfondo "omofobico" (Lingiardi,164) subiti e le "micro/macro aggressioni" (Nadal, 81) con cui si confronta quotidianamente lo/la portano a un graduale distanziamento relazionale con il mondo esterno che non lo/la comprende né prima e né dopo il suo intervento di riassegnazione sessuale.

Similmente, Maia/Zen protagonista di *Zen sul ghiaccio sottile* denigrata e ostacolata a causa della propria disforia di genere dall'intera comunità di coetanei del paesino montano in cui vive trova rifugio momentaneo nell'amicizia con Vanessa, una compagna di classe in fuga da se stessa. La parentesi edenica tra le due ragazze lascia ben presto il posto ad ancora più efferati episodi di bullismo sotto forma di "peer victimization" (13) nei confronti di Maia/Zen quando Vanessa rientra in paese e per giustificare la sua assenza simula il suo avvenuto rapimento. Maia/Zen deve lottare adesso con la gente del suo piccolo borgo, con una madre autoritaria con cui vive una relazione semi-conflittuale oltre che con la propria immagine allo specchio che non riflette il suo io interiore.

AMARO AMORE (FRANCESCO HENDERSON PEPE)

Il conflitto interiore generato dall'improvviso rivelarsi di una sessualità dissidente è il tema trainante di *Amaro amore* (2013) del regista italiano Francesco Henderson Pepe che attraverso il complicato intreccio sentimentale tra due fratelli francesi André (Malik Zidi) e Camille (Aylin Prandi) approdati nella suggestiva isola di Salina con il burbero indigeno Santino (Francesco Casisa) mette in luce ulteriori sfaccettature della mascolinità nostrana e delle dinamiche relazionali/familiari simili a quelle proposte da Emanuele Crialese in *Respiro* (2002) e da Bernardo Bertolucci in *The Dreamers* (2003). La pellicola, che come *Viola di mare* (2009) di Donatella Maiorca o *Isole* (2011) di Stefano Chiantini, trova ambientazione su di un'isola minore a largo delle coste italiane presenta in maniera efficace il senso di solitudine esistenziale, di isolamento fisico e morale causato dalle barriere dettate da una mentalità chiusa e soffocante e dalla condizione di arretratezza di cui è impregnata la mentalità isolana.

È proprio in questa cornice edenica che si sviluppano le vicissitudini dei due fratelli che si recano sull'isola a caccia di informazioni riguardanti il misterioso passato della loro madre, Lucia Modica, anch'essa frequentatrice del luogo ed oggi deceduta. Nonostante la missione in comune da portare a termine, i due giovani sin dal loro sbarco seguono una direzione quasi individuale che li porta ad imbattersi in situazioni e personaggi diversi: Camille conosce in maniera fortuita la sensuale pittrice Linda (Lavinia Longhi) mentre André fa la conoscenza dell'oriundo Santino, un individuo introverso ed emotivamente poco evoluto. La mentalità aperta e risoluta dei turisti spaventa però gli isolani che imprigionati dai limiti di idee retrive e tradizionaliste eludono le domande dei consanguinei negando di avere mai conosciuto la madre rendendo, attraverso un comportamento omertoso e a tratti ostile, la loro missione alquanto difficile e improduttiva.

Amalgamatasi con gli abitanti del luogo Camille prende parte ad una festa dove incontra per caso Santino che già da tempo desta i suoi interessi, la ragazza approfittando di un momento in cui il giovane riposa disteso con gli occhi chiusi ne approfitta per baciarlo e cominciare successivamente una frequentazione con lo stesso. Da questo momento il ragazzo diventa per i due fratelli un personaggio chiave per la scoperta dell'isola e del modo di pensare che vige su di essa, un modo di concepire la vita con il quale presto sono costretti a scontrarsi che viene confermato dalla scena in cui Santino a cena con i ragazzi invita André ad andare a pesca con lui. Camille, entusiasmata dalla novità cerca di aggregarsi ai due giovani ma viene freddamente rigettata da Santino che le ricorda che "pescare è una cosa da uomini, le donne non si portano a pesca. Bisogna decidere o le donne o i pesci, ci sono le tradizioni da rispettare" (37:17). A fronte di tali affermazioni la ragazza risponde infastidita "e no in Francia si rispettano prima le donne e poi le tradizioni" (37:30). Attraverso questo scambio di battute tra i due giovani il regista mette in evidenza le differenze socioculturali intervenenti tra i fratelli, provenienti da una realtà evoluta ed aperta come quella francese, e Santino vittima invece di una mentalità superata e conservatrice di cui l'intero tessuto sociale dell'isola è intriso. Questo scenario viene descritto da Jacqueline Reich nel saggio *Masculinity, Sicilian Style* dove la studiosa mette in evidenza come "Sicilian masculinity is similar in many ways to the various manifestations of Italian masculinity" (55) e quanto questo modello sia in maniera ancora più rigorosa "governed by specific norms of conduct established by cultural codes and conventions more rigid and fixed in nature than their Northern counterparts" (55). Santino, aderendo perfettamente a questi canoni si rivela come il prototipo di maschio siciliano per antonomasia, la cui virilità ruota attorno alla propria potenza sessuale e dalla quale dipende il proprio onore familiare. Il *modus operandi* del ragazzo trova vidimazione negli scritti di Vitaliano Brancati che identifica queste attitudini morali e/o comportamentali con il termine di "gallismo" (Rosler, 483). Lo studioso siciliano intende con tale termine alludere al comportamento che i galli assumono nel pollaio e pertanto metaforicamente riferirsi a quella caratteristica tipica di tutti gli uomini, ma particolarmente spiccata in quelli siciliani, la cui tendenza risiede nel vantarsi e/o compiacersi delle loro abilità amatorie e della loro "extraordinary virile force" (54). Inoltre, il giovane incarna anche lo stereotipo del lavoratore alacre che si sacrifica anima e corpo al fine di mantenere la propria famiglia al punto tale da innescare con il proprio lavoro un rapporto di sottomissione e abnegazione che gli consentono un riscatto sociale accompagnato dall'acquisizione di uno *status* endogeno a quella cultura la cui ricompensa più lauta consiste nell'accrescimento del proprio onore. Infatti, come osserva David Gilmore, "masculine honour" (44) è un tratto fondamentale della cultura mediterranea e soprattutto di quella del Sud d'Italia "deriving from work and economic industry as much as from sexual success" (44): analogamente Santino si divide tra il prendersi cura della madre Assunta (Ángela Molina) rimasta vedova del padre e il rimessaggio invernale delle barche tirate in secco di cui si occupa con l'amico Yorgo (Yorgo Voyagis).

Il giovane, diventato ormai amico stretto dei due turisti francesi partecipa con essi ad una cena, al termine della serata egli manifesta la volontà di fare una passeggiata digestiva ed abbandona la tavola insieme ad André che si offre di fargli compagnia.

Durante la passeggiata André lo coglie di sorpresa e lo bacia. Il giovane isolano, dopo un primo momento di smarrimento in cui rimane impietrito perché costretto dalla situazione a fare i conti repentinamente con il proprio modo si sentire, si alza di scatto e gli urla "vaffanculo" (39:12) mentre si defila nervosamente. La reazione di Santino rivela un elevato livello di non accettazione della propria condizione di non eteronormatività e più in particolare è eclatante manifestazione di una profonda *omofobia interiorizzata* che si manifesta attraverso "la capacità di non sentirsi a proprio agio come gay" (Lingiardi, 83) spingendo il soggetto omosessuale a "contrastare o mascherare completamente la propria identità" (83). La condizione di crisi esistenziale che spinge Santino alla fuga è motivata dal senso di solitudine interiore e di marginalità provate dal ragazzo che derivano dalla sua incapacità di razionalizzare e conseguentemente gestire la propria sessualità. Questo senso di liminalità viene enfatizzato dalla funzione del mare che in *Amaro amore* accresce il senso di auto-confinamento che i protagonisti vivono. Santino vive una forma di esilio volontario dalle proprie emozioni che egli combatte e che si traduce in uno scollamento dalla realtà che lo circonda, tale distacco è dettato dal suo modo di percepire se stesso in funzione della collettività. L'acqua è metafora di una società ostile che attraverso il principio di *relegatio* lo isola affettivamente impedendogli di esprimere apertamente la propria identità sessuale.

FIGURA 1

Lasciato André il giovane si dirige correndo verso casa di Camille alla ricerca di conferme riguardanti la propria eterosessualità. A letto, i due cominciano con trasporto a rotolarsi nudi tra le lenzuola, in quella fase che precede l'atto sessuale vero e proprio, nonostante l'apparente compenetrazione di entrambi il ragazzo si arresta nel momento in cui fissa la giovane negli occhi perché incapace di portare a compimento quanto si era coercitivamente prefisso (40:33). Attraverso il passaggio da un piano medio, che immortala i corpi dei due amanti avviticchiati, ad un primo piano dei loro volti, che dona massima enfasi alla mimica facciale dei due giovani, il regista mette in evidenza, da un lato il blocco emotivo di Santino nei confronti della donna, dall'altro il disappunto di Camille che con espressione amareggiata non comprende ancora il motivo del suo rigetto. Francesco Henderson Pepe, per dare ulteriore risalto al dissidio interiore di Santino, mediante un ulteriore primo piano immortala l'espressione trasecolata del volto di costui che seduto sul letto volta le spalle alla ragazza che giace distesa ancora attonita per quanto è appena accaduto (40:27; Figura 2). A causa di questo suo fallimento nella performance sessuale con Camille, Santino può essere definito come "unmasculine precisely under the terms of the hetero-patriarchal framework" (Rigoletto, 6), un soggetto insomma che per il modello sociale patriarcale in cui gravita risulta demascolinizzato e/o più precisamente caratterizzato da una mascolinità vacillante "traditionally attached to male vulnerability, passivity and fragility" (Rigoletto, 6). La sua figura in maniera simile a *Il bell'Antonio* (1949), descritto nella novella di Vitaliano Brancati il cui ultimo adattamento cinematografico (1960) è da attribuire a Mario Bolognini, "probes the repercussions of impotence in a society which places the utmost value on male virility" (56).

FIGURA 2

172

Di centrale importanza per comprendere Santino è l'atteggiamento che la madre Assunta assume nei confronti del figlio. Questo viene definito dalla psicologia odierna come comportamento della *madre totale*. Secondo tale modello, questo tipo di donna trova massimo appagamento nella maternità al punto tale da essere in grado di rinunciare a qualunque cosa per i propri figli, inclusa l'assenza di una propria vita affettiva e sociale che non li comprenda in cambio della loro totale dipendenza psicologica. Secondo la dottoressa Viviana Conti, psicoterapeuta, i figli della madre totale vivono, come in questo caso, un complicato rapporto di amore e odio che determina una difficile e conflittuale separazione da essa. Più in particolare sempre secondo la studiosa, i maschi patiscono la scarsa presenza della figura paterna che anzi viene screditata agli occhi del figlio ad opera della madre e la trasformano nell'incertezza della propria identità sessuale, essi avranno difficoltà con le donne e nell'organizzare la loro vita sviluppando probabilmente forme di dipendenza (Conti).

Altrettanto fondamentale per comprendere lo stato d'animo di Santino sono le opinioni e il comportamento di Mariano nei confronti degli omosessuali, che attraverso l'esercizio della "violenza verbale o fisica, in modi diretti o indiretti" (Lingiardi, 163) va ad attaccare "l'identità sessuale e di genere, i gusti, il corpo, i comportamenti, le fantasie", costituendo una forma di *minority stress* che viene definito come *bullismo omofobico*. L'individuo vittima di tale fenomeno presenta degli effetti di lungo termine che lo portano ad un distacco dalla società che lo circonda caratterizzato da "auto-emarginazione e isolamento, alterazioni nella sfera affettivo-relazionale … comportamenti auto-distruttivi" (Lingiardi, 164) per paura di essere rigettato e/o "la vergogna e il timore di deludere le aspettative genitoriali e sociali di eterosessualità e conformità al proprio genere" (164). Santino si sente intimamente preso di mira dai discorsi omofobici di Mariano e come spesso accade in questi casi al *bullismo omofobico* da parte dell'emittente, corrispondono episodi di *omofobia interiorizzata* da parte del ricevente che accettando questo modo errato di ragionare si colpevolizza e si auto-rigetta diventando così vittima anche di se stesso oltre che del suo prossimo. Santino, attraverso "agiti omofobici afferma il suo essere 'normale' e proietta all'esterno, aggressivamente, eventuali angosce legate ad aspetti omoerotici repressi" (Lingiardi, 165).

Attraverso la deriva esistenziale dei protagonisti, Francesco Henderson Pepe mette a nudo il desiderio di fuga di ogni singolo personaggio che intrappolato dalle circostanze della vita e soprattutto vittima dell'opinione pubblica cerca una via di fuga. Camille fugge da un doppio tradimento, quello dell'amante ma soprattutto quello di su fratello; Linda scappa con Yorgo dai precedenti penali di questo, ma con l'auspicio di rifarsi una vita insieme altrove dove nessuno li conosce; Santino e André fuggono dalla prigionia fisica e morale che l'isola gli riserva a causa della loro sessualità non eteronormativa; Mariano rifugge l'idea di non potere vivere apertamente la relazione con Assunta e infine quest'ultima fugge da se stessa e dai fallimenti che ha collezionato nel suo ruolo di moglie e madre.

UN NUOVO GIORNO (STEFANO CALVAGNA).

L'esplorazione della mascolinità in soggetti LGBTQ+ attraverso le sue innumerevoli variabili trova ulteriori sviluppi nell'esplorazione del disagio esistenziale di un individuo la cui sessualità è legata ad una condizione per cui la propria corporeità non corrisponde alla sua identità di genere. Con un approccio al tema che rimanda a *The Danish girl* (2015) del regista australo-britannico Tom Hooper, *Un nuovo giorno* (2016) di Stefano Calvagna descrive il malessere fisico e psicologico di Giulio (Niccolò Calvagna/Luca Filippi) che sin da bambino mal si concilia con il proprio sesso biologico. Il regista, attraverso un'analisi del percorso di transizione da Giulio a Giulia (Sveva Cardinale) mette in evidenza non solo il conflitto interiore vissuto nel suo non identificarsi come maschio ma anche i tabù creati dalla società e le discriminazioni cui Giulio/a[1] va incontro prima, durante e dopo la sua trasformazione.

Il senso di scollamento della propria identità di genere da quella biologica viene presentato sin dall'inizio della pellicola quando a scuola un giovanissimo Giulio/a si rifiuta di rispondere alla maestra che facendo l'appello lo identifica come Giulio Saponero e alla quale lui/lei risponde solo a seguito delle rimostranze di questa "Io non sono Giulio, sono Giulia" (2:39). Alla risposta del bambino/a la classe scoppia

---

[1] Per ragioni legate alla percezione che il personaggio ha di sé stesso l'utilizzo del nome, dei pronomi e la loro concordanza sono utilizzati nella duplice accezione maschile e femminile in riferimento non al sesso biologico dello stesso bensì al genere che lo rappresenta

in una fragorosa risata creando nel soggetto caratterizzato da tale disforia di genere un enorme senso di disagio e di isolamento dato dal fatto che lo stesso si percepisce come una bambina pur essendo biologicamente nato/a maschio. Le forme di bullismo e di discriminazione subite nella quotidianità sotto forma di "microaggressioni" (Nadal 2013, 81) nei confronti di soggetti omosessuali che non presentano alcuna disforia di genere risultano ancora più efferate nel caso di soggetti transessuali nei quali "this gender binary can result in even more microaggressions because others may be extremely uncomfortable that these individuals' identities, physical appearances, or both do not match what is traditionally considered 'male' or 'female'" (Nadal, 83). In altre parole, le persone transessuali, il cui aspetto fisico non rispecchia il loro io interiore, diventano sovente le vittime di continui abusi da parte di terzi, i quali incapaci di comprendere il senso di malessere e di profondo isolamento che queste provano a causa della suddetta disforia di genere li aggrediscono verbalmente e/o fisicamente.

Il regista ricollegandosi all'infanzia di Giulio/a pone l'accento su delle forme più eclatanti di microaggressione che non si limitano semplicemente all'utilizzo di una terminologia di matrice transfobica volta alla discriminazione del soggetto non binario ma che "involve physical threat or harassment" (Nadal 2013, 95) manifestandosi pertanto come veri e propri episodi di violenza fisica. Calvagna, con delle dinamiche che rimandano alle vicissitudini di vita e al tragico epilogo di Brandon Teena, protagonista transessuale adolescente di *Boys Don't Cry* (1999) della regista statunitense Kimberly Peirce, vuole sottolineare che la vittima in queste circostanze non deve necessariamente sentirsi in pericolo di vita a causa dell'aggressione ai propri danni ma che "he or she may feel extreme discomfort because the perpetrator is creating a hostile or emotionally unsafe environment" (Nadal, 95). Il regime di microaggressione ai danni di Giulio/a non si limita alle aggressioni fisiche e verbali da parte dei compagni di scuola ma interessa anche il corpo docente e direttivo del suo istituto. In presidenza la preside gli/le intima di smetterla di dire fandonie e attraverso un colloquio molto riservato e ravvicinato con il/la bambino/a cerca di comprendere quali siano le motivazioni che lo/la abbiano spinto ad "essere così chiuso" (9:16) in se stesso/a. Specificamente, la preside fa riferimento al fatto che Giulio/a identifichi se stesso/a come una bambina di fronte alla scolaresca cercando di convincerlo/a mediante un discorso privo di alcun fondamento scientifico ma piuttosto basato meramente su criteri legati al sesso biologico del bambino/a che sia un maschio. Le parole invadenti della donna sono però contradette da Giulio/a che alle pressioni di questa riguardanti l'utilizzo del suo nome nella sua accezione maschile risponde "è un nome da maschio, io non sono così. Io sono una bambina!" (9:45). La preside, ostinata nel volerlo convincere non cede alle prime resistenze del bambino/a e non demorde nel suo tentativo di persuasione insistendo sul fatto che egli sia nato maschio, ma queste parole non scompongono Giulio/a che pacatamente reagisce aggiungendo "No, io sono una femmina. È Il mio corpo che è sbagliato" (10:05). La donna non è in grado di comprendere che le parole del bambino non lasciano alcun dubbio riguardo al modo che esso/a ha di percepire se stesso/a, questa disforia di genere che caratterizza Giulio/a è definita dalla psicologia clinica come transessualismo e nella sua definizione più accettata "to be transgendered means to have an internal gender identity at odds with an external physiology–simplistically, to be biologically female but to identify as male or vice versa" (Alexander and Yescavage, 256).

Questo dualismo continuo che il bambino/a vive unitamente alle macro/microaggressioni che subisce dal sociale costituisce il motivo da cui scaturisce il senso di refrattarietà che Giulio/a nutre per il mondo, la cui manifestazione più concreta consiste in un senso di astrazione e fuga dalla realtà, dalla collettività che non lo comprende e crudamente lo marginalizza facendolo sentire sbagliato perché diverso. La solitudine esistenziale e il senso di estraniamento dall'ambiente circostante che lui/lei prova trovano riscontro nelle teorie di Julia Kristeva, la quale descrive il percorso che conduce l'individuo all'autoesclusione tramite un processo di elaborazione subliminale di "I and Other" (7) in cui l'opposizione di tra "I/Other, Inside/Outside, Consciuos/ Unconscious" (7) genera delle nevrosi nello stesso riconducibili ad una personalità di tipo bordeline. Il soggetto affetto da tale nevrosi manifesta, infatti, una serie di sintomi scaturiti da un conflitto inconscio, la cui dimostrazione più comune è costituita da ansia e angoscia cronica senza però che vi sia una perdita di contatto con la realtà. L'ansia e le preoccupazioni legate all'incongruenza tra il suo corpo biologico e la sua identità sessuale congiuntamente al timore per la propria incolumità fisica concorrono affinché questo manifesti "poor ability to adapt to ones environment, an inability to change one's life patterns, and the inability to develop a more satisfying personality" (Boeree). Il conflitto insito tra la reale percezione di sé e la visione distorta che gli altri hanno di lui/lei conducono Giulio/a ad una forma di autoesclusione e di confino volontario che lo rendono "a *deject* who places (himself), separates (himself), situates (himself), and therefore strays instead of getting his bearings, desiring, belonging, or refusing" (Kristeva 1982, 8). In altre parole, l'incapacità di poter gestire il proprio sesso biologico in sintonia con la propria identità di genere costituisce il fattore determinante entro cui lui/lei opera una forma di rigetto del mondo circostante che lo/la conduce *in fieri* ad una forma di esilio consapevole e intenzionale.

Lo stato di emarginazione di Giulio/a si protrae anche durante tutta l'adolescenza e lo accompagna fino all'età adulta quando questo/a decide di trasferirsi a Milano per evadere dalla mentalità claustrofobica del paese di origine dalla quale si sente soffocato e per alleviare le tensioni che la gente esercita, a causa della sua natura, sulla sorella e la madre. L'antropologo americano Gayle Rubin nel suo saggio "Thinking Sex" traccia una correlazione intercorrente tra cultura gay e realtà cittadina accertando che negli Stati Uniti a partire dagli anni Settanta si assiste ad una vera e propria migrazione "of young queers from the country to the city" (Halberstam, 35) causata dalla necessità dei soggetti *queer* di trovare un riconoscimento di ordine identitario e un riposizionamento di carattere sociale rispetto alla limitante vita di provincia. Gli "erotic dissidents" (35) statunitensi di cui parla Rubin in maniera non diversa da quelli italiani (e quindi anche da Giulio/a), "require urban space because in rural settings queers are easily identified and punished" (35). Questa "ethnographic history of community" (Halberstam, 35) tracciata dallo studioso è utile a livello socio-antropologico per capire quanto sia effettivo in entrambe le realtà, americana e italiana, il contrasto esistente tra la conformità sessuale tipica della provincia rispetto alla diversità propria della città.

A Milano a causa di numerose emicranie, Giulio/a scopre di avere un tumore al cervello e devastato/a da questa rivelazione trova conforto tra le braccia di Fabio (Danilo Brugia), il suo personal trainer. La malattia di Giulio/a funge da elemento di ulteriore isolamento perché rappresenta per il ragazzo/la ragazza un elemento di travaglio interiore aggiuntivo che lo/la aliena dall'esterno gettandolo/la in uno stato di profonda angoscia esistenziale dalla quale Fabio sarà l'unico in grado di risollevarlo/la. Il tumore diventa pertanto nella vita di costui/costei fonte di ulteriore confino e separazione perché lo/la divora fisicamente e psicologicamente rendendolo/la inadeguato/a agli altri tanto quanto la sua mancata transizione sessuale. La preoccupazione di sopravvivere in un corpo che non lo/la rappresenta viene messa in evidenza dal regista mediante un'inquadratura di quinta che riprende la conversazione tra Giulio/a e Fabio nel bagno della loro abitazione dove il/la giovane si guarda nudo/a di fronte allo specchio e rivolgendosi verso il suo pene commenta "io lo odio" (1:00:16; Figura 3).

FIGURA 3

Il dialogo tra i protagonisti viene favorito dalla presenza dello specchio tramite il quale la macchina da presa riesce ad inquadrare anche il viso e il corpo di Giulio/a oltre che quello di Fabio che risulta in favore di camera. La metamorfosi sessuale sembra essere per Giulio/a un bisogno sempre più impellente visto che il/la giovane desidera sposare Fabio non come uomo ma come donna, rifiutandosi ormai categoricamente di "essere ingabbiata in questo corpo" (58:37) che non lo/la rappresenta. Al problema legato all'identità di genere si aggiunge anche quello di ordine legislativo visto che la riassegnazione sessuale in Italia sebbene regolamentata già dagli anni Ottanta dalla legge 164/1982 sia ancora oggi possibile della discrezionalità di un tribunale che ne deve validare la necessità effettiva prima di dare il proprio nulla osta affinché si proceda. Il legislatore ha infatti recentemente modificato il testo della legge 164/1982 con il decreto legislativo del 1° settembre 2011 n. 15036 che incide però solo sul piano procedimentale, la modifica prevede che il giudizio si svolga secondo il rito ordinario di cognizione introdotto da un atto di citazione notificato al coniuge ed ai figli con l'intervento obbligatorio del Pubblico Ministero e con una decisione finale emessa sotto forma di sentenza. Il regista, tramite il turbamento d'animo vissuto di Giulio/a relativo alle difficoltà legali per tale riassegnazione solleva l'interrogativo sul perché un tribunale dovrebbe obbiettare qualcosa ad un individuo che in maniera pienamente consapevole del proprio status e accompagnato da idonea documentazione medica intende in totale libertà perseguire il proprio obiettivo di cambiare sesso. Il testo di tale legge andrebbe riveduto e corretto per permettere a tutti coloro che lamentano una disforia di genere non solo una transizione sessuale meno traumatica ma anche garantire l'abolizione delle discriminazioni di genere che questi subiscono per conto di terzi. Anche in Italia come accade in altri settantadue paesi del mondo sarebbe impellente la creazione di organi giurisdizionali che "beyond constitutional law" (Lau, 16) si preoccupino di offrire protezione legislativa "that explicitly recognize sexual orientation and gender identity as protected grounds" (Lau, 16).

La difficoltà di doversi rapportare con i retaggi della cultura patriarcale ed eterosessista raggiunge la sua apoteosi quando Giulio/a, dopo essersi affidato/a alla di terapia di gruppo presso una psicologa, fissa un appuntamento con il dottor Parrini (Bruno Crucitti), uno psichiatra preposto alla valutazione del caso di riassegnazione sessuale che tanto desidera. Non appena Giulio/a e Fabio varcano la soglia dello studio, il medico in modo molto diretto e con grande mancanza di tatto approccia il/la paziente mediante una serie di stereotipi e luoghi comuni riflesso di arcaici testi legislativi: egli è intento a verificare che vi siano nell'abbigliamento e/o nella presenza o meno di trucco sul viso di lui/lei dei segni tangibili che ne palesino la femminilità e che pertanto lo convincano ad autorizzare l'intervento in questione. Quanto emerge dalla conversazione con il medico è il frutto di strascichi culturali di cui la mentalità italiana risulta intrisa secondo i quali "the transgender person of today are seen as biologocally destined to adopt the behaviour culturally associated, at a particular time in history, with the opposite sex" (Jeffreys, 18). Questo tipo di scenario richiede un'urgente e opportuna rettifica del testo giuridico che dovrebbe farsi carico attraverso una serie di norme aggiornate di agevolare la transizione sessuale di questi soggetti e indirettamente di semplificarne la loro accettazione sociale. Frustrato/a per il trattamento ricevuto dallo psichiatra e per le tempistiche riguardanti il suo intervento da questo prospettate Giulio/a si mette alla ricerca di uno specialista che possa aiutarlo all'estero e ne trova uno nella figura del dottor Sauer (Ralph Palka) un chirurgo tedesco che opera sia negli Stati Uniti che a Bangkok. Mediante questo comportamento di Giulio/a unitamente alla conversazione che successivamente questo/a intrattiene con il dottor Parrini al fine di ottenere l'autorizzazione psichiatrica a procedere, Stefano Calvagna vuole porre enfasi sulla necessità presente in Italia di varare una legislazione burocraticamente meno ingolfata che in maniera più schiva e mirata regolamenti il processo di transizione di soggetti caratterizzati da disforia di genere.

Dopo il tanto agognato intervento di riassegnazione sessuale avvenuto a Bangkok durante il quale Gianna si offre di assisterla, Giulia finalmente rientra in Italia ansiosa di poter finalmente riabbracciare Fabio ma finalmente come donna. Tuttavia, dopo un primo periodo di assestamento alla nuova dimensione corporea nasce in lei la necessità di essere "una donna desiderata dagli uomini" (1:41:50) per provare a se stessa la completa riuscita della transizione cui si è sottoposta. La necessità del soggetto transessuale di cercare conferme riguardanti la propria immagine femminile trova rispondenza nelle teorie del sessuologo Ray Blanchard che la definisce con il termine "autogynephilia" (235). Secondo lo studioso questa costituisce "a male's propensity to be attracted to the thought or image of himself as a woman" (235), analogamente il desiderio di Giulia di piacersi ed accettarsi come donna diventa perciò interdipendente dalla possibilità di attrarre altri uomini, cercando in questi e nella capacità di sedurli, la conferma della propria femminilità. Per appurare tali doti, crea un profilo con la sua foto ma dietro falsa identità su di una chat e si riversa nelle comunicazioni in rete. L'occasione concreta di provare a se stessa che adesso è una donna a tutti gli effetti e che come tale è in grado di suscitare ingente interesse nel genere maschile si profila quasi subito quando conosce online Mauro Lorenzi (Stefano Calvagna) che decide di incontrare la stessa sera approfittando dell'assenza di Fabio. Dopo una romantica cena al ristorante la serata prende però una piega inaspettata quando nel parcheggio del locale l'uomo la bacia forzandola ad un contatto intimo contro il suo volere. Nel momento stesso in cui Giulia si ribella all'idea di dovere soddisfare i desideri dell'uomo precisando di essere una donna impegnata questo avanza delle pretese di ordine sessuale urlandole contro "tu sei un trans, se volevo andare con una donna ne prendevo una vera" (1:45:51). Questo tipo di comportamento conduce a quello che viene definito dalle psicologhe sociali americane Susan Kessler e Wendy McKenna come "gender attribuition process" (157), un complesso ma istantaneo processo d'ispezione durante il quale "we decide whether someone is male or female, every time we see a new person" (157). Questo tipo approccio si basa su di una delicata fase di valutazione legata meramente alla "knowledge of the socially constructed signs of gender" (157). In altre parole, secondo quanto asserito dalle studiose nelle società occidentali l'attribuzione dell'identità di genere equivale all'idea "of attributing the right genitals" (153) perché tramite questa assegnazione si pensa di poter conferire l'esatto genere alla persona. Nondimeno, l'attribuzione dei genitali si riduce nella maggior parte dei casi essenzialmente a una vera e propria "penis attribuition" (153), ma poiché i genitali di una persona sono molto raramente disponibili alla vista, continuano le ricercatrici, quello che avviene socialmente è in realtà un processo di assegnazione dell'identità di genere basato esclusivamente sull'attribuzione di "cultural genitals" (153). Quest'associazione è unicamente dettata dalla necessità di applicare una serie di tacite regole introiettate e sedimentate dentro di noi secondo le quali a una determinata combinazione di segni e fattori corrisponde il genere maschile o femminile.

La prolungata esposizione di Giulia all'uomo durante la cena la mette in una condizione di vulnerabilità nei confronti di questo perché è proprio in quel momento che avvengono le assegnazioni culturali di cui sopra discusso. Inoltre, ai segni primari di questa attribuzione simbolica dei genitali ne segue una legata ad alcune caratteristiche secondarie quali "facial hair, pitch of voice, breasts" (Kroon, 53) che insieme all'abbigliamento e agli accessori si sommano ai fattori primari nella formazione del giudizio di genere. Mauro, non scevro dalle convezioni sociali prima menzionate si sente autorizzato a pretendere qualcosa da Giulia perché vede in lei un soggetto debole su cui esercitare la supremazia che la società eterosessista attribuisce al maschio, Giulia invece che per sua stessa ammissione si sente "il surrogato di una donna" (1:47:05), nella sua condizione di precarietà non vede alternativa se non quella di subire le pressioni del maschio dominante.

In *Un giorno nuovo* Stefano Calvagna mette a nudo come la condizione di fragilità di chi è bollato e bullizzato dalla società fin dalla nascita possa dare vita al coraggio del cambiamento specie quando questa rinascita diventa una vera e propria esigenza di vita. Giulia, nata Giulio incarna tutte le perplessità di una persona che si sente intrappolata in un corpo che non riflette la sua vera essenza e che conseguentemente la mette in lotta con un mondo che non è in grado di accettarla. Attraverso la transizione psico-fisica di Giulia che la porta dall'essere uomo fino al tentato suicidio per l'incapacità di farsi accettare come donna nonostante l'intervento di riassegnazione sessuale, il regista vuole mettere in luce come la transfobia sia presente non solo nella mentalità italiana ma anche nella legislazione di un paese che incurantemente non si occupa di garantire la parità di diritti e il gusto riconoscimento a coloro i quali non hanno avuto questo privilegio alla nascita.

ZEN SUL GHIACCIO SOTTILE (MARGHERITA FERRI)

L'indagine sulla percezione di sé e sul modo di avvertire la propria affettività come diversa in base alle categorie binarie di genere dettate dalla società patriarcale trova rilievo nella pellicola di Margherita Ferri, *Zen dal ghiaccio sottile* (2018) dove la regista mette in evidenza numerose sfaccettature del disagio esistenziale che emerge dalla consapevolezza di non aderire a un modello sessuale eteronormativo. Attraverso un approccio tematico e delle dinamiche comportamentali proprie di gruppi di adolescenti simili a quelle di *Bullied to death* (2016), produzione italostatunitense del regista italiano Giovanni Coda e *Un bacio* (2016) di Ivan Cotroneo, analizzato precedentemente in questo lavoro, il film rivela le difficoltà relazionali della/del sedicenne Maia Zenasi/Zen[2] (Eleonora Conti) nel sopravvivere all'interno di una comunità che tenta di annientarla/lo additandola/lo come lesbica e dalla quale lei/lui si protegge tramite l'autoisolamento. Maia/Zen, che già dalla prima scena del film punta il dito medio al cielo in senso di ribellione (1:43), rappresenta per il paese la diversità che va combattuta ed estirpata diventando il simbolo di un atteggiamento anticonformista che non si piega all'arretratezza imposta dalla mentalità locale. La/il ragazza/o vive infatti l'enorme dualismo interiore di non riconoscere se stessa/o come Maia bensì come Zen, suo alter ego maschile, che la/lo porta a scontrarsi con i compagni di scuola e della squadra di hockey in cui gioca come unica femmina. Il prezzo da pagare per esprimere la sua libertà di genere è costituito da pesanti vessazioni emotive ed epiteti da parte dei suoi coetanei che la/lo bollano come "mezza femmina" (4:37) e/o "lesbica di merda" (4:45). Questo tipo di scenario costringe Maia/Zen a vivere la sua vita in una continua reclusione coercitiva a livello fisico ed emotivo che la/lo spinge ad avere con essi il minor numero di contatti possibile e/o a scontrarsi con il gruppo dei suoi pari tutte le volte che entra in contatto con loro per difendere la propria identità da questi contrastata. Il *bullismo omofobico* trova la sua massima espressione in questa pellicola dove la/il protagonista a causa della propria esasperazione simula, mediante l'utilizzo di una pistola a piombini scarica, l'esecuzione del gruppo. Margherita Ferri, riesce infatti ad esprimere tutta la frustrazione di Maia/Zen nella scena in cui la/il ragazza/o si dirige a piedi, al buio, verso il luogo di riunione abituale dei compagni e dopo averli osservati con disprezzo a loro insaputa, gli si avvicina e con la freddezza di un sicario apre il fuoco su quelli che identifica come i suoi carnefici. Una volta avuta la sua rivalsa e provata la propria resistenza fisica e psicologica agli aggressori, Maia/Zen si dà alla fuga correndo a più non posso nel tentativo di far perdere le tracce di sé ai bulli che la/lo inseguono per linciarla/lo. È evidente il riferimento da parte della regista a quelle dinamiche di "peer victimization" (Collier et al., 299) che interessano molti adolescenti la cui sessualità non eteronormativa gli impedisce di avere rapporti distesi e non alienati con i propri pari. Più specificamente, mediante questa dicitura si fa

---

[2] Vedasi nota 1.

rifermento a quel fenomeno che comprende "a variety of negative, aggressive behaviors among children and adolescents; it can take both direct (e.g., insults, hitting, or pushing) and indirect (e.g., spreading rumours) forms" (299). Questo tipo di scenario viene reiterato qualche scena dopo in cui la/il ragazza/o viene braccata/o dal gruppo che per pareggiare il conto le/gli tende un'imboscata all'uscita della scuola. Maia/Zen, trascinata/o a forza da Luca (Ruben Nativi) il capo del branco e da altri aguzzini viene poi immobilizzata/o e legata/o ad una ringhiera a mezzo di un catenaccio e quindi offesa/o e schernita/o con degli anatemi che rimandano al suo modo di agire mascolino. L'accanimento del ragazzo è garanzia del fatto che che gli episodi di violenza ai danni di Maia/Zen si susseguono con regolarità dimostrando che "bullying is a specific form of peer victimization, occurring repeatedly over time and involving an imbalance of power between bully and victim" (Olweus, 13). La sovversione nell'equilibrio del potere menzionata da Olweus riguarda non solo la vittima e i suoi carnefici, ma talvolta questa forma di persecuzione si estende anche a terzi che consentono tramite la propria indifferenza il reiterarsi di tali eventi. Per tali motivi, Maia/Zen sconfitta/o da Luca in duello perché fisicamente meno prestante è costretta/o a subire anche le lamentele dell'allenatore che la/lo biasima per i suoi comportamenti inappropriati in seno alla squadra.

Lo sconforto di Maia/Zen la/lo spinge pertanto a infilarsi in doccia subito dopo l'allenamento (21:10; Figura 4), operazione mediante la quale la/il giovane tenta di annegare in essa le proprie frustrazioni. La funzione dell'acqua quale elemento di catarsi trova validazione nella doccia di Maia/Zen perché questa è in grado di lavare via, seppur metaforicamente, qualsiasi dolore provato dall'adolescente. La/il ragazza/o, afflitta/o dall'incapacità del mondo di percepirla/lo per come essa/o si sente e dalle continue ritorsioni esercitate dal prossimo contro di lei/lui si rifugia nella parte più nascosta e interna dello spogliatoio, il vano doccia, dentro il quale si abbandona allo scroscio dell'acqua che la/lo circonda. Maia/Zen non tenta di cancellare nessun'onta riguardante la propria identità di genere, ma di affermare se stessa/o all'interno di un circuito retrogrado e stantio come quello di Fanano. La funzione dell'acqua acuisce questo senso di allontanamento dal prossimo perché lenisce i suoi turbamenti avviluppandola/lo, confortandola/lo e soprattutto separandola/lo dall'esterno; facendo in modo che la doccia diventi il luogo più idoneo in cui confinare il proprio dolore. Questo senso di esclusione dal mondo viene enfatizzato dalla gestualità corporea che lo accompagna: la/il ragazza/o porta le mani al viso coprendosi gli occhi, precludendosi così la vista di ciò che non le aggrada e che la/lo fa sentire inadatta ed allo stesso tempo attraverso questo gesto si chiude metaforicamente in un guscio immaginario inespugnabile che non permette nessuna intrusione esterna. Inoltre, Margherita Ferri per rafforzare tale convinzione utilizza un primo piano della/del giovane riprendendola/lo lateralmente sotto la doccia, la macchina da presa seguendo la rotazione del corpo della/del ragazza/o si sofferma poi su una lunga inquadratura posteriore in grado di sottolineare attraverso tale prossemica l'inequivocabile senso distanza fisica ed emotiva che intercorre tra la protagonista e l'esterno.

FIGURA 4

Il grande senso di disagio che Maia/Zen vive nei confronti del resto del mondo viene messo in evidenza strategicamente dalle immagini ricorrenti di un ghiacciaio che si sgretola ed i cui pezzi vagano alla deriva (22:48), mediante questa procedura la regista vuole esprimere la metafora della condizione esistenziale di Maia/Zen che, allo stesso modo del ghiaccio, collassa al suo interno di fronte alle continue pressioni esterne. La superficie ghiacciata in frantumi diventa in quest'ottica il simbolo di un'identità fragile ed incompresa che nonostante la sua immagine di robustezza si spacca e soccombe. Ad avvalorare questa ipotesi è l'utilizzo del colore viola che caratterizza le lande gelate messe in scena dalla Ferri, questo colore associabile alla Quaresima è infatti sin dal Medioevo simbolo di dolore e di tormento e nella sua interpretazione psicologica rappresenta il desiderio di essere accettati e di piacere alle persone che ci circondano. Inoltre, quale derivato del blu è inteso "as a code for invisibility" (Lundemo in Dalle Vacche and Price 2006, 92), la stessa invisibilità di cui Maia/Zen vorrebbe godere nel sentirsi considerata/o come normale nella sua diversità di genere.

Il senso di esclusione ed isolamento che Maia/Zen prova verso il mondo non viene colmato neppure a livello domestico dal rapporto che questa/o vive con la madre. La donna, infatti, si dimostra piuttosto intransigente rispetto alle lamentele riguardanti la/il figlia/o che le giungono costantemente dagli altri genitori al punto tale nonostante l'entusiasmo per il fatto che questa/o sia una/un potenziale candidata/o alla nazionale di hockey durante una cena inveisce pesantemente contro di lei/lui colpevolizzandola/lo di avere atteggiamenti scorretti nei confronti dei compagni di squadra. In un *crescendum* dettato dall'esasperazione del momento la madre dopo averla/lo spronata/o a dovere "dimostrare di essere migliore di loro" (11:45) zittisce aspramente il tentativo della figlia/o di difendere i propri comportamenti sottolineandole/gli "sei tu responsabile di quello che ti succede nella vita" (11:52). La condotta che la donna assume nella relazione con la figlia/o riconduce a un modello genitoriale che in psicologia viene definito con il termine di *madre narcisista*. Secondo la psicoterapeuta Viviana Conti questo tipo di genitrice è caratterizzata dal fatto di percepire i figli come un'estensione del proprio sé, più in particolare questa si aspetta che il figlio intraprenda strade di gloria e di successo che lei stessa sceglie in sua vece privandolo del "diritto di essere diverso da come mamma lo vuole" ed instillando in lui "il bisogno di conformarsi alle aspettative altrui" (Conti). D'altronde, il rapporto tra un'entità (ego) e il suo opposto (l'oggetto esterno), per Kristeva (62) a fondamento del narcisismo, trova il suo *ubi consistam* proprio nel binomio madre/figlio visto come esempio di relazione narcisistica *par excellence*. La correlazione esistente tra questi due elementi tiene conto del fatto che l'ego primario del narcisismo (la madre) risulta "uncertain, fragile, threatened" (62) nel rapporto, soggetto alle interferenze provenienti da un ambiente spaziale esterno capace di creare "inside/outside uncertainty" (62) e pertanto in grado di procurare un'ambiguità percettiva nella relazione tra i protagonisti (madre/figlio) che si manifesta mediante l'esternazione di "pleasure/pain" (62). In altre parole, applicando il paradigma elaborato dalla studiosa risulta evidente che la relazione tra Maia/Zen e sua madre è fortemente influenzata da fonti esterne (gli abitanti del paese) in grado di creare momenti di assonanza e/o dissonanza tra i protagonisti della relazione in base all'impatto che queste stesse hanno sulla vita dei due personaggi. Alla luce di quanto enunciato in precedenza, è possibile asserire che "the archaic relation to the mother, narcissistic though" (Kristeva, 63) non sia in grado di offrire alcun conforto ai protagonisti, dal momento che questa relazione "for the subject will always be marked by the uncertainty of his borders and of his affective valency as well" (63). Questa mancanza di legami affettivi sicuri all'interno del rapporto tra Maia/Zen e la madre determinata dal fatto che "the paternal function was weak or even nonexistent" (63), favorisce in ultimo la degenerazione a livello psicopatologico della relazione stessa "opening the door to perversion or psychosis" (63): Maia/Zen e sua madre vivono infatti un tormentato rapporto affettivo di interdipendenza caratterizzato dalla presenza riflessa delle paure e delle apprensioni dell'una nella vita dell'altra.

Il sentirsi avulse dal resto dei compaesani che accomuna Maia/Zen e Vanessa aiuta la/il prima/o ad abbassare per una volta le sue difese e ad accettare l'incursione di Vanessa all'interno del proprio mondo al punto tale da chiedere alla sua ospite, bozzettista dilettante, "voglio che mi disegni come un maschio" (43:58). Attraverso queste parole, rinforzate subito dopo dall'intercalare di Maia/Zen che precisa "non sono lesbica" (45:03), la regista vuole porre l'attenzione sul fatto che la condizione di genere trascende dalle categorie binarie convenzionalmente adoperate. Più in particolare, questo concetto viene reiterato durante la conversazione che intercorre tra Maia/Zen e Vanessa all'interno della taverna dell'abitazione della/del giovane dove a causa della cresciuta intimità tra loro due Maia/Zen confida alla ragazza che in palestra "non esiste uno spogliatoio giusto per me e come se io e gli altri non ci incontrassimo mai" (55:09). La scena raggiunge il suo momento di *climax* quando Maia/Zen aggiunge "Sono come intrappolato qua dentro. Tutti dicono Zenasi quella lesbica, ma quando mi guardo allo specchio io vedo

Zen, un ragazzo" (55:40). Le parole di Maia/Zen testimoniano quanto messo in evidenza ripetutamente nel corso di questo lavoro mediante gli assunti teorici di Judith Butler, secondo cui il genere è una costruzione meramente culturale e non ha alcuna relazione con il sesso biologico dell'individuo (Butler 1990, 7). Questa ipotesi trova nuovamente conferma nella scena successiva in cui Maia/Zen, dopo avere ricevuto l'approvazione da Vanessa che le/gli ammette "io ci credo che Zen è un ragazzo" (56:03) sul suo essere uomo, si dirige in una stanza vuota di fronte a uno specchio in cui osserva con attenzione la sua immagine riflessa e svoltandosi i polsini della camicia da uomo che indossa, fissa un tatuaggio a forma di cristallo di ghiaccio fattole/gli da Vanessa nei primi giorni della sua permanenza al rifugio. Il tatuaggio, alla vista del quale Maia/Zen si sente rinfrancata/to dalle parole di Vanessa per tutte le angherie subite, diventa il simbolo della condivisione di una dolorosa oppressione che interessa entrambi i personaggi: Maia/Zen socialmente radiata per la propria diversità di genere e Vanessa in fuga da se stessa per la scoperta di una parte di sé che le era fino a quel momento ignota. La scena in cui Maia/Zen si guarda allo specchio sebbene ricordi nelle dinamiche quella di *Un nuovo giorno* (2016) del regista Stefano Calvagna in cui anche Giulio/a osserva il suo corpo riflesso allo specchio, racchiude in se però un significato intrinsecamente diverso. Se per Giulio/a, infatti, lo specchio diventa un luogo in cui trovare conferma di un'immagine di se stesso/a detestata a causa della presenza del suo pene che sancisce la mancata transizione fisica, per Maia/Zen è invece il luogo dell'immaginario dove l'idea di sé come uomo a tutti gli effetti prende finalmente vita.

Dopo una gita in montagna durante la quale la complicità dell'isolamento spazio-temporale incoraggia Vanessa a superare i limiti impostele dalla collettività e a baciare di sorpresa Maia/Zen su di una sciovia. Vanessa, tramite questo gesto dimostra di accettare per la prima volta sé stessa e di provare dei sentimenti che vanno ben oltre la semplice amicizia nei confronti di Maia/Zen ma la reazione del/la giovane è diversa dalle aspettative perché questa/o si mostra disorientata/o rimanendo impietrita/o per il resto della corsa. L'isolamento fisico ed emotivo e la sensazione di autoisolamento delle/i protagoniste/i in questo frangente trova la sua massima apoteosi: la coppia è infatti bloccata in elevazione su di una seggiovia che la porta verso le vette più abbarbicate della montagna. L'interruzione di tale stato di autoesclusione avviene solo al termine di questa deludente esperienza che porta Vanessa a decidere di tornare alla vita del paese, che nel frattempo continua a cercarla incessantemente, abbandonando definitivamente casa di Maia/Zen. Ritornata a valle la giovane donna per sfogare il suo rancore e giustificare la propria scomparsa utilizza lo stratagemma del rapimento lasciando in tal modo Maia/Zen ancora una volta in balia delle feroci critiche degli abitanti del luogo. Riabilitata ben presto in società quale vittima delle mostruosità di un soggetto deviato, la ragazza ritorna a scuola dove ormai tutto l'istituto emargina Maia/Zen bullizzandola/lo, ignorandola/lo e trattandola/lo al pari di un'ammorbata/o. Maia/Zen vittima di rabbia e sconforto si sfoga allenandosi di notte sulla pista di hockey, la macchina da presa la/lo riprende in un primo piano posteriore mentre prima di entrare al buio sul ghiaccio indossa una giacca che sfoggia la scritta *Boys don't cry* (1:22:36). È innegabile il richiamo alla celebre pellicola dall'omonimo titolo della regista statunitense Kimberly Peirce che Margherita Ferri vuole fornire allo spettatore per renderlo consapevole della drammaticità dei sentimenti che si agitano dentro di Maia/Zen. La/il protagonista di *Zen sul ghiaccio sottile,* differentemente da Brandon, però non viene annientata/o dalla collettività e per questo portata/o al suicidio; Maia/Zen al contrario veste ancora una volta i panni della/del guerriera/o come mostra la scena conclusiva della pellicola in cui la/lo si vede impegnata/o ad indossare la sua tuta da hockey come fosse un'armatura di protezione nel gioco e nella vita e ad allenarsi sulla pista, questa volta illuminata al suo ingresso, prima di andare grintosa/o incontro alla macchia da presa con l'ennesimo atteggiamento di sfida.

Attraverso quest'analisi si è cercato di fornire alcuni elementi utili all'identificazione di quelle emozioni che sono causa del disagio legato ad una sessualità non eteronormativa facendo particolare attenzione anche ai casi in cui i personaggi manifestavano una comprovata disforia di genere. Più specificamente, in seno al cinema italiano contemporaneo sono state prese in analisi le pellicole *Amaro amore* (2013) di Francesco Henderson Pepe, *Un nuovo giorno* (2016) di Stefano Calvagna e *Zen sul ghiaccio sottile* (2018) di Margherita Ferri quali maggiormente rappresentative dei sentimenti di *solitudine e isolamento*, in cui cioè il disagio esistenziale legato alla sessualità dell'individuo trova ripercussione sulla vita affettiva dei personaggi facendo sì che questi si isolino fisicamente e/o emotivamente.

In *Amaro amore* Francesco Henderson Pepe dà enfasi al sentimento di confinamento di Santino che recluso su di un'isola soffoca le proprie emozioni perché timoroso delle reazioni della madre e degli altri isolani con cui ha il timore di confrontarsi. Santino, che viene poi salvato dalla passione e dall'apertura mentale di André, è vittima di una doppia condizione di marginalizzazione: quella fisica comportata dai confini geografici di Salina e quella affettiva causata dall'impatto che l'opinione della gente ha nella sua vita.

In *Un giorno nuovo*, Stefano Calvagna fa emergere i drammi e le insicurezze private e pubbliche di Giulio/o una bambino/a prima, un/una adolescente poi ed infine un adulto/a. All'evidente dissidio interiore provato dal personaggio principale per la propria disforia di genere il regista aggiunge quello causato dalle inutili complicazioni medico legali italiane che contribuiscono all'autoemarginazione. Se in *Amaro amore* l'isola costituisce l'elemento di confino fisico nella pellicola di Calvagna è lo stesso corpo del/della protagonista, in relazione a sé stesso e al prossimo, il limite insormontabile che genera tale isolamento.

Infine, l'autoesclusione coercitiva dalla vita sociale a causa di un'identità di genere che non rispecchia il proprio corpo biologico è quella operata da Maia/Zen, il personaggio chiave di *Zen sul ghiaccio sottile* di Margherita Ferri. Gli appennini emiliani sui quali vive il suo eremitaggio fisico e morale sono il luogo in cui alle contraddizioni travagliate tipiche dell'adolescenza si aggiungono quelle legate all'incapacità di farsi comprendere come un ragazzo dalla gente del luogo. La pellicola, scelta come conclusiva di tutto il lavoro, mette in evidenza attraverso le caratteristiche di Maia/Zen in maniera metodica la maggior parte di tutte le emozioni esplorate nell'intero di questo lavoro facendo risultare il personaggio di Maia/Zen nella sua complessità di genere e comportamentale una valida sintesi delle modalità entro le quali il disagio di un'identità sessuale non eteronormativa trova espressione.

INDICE DELLE FIGURE

OPERE CITATE

Alexander, Jonathan. Yescavage, Karen. *Bisexuality and Transgenderism: Inter-SEXions of the others*. New York: Routledge, 2012.

Amaro amore. Dir. Francesco Henderson Pepe. Istituto Luce Cinecittà, 2013. DVD.

Blanchard, Ray. *Clinical Observations and Systematic Studies of Autogynephilia. Journal of Sex and Marital Theraphy*, Vol. 17, No. 4, pp. 235-251, 1991.

Boeree, George. *A Bio-Social Theory of Neurosis*. webspace.ship.edu. URL consultato il 20 gennaio 2020.

Butler, Judith. *Gender Trouble: Feminism and the Subversion of Identity*. New York: Routledge, 1990.

Collier, K. Van Beusekom, G. Bos, H. Sandfort, T. *Sexual Orientation and Gender Identity/Expression Related Peer Victimization in Adolescence: A Systematic Review of Associated Psychosocial and Health Outcomes*. Journal of Sex Research. Vol. 50. No. 3-4, pp. 299-317, 2013.

Conti, Viviana. "*Relazioni pericolose. Tutto su sua madre*". Relazionipericolose-blog.com. https://relazionipericoloseblog.com/2016/ 03/02/tutto-su-sua-madre-2; consultato il 25 dicembre 2019.

Gavalotti, Enrico. *Da Cartesio a Rousseau. La filosofia borghese tra Razionalismo e Illuminismo*. Independently published, 2018.

Gilmore, David. *Manhood in the Making: Cultural Concepts of Masculinity*. New Haven, Connecticut: Yale UP, 1990.

Jeffreys, Sheila. *Gender Hurts. A Feminist Analysis of the Politics of Transgenderism*. New York: Routledge, 2014.

Kessler, Susan. McKenna, Wendy. *Gender. An Ethnomethodological Approach*. Chicago & London: The U Chicago P, 1985.

Kristeva, Julia. *Powers of Horror: An Essay on Abjection*. New York: Columbia UP, 1982.

Kroon, Ann. Fe/male. *Asymettries of Gender and Sexuality*. Uppsala: Uppsala University, 2007.

Lau, Holning. *Sexual orientation and Gender Identity Discrimination*. Boston: Brill Research Perspectives, 2018.

Lingiardi, Vittorio. *Citizen Gay: Affetti e diritti*. Milano: Il Saggiatore, 2016.

Morpurgo, Egidi, Valeria. Morpurgo V. (a cura di). *Solitudine. Forme di un sentimento.* Milano: FrancoAngeli, 1995.

Nadal, Kevin. *That's So Gay!. Microaggressions and the Lesbian, Gay, Bisexual, And Transgender Community.* Washington: American Psychological Association, 2013.

Olweus, Dan. *Understanding and Researching Bullying: Some Critical Issues.* In Jimerson, S. Swearer, S. Espelage, D. *The Handbook of Bullying in Schools: An International Perspective.* New York: Routledge, 2010.

Reich, Jacqueline. *Beyond the Latin Lover: Marcello Mastroianni, Masculinity, and Italian Cinema.* Bloomington: Indiana University Press., 2004.

Rigoletto, Sergio. *Masculinity and Italian Cinema: Sexual Politics, Social Conflict and Male Crisis in the 1970.* Oxford: University Press, 2014.

Rosler, Isaac. *Gallismo. Ambiguity, And the Fascism of Desire in Il Bell'Antonio By Vitaliano Brancati,* Vol. 34, No. 2, pp. 483-500, September 1, 2000.

Un Nuovo Giorno. Dir. Stefano Calvagna. Poker Entertainment. 2016.

Rubin, Gayle in Halberstam, Judith. *In a Queer Time and Place. Transgender Bodies, Subcultural Lives.* New York: New York University Press, 2005.

Zen sul ghiaccio sottile. Dir. Margherita Ferri. Istituto Luce Cinecittà, 2018.

Torre_Animata, Super_Abile
Due progetti didattici di scultura e architettura in Sicilia

Giuseppe Scravaglieri
IIS "Mario Rapisardi" Paternò (CT)

PREMESSA

"Torre_Animata" e "Super_Abile" sono due progetti didattici recentemente realizzati con un gruppo di studenti dell'I.I.S. Mario Rapisardi di Paternò (CT).

Il primo progetto riguarda una scultura in argilla realizzata nell'ambito dell'iniziativa promossa dalla Fondazione Fiumara d'Arte di Antonio Presti, dal titolo "La Porta delle Farfalle", inaugurata il 14 aprile 2023 a Librino (CT).

Il secondo lavoro, invece, è un'idea elaborata per un concorso nazionale d'architettura sulla ri-configurazione dello spazio domestico per il vivere contemporaneo dopo l'esperienza pandemica da Covid-19.

Il plastico e gli elaborati del progetto sono stati esposti a Venezia all'interno della Biennale di Architettura dal 14 al 17 novembre 2023 assieme ad altri 108 finalisti del concorso e a conclusione dell'evento la proposta progettuale è stata premiata con una menzione speciale.

1. Torre_Animata, scultura in argilla   2. Super_Abile, plastico del progetto

La ricerca artistica condotta attraverso questi due progetti ha abbracciato la dimensione etica dell'arte e le modalità con cui l'azione creativa può incidere sui cambiamenti sociali e culturali che si sono registrati negli ultimi anni e che spesso hanno condizionato la nostra vita quotidiana.

TORRE_ANIMATA

"Torre_Animata" è uno degli episodi artistici di cui è costituita "La Porta delle Farfalle", un progetto avviato da Fiumara d'Arte nel 2019. La Fondazione ha scelto la cultura come strumento per migliorare la condizione di emarginazione del quartiere di Librino, periferia della città di Catania. L'iniziativa ha coinvolto le istituzioni scolastiche delle nove province siciliane creando una rete che ha saputo includere anche gli abitanti del luogo in una lunga e articolata fase esecutiva contraddistinta da arte e impegno civile.

La realizzazione di un monumentale bassorilievo ceramico è stato l'esito di questo processo operativo che ha istituito un legame umano e simbolico tra le scuole siciliane nel proprio territorio e lo spazio urbano della periferia catanese. Le nuove generazioni di tutta la Sicilia hanno trovato nell'opera collettiva realizzata a Librino la condivisione di un progetto di legalità e bellezza: un museo a cielo aperto d'arte contemporanea.

3. La Porta delle Farfalle, inaugurazione del 14.04.2023

4. Torre_*Animata e la Porta delle Farfalle*

Nel 2009 la Fondazione Fiumara d'Arte aveva già inaugurato la cosiddetta "Porta della Bellezza", anch'essa costituita da una sequenza di sculture in argilla collocate lungo il muro di contenimento in calcestruzzo sottostante l'asse dei servizi che consente di raggiungere la città di Catania e che costeggia la periferia di Librino. Lungo questo segmento di circa cinquecento metri, a cavallo del primo sottopassaggio, sono presenti opere di Italo Lanfredini, Giuseppina Riggi, Pietro Marchese, Michele Ciacciofera, Fiorella Corsi, Nicola Zappalà, Gianni Cerruto, Simone Mannino, Lillo Giuliana e Rosario Genovese e dell'Accademia delle Belle Arti di Catania, tutte collocate su un fondo azzurro che rimanda esplicitamente al Mediterraneo.

L'inaugurazione avvenuta nel 2023 ha riguardato il tratto successivo che misura circa un chilometro, pensato in continuità con l'opera inaugurata nel 2009 e che comprende il secondo e il terzo sottopasso, rispettivamente la "Porta della Conoscenza" e la "Porta delle Farfalle". Complessivamente è stato realizzato un mosaico di opere in terracotta che si susseguono per più di un chilometro e mezzo, costituito da oltre centomila formelle e che ha visto impegnati diversi Licei Artistici, circa cinquemila studenti e numerosi artisti: Analogique (Antonio Rizzo, Claudia Cosentino, Dario Felice), Vincenzo Buccheri, Ignazio Cicciarella, Alberto Criscione, Gaetano Di Gregorio, Gloria Di Modica, Graziano Marini, Tamara Marino, Pierluigi Portale, Antonio Maria Privitera, Bryan Ramirez, Lara Riguccio, Giovanni Robustelli, Vittoria Spoto, Stefania Vasques, Marilù Viviano.

Questo lunghissimo nastro ceramico appare dall'alto come un segno corposo, dotato di una propria fisicità e di una forza espressiva tale da dialogare sia con il quartiere di Librino, sia con il territorio circostante.

5. La Porta della bellezza

6. La Porta della bellezza

7. Antonio Presti

Lungo la costa settentrionale della Sicilia, tra gli argini del fiume e i rilievi scoscesi delle colline circostanti la città di Tusa (ME), il mecenate

Antonio Presti, fondatore di Fiumara d'Arte, dopo aver realizzato straordinarie sculture immerse in un paesaggio dall'aspra bellezza, con il contributo di artisti come Pietro Consagra, Tano Festa, Paolo Schiavo-campo, Hidetoshi Nagasawa, Piero Dorazio, Graziano Marini, Mauro Staccioli, ha deciso, in anni più recenti, di dedicarsi ad una difficile missione, quella di riscattare attraverso l'arte il disagio di un quartiere periferico come Librino.

Nel 2019 ha inaugurato anche il "Cantico delle Creature", un'opera di street art costituita dai ritratti degli stessi abitanti del quartiere che sono stati fotografati con lo scopo di stampare oltre mille banner per rivestire le superfici in calcestruzzo delle strutture portanti dell'asse dei servizi. Gli scatti fotografici mostrano una moltitudine di volti ed espressioni che trasmettono svariate sensazioni: un mosaico di vita che rivela la dimensione più autentica della città.

Le iniziative intraprese da Fiumara d'Arte a Librino hanno nel tempo consolidato un senso di appartenenza nei suoi abitanti che custodiscono attentamente le opere donate al quartiere da Antonio Presti. Nel 2019, quando venne avviato il progetto di ampliamento dell'originaria "Porta della Bellezza", furono organizzati una serie di sopralluoghi lungo l'asse dei servizi, coinvolgendo gli artisti e i referenti dei Licei Artistici, in modo da definire un coordinamento unitario tra coloro che avrebbero preso parte alla progettazione e alla realizzazione delle singole opere ceramiche; in questa circostanza risultò estremamente evidente il netto contrasto tra il degrado diffuso, le numerose rovine, il senso di abbandono che imperversavano ampiamente tra le vie e i fabbricati, e l'ottimo stato di conservazione delle opere d'arte realizzate dieci anni prima, che non presentavano nessun segno di decadimento o di vandalismo, che apparivano immacolate e intatte.

Gli abitanti, che erano stati coinvolti nelle operazioni esecutive, che si erano lasciati fotografare, che avevano vissuto un momento di protagonismo durante le fasi di realizzazione e allestimento delle opere d'arte, si sono pienamente riconosciuti in quel processo creativo che ha innescato un cambiamento radicale nella vita sociale del quartiere, aumentando la sensibilità degli abitanti per l'impegno civile.

8. Il Cantico delle Creature   9. Il Cantico delle Creature   10. – Il Cantico delle Creature

Questo spiega la protezione costante, la vigilanza continua, la cura persistente verso ciò che rappresenta l'inizio di una svolta culturale inedita in un contesto urbano caratterizzato da quelle stesse criticità che sono riscontrabili anche in altri famosi quartieri periferici, come lo Zen a Palermo, il Corviale a Roma o le Vele a Napoli.

Anche il quartiere di Librino, città satellite di circa 60.000 abitanti collocata a sud di Catania, è stato progettato da un grande architetto e urbanista, il giapponese Kenzo Tange, che nel 1971 elabora la prima stesura del progetto su una superficie edificabile di 420 ettari. L'idea originaria prevedeva di costruire una città articolata in dieci nuclei abitativi, ognuno dei quali pensato per circa 7.000 abitanti e dotato di scuole, uffici amministrativi, centri sanitari e attività produttive. Il cuore comune era pensato in una grande area centrale dotata di servizi culturali: un teatro, una struttura per congressi, un museo, un centro polifunzionale, le piste ciclabili, i percorsi pedonali e le aree attrezzate a verde.

Dopo oltre cinquant'anni sono stati costruiti solo gli edifici residenziali, sono assolutamente carenti le infrastrutture e le attrezzature comuni e risulta evidente che le conflittualità sociali e culturali sono l'esito di un progetto urbanistico che è stato attuato solo parzialmente.

L'approfondimento storico e urbanistico di Librino ha rappresentato il punto di partenza per la progettazione di "Torre_Animata" che è stata definita, nella sua versione finale, proprio quando a seguito della pandemia erano state sospese le attività didattiche in presenza.

Le scelte progettuali sono state determinate elaborando uno dei simboli più rappresentativi della città di Paternò: la Rocca Normanna.

11 – Torre_Animata, schizzo iniziale

La rappresentazione della rocca trae ispirazione da un repertorio figurativo costituito da forme arcaiche e primitive. Si presenta come un insieme affastellato di massi ciclopici, di cui cinque riconducibili ad antichi elmi, con grandi fori per gli occhi e un nasale pronunciato.

Dalla trasfigurazione delle bifore a sesto acuto presenti sui prospetti della torre si genera la figura dell'elmo: questo tema antropomorfo è alla base dell'intero promontorio collinare che prende forma proprio dalla moltitudine di elmi, allineati e sovrapposti come un esercito schierato in battaglia.

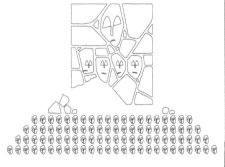
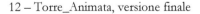

12 – Torre_Animata, versione finale   13 – La Rocca Normanna di Paternò (CT)

Se tu mi guardi con i tuoi occhi
"(…) ti faccio spazio dentro di me,
in questo incrocio di sguardi
che riassume milioni
di attimi e di parole (…)"

Pablo Neruda

14 – (Neruda, 2000)

Ogni studente ha disegnato uno dei volti di questa vivace collina storica, variando la carica espressiva ma senza alterare il tema iconografico: è come se fossero tutti riconoscibili per senso di appartenenza e, allo stesso tempo, tutti diversi per temperamento e umore, come tante emoji d'argilla.

Questa sorta di metamorfosi restituisce una rocca animata da una potente forza interiore che vigila sulla città con i suoi occhi profondi e infossati simili a caverne preistoriche: è il baluardo più autorevole a sostegno di quei valori culturali spesso traditi.

Il manufatto è stato pensato come una scultura monumentale, pari a mt 7,80 in larghezza e mt 5,40 in altezza e uno spessore variabile da tre a nove centimetri.

Inoltre, il progetto prevede la realizzazione di un testo con le lettere in argilla affiancato all'opera d'arte; a tal proposito è stato prezioso il contributo di un docente di lettere che ha selezionato assieme agli studenti alcune poesie. Questo lavoro di ricerca sui testi letterari ha rappresentato un momento costruttivo di interazione culturale tra gli allievi dei due indirizzi di studio, artistico e classico, che condividono lo stesso plesso scolastico, gli stessi laboratori e soprattutto la stessa volontà di promuovere una visione condivisa di attività e progetti didattici.

L'emergenza pandemica ha notevolmente condizionato sia lo sviluppo progettuale, sia il programma di realizzazione dell'opera. Soltanto con la ripresa delle attività didattiche in presenza e l'avvio delle attività laboratoriali, è stato possibile avviare le fasi esecutive del progetto.

15 – Muro di contenimento dell'Asse dei Servizi

16 – Centro operativo di Fiumara d'Arte a Librino

17 – Torre_Animata, bozza iniziale

Nel mese di ottobre del 2020, un gruppo di docenti afferenti al Dipartimento delle Arti dell'IIS M. Rapisardi sono stati coinvolti nel progetto e sono stati programmati con Antonio Presti una serie di incontri a Librino, finalizzati a visionare i luoghi in cui le opere d'arte sarebbero state collocate e a revisionare i grafici del progetto proposto.

In questa circostanza si è concluso l'iter progettuale che era stato avviato l'anno precedente, sono state definite alcune modalità operative per la lavorazione dell'argilla e, inoltre, sono stati trasmessi consigli e suggerimenti di carattere tecnico-logistico da parte degli artisti attivi all'interno dell'Istituto Campanella Sturzo di Librino, utilizzato come centro operativo del progetto.

La ripresa delle attività didattiche in laboratorio e, a seguire, l'acquisto dell'argilla e degli strumenti necessari alla lavorazione della stessa (piani di legno e arnesi vari), hanno permesso di realizzare, in un primo momento, un prototipo in scala ridotta, successivamente, la modellazione delle singole formelle in scala reale.

La partecipazione degli studenti al progetto è stata elevata e molti di loro hanno manifestato un forte entusiasmo per l'iniziativa; alcuni allievi hanno anche acquisito una discreta abilità nella modellazione plastica dell'argilla e un certo grado di autosufficienza nella gestione del lavoro.

Per coniugare la necessità di recuperare il lavoro non eseguito durante la gestione del Covid e l'obbligo di effettuare le attività previste dai percorsi per le competenze trasversali e l'orientamento, è stata sotto-scritta una convenzione tra l'I.I.S. Mario Rapisardi e la Fondazione Fiumara d'Arte che ha consentito di proseguire l'attività laboratoriale anche durante le ore pomeridiane.

 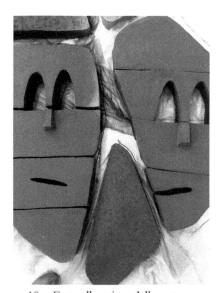

18 – Modellazione delle formelle   19 – Formelle prima della cottura

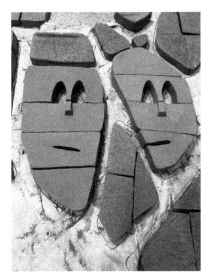

20 – Formelle dopo la cottura

Tutto il personale scolastico si è reso disponibile per facilitare la gestione esecutiva dell'opera d'arte, sia da un punto di vista logistico per l'utilizzo dei locali e delle risorse umane all'interno della scuola, sia per quanto concerne gli aspetti amministrativi finalizzati all'acquisto dei materiali e degli strumenti.

I tempi di lavorazione sono stati ottimizzati anche grazie all'utilizzo di un Plotter che la scuola ha acquistato per potenziare il laboratorio informatico di discipline grafiche, e che si è rivelato estremamente funzionale per stampare in scala reale i supporti cartacei necessari per modellare le formelle che costituiscono l'opera in argilla.

Nonostante molti studenti avessero acquisito una maggiore padronanza tecnica nella lavorazione dell'argilla e avessero maturato l'esperienza necessaria per ultimare i lavori con ritmi più rapidi, la modellazione plastica ha comunque richiesto tempi lunghi di lavorazione, soprattutto a causa delle notevoli dimensioni dell'opera.

Una volta finita la modellazione della scultura, è stata avviata l'ultima fase esecutiva, ovvero la cottura in forno di tutte le formelle, che si è conclusa negli ultimi mesi del 2022 quando è stata organizzata, presso l'I.I.S. Mario Rapisardi, una cerimonia ufficiale per consegnare l'opera alla Fondazione Fiumara d'Arte di Antonio Presti.

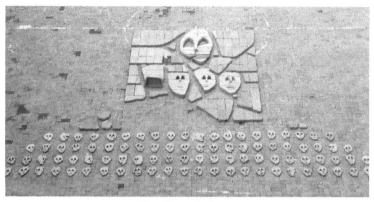

21 – Torre Animata

22 – Torre_Animata imballata

In questa circostanza l'emergenza pandemica è venuta in soccorso delle operazioni di imballaggio delle formelle che sono state disposte all'interno degli scatoli contenenti le mascherine protettive inutilizzate; questa operazione ha permesso di restituire una nuova dignità funzionale ai dispositivi di protezione che hanno svolto il ruolo di cuscinetti tra i pezzi d'argilla, attutendo gli urti tra le parti durante il trasporto dell'opera a Librino.

Nei mesi successivi, fino al 14 aprile 2023, giorno dell'inaugurazione, l'asse dei servizi di Librino è diventato teatro di un lunghissimo allestimento di opere ceramiche, fissate sul fondo azzurro del muro di contenimento da numerose squadre di montatori che operavano contemporaneamente; non operai professionisti, ma semplici abitanti del quartiere, lavoratori organizzati per ultimare la collocazione di un bassorilievo chilometrico nel più breve tempo possibile, insoliti protagonisti di un grande evento corale, fedeli testimoni di un rinnovamento culturale, e, probabilmente, gelosi custodi di una straordinaria opera d'arte collettiva.

23 – Collocazione delle opere d'artecc

24 – Torre Animata in fase di montaggio

25 – Torre Animata ultimata

SUPER_ABILE

"Super_Abile" è un'idea elaborata per il concorso "New Design", rivolto a tutti i Licei Artistici italiani. Il tema dell'edizione 2023 riguardava la riconfigurazione dello spazio domestico per il vivere contemporaneo, ovvero, come la pandemia e il conseguente lockdown hanno influito sull'organizzazione degli ambienti interni. Sono stati selezionati per la finale 108 progetti tra cui "Super_Abile", realizzato con un gruppo di diciassette studenti.

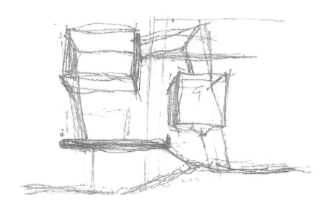

26 – Super_Abile, schizzo iniziale

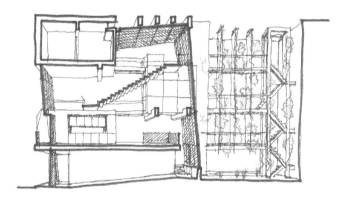

27 – Super_Abile, sezione prospettica

L'evento si è svolto dal 14 al 17 novembre 2023 nell'ambito della Biennale di Architettura a Venezia dove è stata allestita la mostra con i progetti finalisti esposti all'interno della Sala delle Tese, presso l'Arsenale. L'organizzazione ha accolto tutti i partecipanti in alcuni luoghi estremamente rappresentativi: Palazzo Franchetti e la Ca' Giustinian, sede della Biennale, dove la manifestazione si è conclusa con una solenne premiazione. Sono stati assegnati dieci premi, di cui una menzione speciale è stata conferita all'IIS Mario Rapisardi di Paternò con la seguente motivazione: "La proposta progettuale rimodula una tipologia edilizia tipica del territorio con la finalità di renderla accessibile a persone disabili; la ristrutturazione dell'edificio consente di realizzare spazi nuovi e flessibili con attenzione anche alle attività motorie".

28 – Paternò (CT). Immagine tratta da google earth

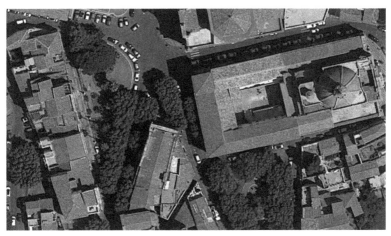

29 – Paternò, area dell'intervento progettuale. Immagine tratta da google earth

Il fabbricato, che è stato riconfigurato secondo il tema del concorso, è collocato nel tessuto urbano che si è sviluppato, tra il XIV e il XV secolo, nella pianura sottostante la collina storica di Paternò, un comune di circa 45.000 abitanti ubicato alle pendici sudoccidentali dell'Etna, poco distante da Catania. L'affaccio principale è su spazio pubblico, mentre lo sviluppo longitudinale è in aderenza con edifici privati. La residenza è stata pensata per un disabile e la sua compagna. La nuova distribuzione interna, caratterizzata da un grande vuoto delimitato da ampie vetrate e volumi sospesi, è priva di barriere architettoniche ed è costituita da ambienti estremamente flessibili.

L'abitazione è dotata di un impianto fotovoltaico, di grandi schermi collegati in rete per superare ogni distanza sociale e fisica, e di una corte interna con passerelle attrezzate a verde, dove è possibile prendersi cura di sé praticando sport e meditazione.

I caratteri tipologici dello spazio interno sono scaturiti dallo studio compositivo dello spaccato longitudinale: la sezione quadrata, coincidente con l'andamento della vetrata che racchiude l'ambiente domestico, è ruotata dell'8% secondo l'inclinazione della rampa d'accesso, in modo da considerare il vincolo normativo come principio ispiratore di nuove soluzioni architettoniche piuttosto che come limite progettuale.

30 – Super_Abile, plastico del progetto

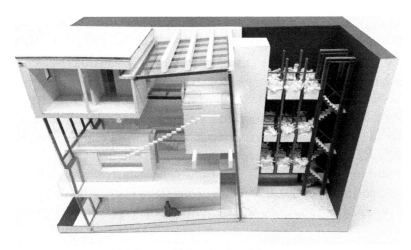

31 – Super_Abile, plastico del progetto

Si tratta di uno spazio architettonico molto complesso e articolato come un interno *piranesiano*, pensato con l'obbiettivo di rendere sempre *superabile* il concetto di limite e di svelare le tensioni compositive del progetto in una dimensione tutta interiore. Una interiorità architettonica che possiamo comprendere più facilmente attraverso le parole di Bruno Zevi: "La definizione più precisa che si può dar oggi dell'architettura è quella che tiene conto dello spazio interno. L'architettura bella sarà l'architettura che ha uno spazio interno che ci attrae, ci eleva, ci soggioga spiritualmente; l'architettura brutta sarà quella che ha uno spazio interno che ci infastidisce e ci repelle. Ma la cosa importante è stabilire che tutto ciò che non ha spazio interno non è architettura" (1948).

L'indagine progettuale ha sostanzialmente approfondito quattro ambiti di studio: l'involucro architettonico, ovvero l'insieme dei rivestimenti e dei dispositivi da cui scaturiscono sia l'espressività materica, sia le soluzioni tecnologiche legate al risparmio energetico; la rappresentazione dello spazio, ovvero l'elaborazione compositiva attraverso l'individuazione degli strumenti più appropriati della restituzione grafica (pianta, sezione, prospettiva); l'abbattimento delle barriere architettoniche, ovvero le modalità di applicazione della normativa vigente per ottenere il massimo grado di fruibilità dello spazio; il verde verticale, ovvero l'individuazione di essenze arboree per gli ambienti residenziali.

Da un punto di vista compositivo, invece, il tema più rappresentativo del progetto riguarda la ricerca della continuità dello spazio interno che è sempre stata una prerogativa dell'architettura moderna: si pensi, per esempio, al sistema spaziale di Adolf Loos che consente di fondere verticalmente, mettendoli in successione, una serie di ambienti di altezza differente; all'immagine spiraliforme del Guggenheim o all'assenza di ambienti stereometrici in Casa Kaufmann, entrambi realizzati da Frank Lloyd Wright; all'idea di pianta libera e di percorribilità dell'architettura nella Villa Savoye (la promenade architecturale) di Le Corbusier; all'atmosfera aperta e rarefatta del Padiglione di Barcellona progettato da Mies van der Rohe che rimanda alle esperienze neoplastiche e in particolare alla pittura di Mondrian.

Oltre al debito nei confronti dei grandi maestri dell'architettura del Novecento, sopracitati, "Super_Abile" ha risentito, soprattutto, dell'influenza di un grande dipinto del rinascimento: San Gerolamo nello studio di Antonello da Messina.

32 – Super_Abile, plastico del progetto

33 – Antonello da Messina,
San Gerolamo nello Studio,
ca 1475, Olio su tavola, 45,7x36,2cm,
Londra, National Gallery

Il Rinascimento è una stagione artistica in cui l'architettura viene concepita per piani e occorrerà aspettare il movimento moderno per parlare di continuità dello spazio, eppure, Antonello da Messina affronta questo tema già nella seconda metà del Quattrocento, anche se solo da un punto di vista pittorico.

Nel celebre dipinto, conservato alla National Gallery, la composizione dell'opera è strutturata come un gioco di scatole cinesi: viene rappresentato in primissimo piano un primo elemento architettonico, un portale spagnoleggiante ad arco ribassato, che incornicia un vasto interno tardogotico modellato dalla luce che, a sua volta, contiene al suo interno un insolito mobile-studio, una sorta di *microarchitettura* dove il santo erudito siede assorto nella lettura. Questa sequenza si compie dentro uno spazio che sembra dilatarsi all'infinito, fino a portare lo sguardo oltre le finestre per uscire nuovamente all'esterno, in un ampio e ricco paesaggio.

La complessa articolazione plastica delle superfici e la libera distribuzione dei volumi all'interno di un grande vuoto sono riscontrabili nei caratteri compositivi del progetto "Super_Abile".

L'idea di spazio rappresentata e anticipata da Antonello da Messina già nel Quattrocento, esaltata dal movimento moderno nel novecento e ancora oggi perseguita da numerosi architetti, emerge con perfetta sintesi dalle parole di Franco Purini: "Gli oggetti architettonici sono nello spazio e contengono uno spazio. Lo spazio interno è circoscritto e quindi finito e misurabile, quello esterno è indeterminato e infinito, pura estensione incommensurabile. Lo spazio interno non è un'assenza. Esso ha una forma precisa che determina in modo significativo il valore di un edificio. Nella composizione il vuoto conta come un pieno, un pieno trasparente composto da volumi virtuali compenetrati" (2000).

CONCLUSIONI

"Torre_Animata" e "Super_Abile" sono stati due episodi didattici che hanno permesso di riflettere profondamente sul valore etico dell'arte e rappresentano un piccolo contributo verso la trasformazione dei modelli culturali per una più felice convivenza civile.

Le aspettative che gli abitanti di un quartiere periferico hanno riposto in un sorprendente progetto collettivo per promuovere un radicale cambiamento culturale hanno suscitato una forte carica emotiva e hanno rafforzato la convinzione che la bontà di un'opera d'arte spesso risiede, più che nei valori formali e compositivi, nell'unicità del processo creativo, specialmente se è caratterizzato da un solido impegno sociale e civile.

Allo stesso modo, il superamento delle barriere architettoniche attraverso la ricerca di soluzioni che siano il risultato di ineludibili principi morali, prima ancora di un obbligo normativo, rappresenta un fondamento etico che dovrebbe costantemente accompagnare la progettazione architettonica e appartenere ai principali valori culturali della nostra società. Purtroppo, il quadro normativo vigente per l'abbattimento di ogni forma di barriera architettonica, è spesso considerato in ambito edilizio un limite alla progettazione, mentre sarebbe auspicabile, anche in questo caso, promuovere un sostanziale mutamento culturale attraverso esempi architettonici virtuosi.

Lo spessore della dimensione etica dell'arte è ben rappresentato da una celebre frase espressa da uno dei principali protagonisti delle vicende architettoniche del Novecento, Bruno Munari:

> L'arte è ricerca continua, assimilazione delle esperienze passate, aggiunta di esperienze nuove, nella forma, nel contenuto, nella materia, nella tecnica, nei mezzi. Non ci deve essere un'arte staccata dalla vita: cose belle da guardare e cose brutte da usare. Occorre far capire che finché l'arte resta estranea ai problemi della vita, interessa solo a poche persone. Quando tutto è arte niente è arte. (1987)

BIBLIOGRAFIA

Neruda, Pablo. *Cento sonetti d'amore.* Firenze: Passigli, 11° ed. 2000, (traduzione italiana a cura di G. Bellini).

Zevi, Bruno. *Saper Vedere l'Architettura.* Torino: Einaudi, 1948, tratto dal capitolo "Lo spazio protagonista dell'architettura" p. 21-33.

Purini, Franco. *Comporre l'Architettura.* Bari: Editori Laterza, 2000, tratto dal capitolo "Lo spazio" p. 118-121.

Munari, Bruno. *Munari 80 a un millimetro da me. Teoremi, brustoline e disegni al telefono.* Milano: Scheiwiller, 1987.

"Con il mio sud in borsa"
Joseph Tusiani fra paesaggi pugliesi e *non-luoghi* newyorchesi

Itala Tambasco
UNIVERSITÀ DEGLI STUDI DI FOGGIA

Gli studi contemporanei sul paesaggio letterario vantano ormai una tradizione consolidata che, a partire dall'imprescindibile *Paesaggio e letteratura* di Michael Jakob (2005), si sono proposti di indagarne la rappresentazione letteraria ponendola in relazione, da prospettive e gradazioni diverse, con l'io e la natura. Si tratta di una vera e propria 'svolta' narrativa che affonda le sue radici nel mutamento degli schemi concettuali con cui l'empirismo ha osservato il mondo naturale, producendo dei cambiamenti profondi anche sulle sue relazioni antropiche. Tutta la poetica otto-novecentesca si è infatti dimostrata particolarmente sensibile alle sollecitazioni emotive della natura, producendo esiti che, seppur diversissimi fra loro, convergono nella dimensione del nesso strettissimo che sussiste fra il sentimento umano e il *paesaggio* che lo genera. Significative, al riguardo, sono le parole con cui Calvino ha registrato il progressivo approdo alla categoria spaziale, che dalla sua prospettiva figura come il risultato dell'abbandono della dimensione paesaggistica che si sviluppa contemporaneamente alla "rivolta contro l'idea geografico-sentimentale di paesaggio" (Mellarini, 2021, 70).[1]

Un vero e proprio cambio di paradigma, definito efficacemente nei termini di uno *spatial turn* (svolta spaziale; cfr. Mellarini 2021, 29),[2] si può invece collocare fra gli anni Settanta e Ottanta del Novecento, quando l'interesse nei confronti della categoria dello *spazio* ha conosciuto una profonda rivalutazione, oltrepassando perfino l'idea del *paesaggio* e del *luogo*, per sconfinare nell'immagine del *non-luogo*. Definito da Augé nella sua idea di *non lieu*, (Augé, 2015) come un luogo privo di identità, staccato da qualsiasi rapporto con la società, con la tradizione e con la storia: esso interpreta a pieno l'anonimia degli aero-porti, degli autogrill, dei centri

---

[1] Scrive bene Mellarini quando precisa che Calvino arrivi così non tanto alla negazione del paesaggio in sé quanto, piuttosto, a una sua ridefinizione e attualizzazione (Mellarini, 2021, 70).
[2] Per un opportuno inquadramento della questione cfr. Mori (2008); Fioroni (2010, 110-139); Cavicchioli (2002, 93-109); Sorrentino (2010, 7-18).

commerciali e delle stazioni metropolitane e allude, per esteso, anche alla riproduzione in serie degli immensi palazzoni senza storia e senza volto dei moderni ambienti architettonici (Marzano, 2002, 201-21). L'essere umano, accatastato al loro interno, vive quotidianamente in balia di quella "solitudine moderna e affollata" che Barbolini (2010, 53) distingue nell'inferno contemporaneo delle grandi metropoli, i 'deserti sovraffollati' di Bauman (1999) che a fronte della sovrabbondanza di spazio, rivelano un'incapacità di assorbirlo, di investirlo di significato e rilevanza, di afferrarlo fisicamente e assimilarlo mentalmente.

Mentre gli scrittori contemporanei comunicavano il sentimento di confusa ambivalenza del loro rapporto con il fascino morboso della città, agli occhi di Pirandello New York appariva in tutta la sua delirante esaltazione, già nel 1935, in occasione del secondo soggiorno newyorkese.[3] Si tratta di una realtà che Joseph Tusiani, il 'poeta dei due mondi', ha conosciuto a fondo dopo il suo trasferimento dalla Puglia a New York, avvenuto attorno agli anni '50. L'amore intenso per il suo monte Gargano incarnava la mistica opposizione al verticalismo edonistico dell'amato/odiato grattacielo, emblema delle moderne città industriali, "di una bellezza insolente, lirica e cinica", scriverà più tardi Levi, di ritorno dal suo viaggio newyorkese da cui deriverà il racconto *Tra le vette di Manhattan* (1985, 5).[4] I suoi palazzoni — "manifestazione lirica di volontà di potenza" — avevano già impressionarono anche Buzzati (1964, 3) che dal viaggio americano registrò suggestioni molto simili, confluite nel racconto *L'altare*.[5]

Lì Tusiani aveva portato con sé anche l'innocenza del fanciullo di San Marco, con nella valigia un'immensa riserva del suo Gargano — "con il mio sud in borsa" (Tusiani, 2019, 75) — fatto di sapori, di odori e di ricordi quasi esotici per quel paesaggio artificiale che aveva messo ai margini una natura oltremodo addomesticata. Solo e "senza più una

---

[3] L'agglomerato di vizi e deformazioni antropiche dei cittadini — "la stupidità umana non mi è mai parsa tanto grande quanto in questa gigantesca città" (Pirandello, 2008, 71-72); sulle impressioni newyorkesi di Pirandello cfr. Baldi, 2012, 477-490; Tambasco, 2022, 51.

[4] Un breve cenno all'analisi antropologica che Levi elabora subito dopo la sua esperienza americana si trova in Baldasso (2007, 17-18).

[5] Per le impressioni buzzatiane sulla città di New York cfr. Panafieu, 1995, 44; cfr. Tambasco, 2017, 26-27.

patria" (Motta, 1999, 21)[6], il poeta si era trovato d'improvviso trapiantato in una terra in cui si era fermato il tempo e annullato lo spazio, "perché tu solo diventi spazio e tempo" (Motta, 1999, 22).

Proprio alle categorie dello *spazio* e del *tempo* — scomposte come l'io frammentato dei cittadini metropolitani — hanno rivolto particolare attenzione gli studiosi del post-moderno, partendo da un assunto di reciprocità dialettica che ha finito per decretare il definitivo prevalere della prima sulla seconda.[7] È stato Genette uno dei primi ad addurre allo *spazio* una funzione artisticamente 'negativa', alludendo al concetto dello "spazio-vertigine" — promotore di versi nauseabondi e labirintici — che idealmente si contrappone all'idea di 'spazio-rifugio', teorizzato pochi anni prima da Bachelard (2006, 36): "lo spazio che si struttura per offrire riparo e sicurezza" (Mellarini, 2021, 33).

All'anonimia dello *spazio* si contrappone invece la forte identità storico-culturale del *paesaggio* che, secondo lo studio imprescindibile di Simmel (2009, 39-51),[8] riemerge da una sorta di lacerazione della coscienza in crisi dell'uomo moderno, proprio nel momento di massima decadenza identitaria (ivi, 43). Non un'entità naturale quindi, ma un'entità che si determina secondo l'armonia estetica dello sguardo che la sostiene o, come afferma ancora Mellarini, che "la fa esistere" (Mellarini, 2021, 37), isolandola dall'insieme circostante.

Tale doverosa premessa ci aiuta a delimitare l'evidentissimo impianto dualistico dell'ultima produzione lirica di Tusiani. Il trauma del trasferimento dalla realtà semplice del Gargano a quella industrializzata

---

[6] Per la patria garganica intesa come richiamo al passato e alla tradizione, nell'era della globalizzazione cfr. Ritrovato, 2011.

[7] Scrive Jameson: "credo che almeno empiricamente sia possibile sostenere che la nostra vita quotidiana, la nostra esperienza psichica, i nostri linguaggi culturali sono dominati oggi dalle categorie spaziali più che temporali, a differenza di quanto accadeva invece nel periodo precedente del modernismo avanzato" (Jameson, 2007, 32). Ancora Mellarini, al quale riconosciamo il merito di aver posto in relazione dialettica il concetto di spazio e paesaggio, rintraccia giustamente, negli studi di Genette il germe intuitivo della priorità dello spazio. In un breve saggio, *Spazio e linguaggio*, concepito come recensione a *L'espace humain* di Georges Matoré, egli scriveva: "il linguaggio, il pensiero, l'arte contemporanea sono spazializzati, o almeno danno prova di un notevole accrescimento dell'importanza accordata allo spazio, testimoniano una valorizzazione dello spazio [...] l'uomo di oggi risente la sua durata come un'angoscia, la sua interiorità come un rovello o una nausea; in balia dell'assurdo, lacerato, si rassicura proiettando il suo pensiero sulle cose, construendo piani e figura che prendono dallo spazio dei geometri un po' della sua solidità e della sua stabilità" (Genette, 1969, 92).

[8] Di Simmel si veda anche *La metropoli e la vita dello spirito* (1996) per i suggestivi riferimenti all'uomo urbano, svelato nella sua vera essenza e complessità, in cui viene tracciata una mappa dei mutamenti sociali, culturali e psicologici che la forma di vita occidentale ha conosciuto con la nascita della metropoli moderna.

di New York costituirà il movente di una dicotomia persistente fino agli ultimi anni, quelli dell'ictus che gli ha imprigionato l'anima e avvizzito il corpo. È allora che l'inesauribile vocazione lirica del poeta scoprirà il suo esito più maturo nella raccolta *Poesie per un anno (2014-2019)*[9] che sancisce il suo definitivo esilio dalla terra garganica. Ad essa il poeta continuerà a vagheggiare fino alla fine, aggrappandosi ai ricordi e agli odori ancora vividi del suo paesaggio.

Tutto nel perimetro dello *spazio* newyorkese è grigio, privo di odori e di colori; è uno scenario senza memoria e senza storia che non regge il confronto con l'identità del *paesaggio* garganico, al quale guarda ora con una perseveranza lirica quasi febbrile, mentre la sua esistenza scivola via.

Il sentimento della distanza fa emergere un *paesaggio* intimo e soggettivo, in cui si mantiene viva quella reciprocità uomo/natura che nello *spazio* di New York è totalmente annullata, fagocitata dal dominio della materia. Invalidato dalla malattia, l'unica possibilità di rivivere la sua terra è ora quella di cantarla, così come gli si affaccia nella memoria, mediante la rievocazione di quegli scorci mediterranei che riverberano il suo stato d'animo.

Nella mente del poeta, lo *spazio* americano è ridotto a "luogo lontano" dalla sua terra. Egli è fisicamente collocato in un posto non suo ("sotto questi alti grattacieli, miei/e non miei"; Tusiani, 2019, 153) che sentirà come estraneo fino alla fine ("intrappolato fra tenebra e giornio/tra tenebra oscura e aprico colle adorno"; ivi, 68); un "labirinto strano" (ivi, 71) in cui si aggira mesto, senza sapere dove riposare.

A voler ancora usare l'immaginario semantico del sociologo Augé, nelle pagine tusianee la 'surmodernità' dell'ambiente newyorchese interpreta pienamente l'idea del *non lieu* che non produce né identità singola, né relazione, ma al contrario, estrema solitudine. Un'anonimia che in qualche misura si ripercuote anche sulla sua identità, inglobata nello *spazio* al punto da smarrire sé stesso: "non riconosco più me

---

[9] La raccolta annovera fra i suoi curatori la figura di Cosma Siani "antologista di lusso", come lo definì Tusiani in un sonetto di ringraziamento ("son belle le sue scelte ed è sì brava/la man che il grano dalla crusca vile/separa attenta"; Tusiani, 2019, 128). A lui e ad Antonio Motta, il poeta pugliese, ormai confinato nell'appartamento all'undicesimo piano del suo 'grattacielino' newyorkese, affida il compito di ricavare 365 componimenti italiani da un *corpus* di oltre 1500 poesie, così da assecondare "l'idea di un volume pirandellianamente pensato" (Tusiani, 2019, 7).

stesso, eppure/son mille volte io, sono qualcosa/fra l'eterno ed il tempo, un soffio d'aria/ed un vivifico alito di Dio" (ivi, 60).

> e dove sono io che ora,
> tra un grattacielo e un cipresso,
> cerco me stesso? (Ivi, 78)[10]

> Convinto di non esser mai partito
> Dal paese natio, dove soltanto
> Si nasce e muore, in questa gran metropoli
> Ai frettolosi passanti vorrei
> chiedere dove mi trovo e in qual via
> è ancora la casa mia. (Ivi, 98)

A distanza di anni, la vertigine prodotta dalla frenesia metropolitana è tale che gli provoca ancora un senso di stordimento: "ora qui mi chiedo: ma dove mi trovo,/ ma dove mi ha sballottato il destino,/ e dov'è, dov'è quel bambino?" (Ivi, 80); "non potrei altrimenti/ spiegarmi il disagio che provo/in mezzo al non fulgido e nuovo,/ su questa terra che è mia/ma dove più di casa non mi trovo" (Ivi, 138).

Di un intimo bilancio temporale, il poeta registra l'anomalia di sentirsi ancora cittadino del Gargano, pur avendo trascorso ormai molti più anni in America (Ivi, 187):[11] la fluidità del tempo nella metropoli è tale che egli non riesce più a distinguerlo nella sua scansione precisa, ma come un complesso indistinto di attimi che si susseguono turbinosamente, "un viluppo d'ore mai diverse" (Ivi, 109) che a *Times Square* — emblema del non luogo — la gente vuole dimenticare.[12]

Immerso fra le strade di Manhattan, Tusiani deve aggrapparsi agli stralci sensoriali del ricordo di giornate scandite dal rintocco delle campane, per non sentirsi solo tra i fiumi di passanti distratti, con i quali è impossibile comunicare:[13]

---

[10] È sintomatica anche la chiosa della poesia *I vetri*: "Or qui mi chiedo: ma dove mi trovo, ma dove mi ha sballottato il destino, e dov'è, dov'è quel bambino?" (Ivi, 80).

[11] "Son più americano che italiano, /eppure sempre, con il sol che sorge/e la sera che lenta e lunga avanza/torna alla stessa terra il mio pensiero" (ivi, 187).

[12] "Se questa sera venite a Times Square/vedrete una folla impazzita che vuole/dimenticare il tempo/e nel tempo se stessa/in attesa di bella scemenza/elevata al rango di meraviglia".

[13] È significativa a tal proposito la poesia *Frettolosi passanti* dove il poeta, smarrito e disorientato dalla frenesia caotica della nuova città, inscena un confronto immaginario con la gente distratta e affaccendata che

Qualche campana starà pure sonando
Nel mio Gargano lontano
In quessto momento.
Lieti rintocchi festivi
per qualche messa giubilare
o semplice suono ordinario
per qualche funerale –
ma son certo che qualche campana
starà sonando in questo momento
in cui ho tanto bisogno
di non sentirmi solo. (Ivi, 107)

Il ricordo dei "lieti rintocchi festivi" della chiesetta di San Marco che scandisce il tempo sacro dei suoi abitanti è la testimonianza della presenza di una comunità di cui il suono delle campane è segno; su di essi si intrecciano i gesti le parole e le trame del tessuto umano di quel "solingo monte amato/con sulla vetta una croce che prega" (ivi, 187).

Spesso una voce dai recessi arcani
Mi dice di non farmi mai sfuggire
L'ora precisa in cui alla mia terra
Parla ineffabile il cielo di Dio.
Inutilmente si affanna il pensiero
A cogliere quell'ora misteriosa
In un viluppo d'ore mai diverse
In un tempo monotono ed uguale. (Ivi, 109)

La contrapposizione fra *paesaggio* garganico e *non-luogo* americano è tutta giocata sullo scarto fra quei simboli dell'identità collettiva, che fanno riferimento alla storia comune e alla religione condivisa, estranei alla città di New York, dalle chiese deserte coi bruschi campanili che spaccano le orecchie ("Del vecchio campanile ora il suono gli orecchi ti spacca"; ivi, 107).

Penso all'umanità che opera e vive,
o in ogni istante si dispera e muore,

---

incrocia per strada. Da loro vorrebbe sapere dove si trova. Solo uno dei viandanti "scortese e veritiero", si ferma per fornirgli 'agitate' indicazioni (ivi, 98).

in questi grattacieli intorno a casa.
[…]
e giù, al primo piano, una chiesetta,
con una croce accesa sulla porta
impaziente o inutilmente aspetta
che qualcuno domani entri a pregare. (Ivi, 85)

La chiesa deserta in limine alla lirica *Grattacieli notturni* — che simbolicamente rinvia alla cattedrale gigantesca e deserta di St. Patrik nel racconto buzzatiano[14] — chiude una veloce disamina degli istanti di vita colti, piano dopo piano, nei palazzoni adiacenti al suo.[15] Il *non-luogo* è in questo caso personificato dall'immagine emblematica dei grattacieli dalle forme alte ed eleganti, simbolo dell'età moderna per la concentrazione massifica di individui che vivono al loro interno la più profonda solitudine. Invano, il poeta cerca dalla propria finestra, una reciprocità negli appartamenti attigui, impedita dall'architettura massiccia degli edifici.

La finestra delinea e dirige il nostro sguardo sulla città e inquadra la nostra visione del mondo;[16] è una sorta di portale a doppio senso che dalla prospettiva tusianea, propaga solitudine tanto verso l'interno, quanto verso l'esterno. Al poeta resta la consapevolezza di affacciarsi su un paesaggio che è prima di tutto ideale; l'archetipo culturale dell'iconografia urbana popolare, dall'imponente portato simbolico con cui sarà chiamato a fare i conti fino al termine della sua vita.

Giunto al capolinea di un'esistenza già precaria, lontano dalla possibilità di rivedere il paesaggio garganico, il ricordo del suo monte si fonde ora perfino con l'anima materica di New York: "montagna e

---

[14] È interessante notare come il contesto newyorkese avesse suscitato suggestioni simili già in Buzzati. Nel suo racconto americano immagina che sia un sacerdote, padre Stefano, diretto in missione verso il Massachusetts, a dover passare per New York. Nella famosa cattedrale di St. Patrik avviene la presa di coscienza della secolarizzazione metropolitana che ha convertito il suo credo in 'religione del progresso': "Si trovò nella più grande chiesa del mondo, nella cattedrale delle cattedrali. C'era forse una intuizione di vero nella eretica fede per cui, misteriosamente designati da un dio calvinista, i giusti vedevano trionfare anche le loro imprese profane, e le loro frenetiche regge si tramutavano così in gloria dell'Onnipotente? Era un altare il Seagram Building? Erano altari il Colgate, il Bankers Trust, il Waldorf? La Grand Central era l'altare maggiore e il Panamerican la vetrata dell'abside dietro a cui luce eterna risplendeva?" (Buzzati, 1964, 3).

[15] È forte la tentazione di ravvisare in questa lirica il traslato poetico di *Ragazza che precipita*, il noto racconto/dipinto in cui Buzzati viviseziona — piano dopo piano — gli istanti di vita della gente che vive in un grattacielo, contestualmente affaccendata in situazioni completamente diverse (Buzzati, 1960, 3).

[16] Una suggestiva indagine sul tema delle finestre nella letteratura si deve all'architetto Matteo Pericoli che a partire dall'osservazione delle forme e delle strutture dell'architettura contemporanea, ci induce a ripensare il nostro ruolo di autori e lettori (Pericoli 2022; 2015).

grattacielo, roccia e vetro" (Ivi, 187). Immerso nel cuore di uno *spazio* non identitario, anche la sua personalità perde consistenza e finisce per tramutarsi in una non-identità.

> Uomo non ero più ma solo l'ombra
> Dell'uomo ch'ero stato
> […]
> l'ombra di me senza più me? Che buffo
> Quel viver tutto nuovo che poi vita
> Non era, quel sottil prolungamento
> Di un qualcosa invisibile ed assurdo
> Che, pur non esistendo, prolungava
> La sua non-esistenza […]
> Ombra che, senza corpo, più d'un corpo
> Sembrava esistere. (Ivi, 111)

> Esule in tanta folla intanto resto
> […]
> Rombi e rumori e stridori dovunque
> Mi cercano, accerchiano e serrano,
> ma mi salva e protegge il silenzio
> dell'anima. (Ivi, 91)

> Non potrei altrimenti
> Spiegarmi il disagio che provo,
> in mezzo al non fulgido e nuovo,
> su questa terra ch'è mia
> ma dove più di casa non mi trovo. (Ivi, 138)

Non stupisce per questo che la malinconica rievocazione lirica delle sue radici, che ora perfino brucerebbe per non sentirsi malato di nostalgia,[17] si consustanzi nella costante tensione fra la naturale altitudine della sua montagna e le altezze artificiali dei grattacieli.

> Montagna e grattacielo, roccia e vetro:
> dov'è la mia dimora, un labirinto
> aereo e di false luci acceso

---

[17] "Brucerei le mie stesse radici/per non sentirmi malato/di nostalgia" (Tusiani, 2019, 57).

> o ai piedi di un solingo monte amato
> […]
> Sì, son due terre, due lingue, due anime
> Sotto uno sconfinato unico cielo. (Ivi, 187)

All'armonia edenica della terra pugliese, egli oppone l'artificiosità dell'*interland* newyorkese in cui tutto, perfino l'atmosfera, appare manipolata: invasa dall'alterazione babelica dei palazzoni che si ergono nell'aria e creano un "labirinto aereo", illuminato da "false luci" (ivi, 187). New York gli rivela il suo lato più crudele in cui la fusione fra natura e artificio è tale che i ruvidi e rauchi gridi dei suoi gabbiani "sanno di Atlantico amaro" (ivi, 58), mentre quelli del Golfo di Manfredonia "sono uccelli dai gridi rasposi,/ma ignari di rabbia e minaccia" (*ibidem*). Anche gli elementi naturali di quello *spazio* assumono fattezze artificiali, per questo i fiori di New York odorano di camera ardente ("di camera ardente odorano/i fiori di New York"; (ivi, 126), i suoi campi di gigli sono "vizzi e morti" (ivi, 53) e le sue mammole spuntano da "rocce infeconde" (ivi, 54). Al contrario, la terra pugliese è "fiera e ferrigna e feconda e forte" (ivi, 29) nell'allitterato verso de *Gli ulivi del Gargano*. Così i mortuari cipressi che si avvicendano ai grattacieli suscitano suggestioni tanto diverse dai suoi fiori profumati e dai suoi amati ulivi, "privi di mollezze lievi" (ivi, 29).[18]

> E i papaveri foggiani e salentini,
> […]
> Sto per passare, ma, prima, ancora vorrei,
> quei papaveri ancora rivedere
> o uno solo almeno, uno soltanto,
> sotto questi alti grattacieli, miei
> e non miei, dove solo acciaio e vetro
> son destinato ogni giorno a vedere. (Ivi, 153)

La celebrazione del paesaggio garganico assume talvolta perfino i tratti di una pratica medidativa che lo aiuta ad estraniarsi dallo *spazio*

---

[18] Sono numerosissimi gli omaggi tusianei alla flora garganica; bastino per tutti gli esempi de *I girasoli di Van Gogh* (Tusiani, 2019, 284), *Papaveri* (ivi, 153), *Narcisi del Gargano* (ivi, 40), *Ulivi del Gargano* (ivi, 29), *Mandorlo in fiore* (ivi, 248).

che abita, caotico e ostile ("mi solleva ad un'aria di cielo/lontano"; 91). Il sentimento di alienazione e di distacco verso la metropoli è costruito in antitesi con il senso di appartenenza alla sua terra, per la quale manifesta, al contrario, uno spiccato possesso ("mio Gargano", 88, "mia montagna", 24; "gli ulivi della terra mia", 29; "il mio nido", 28).

Tutto lo *spazio* newyorkese è privo di cultura e di storia e ridotto al rango del *non-lieu*: "un ignoto mondo/senza né cima e senza né fondo" (ivi, 150). I luoghi dell'infanzia sono invece quelli in cui resistono i valori più autentici, come quello dell'identità religiosa che per Tusiani trova ragion d'essere solo se collocata nella dimensione di uno *spazio* ancestrale. Nei luoghi della sua infanzia tutto acquisisce concretezza, perfino la fede che il poeta oramai sente di avere smarrito, confinato fra l'arredo delle quattro mura del suo grattacielo:

Ma l'arredo di mia casa
Mi si sgretola dinanzi
Finché trovo mesti avanzi
Di una gioia al suolo rasa
[…]
in che giorno, o mio Gargano,
roccia e bosco, casa e arredo
mi sarai Vangelo e credo,
anni luce non lontano? (Ivi, 112)

Il sentimento di devozione religiosa legato alle sue radici è tale che lo stesso Gargano appare sublimato nella concezione atavica della creazione divina ("e tu mi chiederai "questa montagna/forse è la prima che ha creato Dio?"."; ivi, 113). Ciò intensifica la già spiccata antitesi fra la contemplazione della natura della sua terra, che è un invito alla preghiera ("belle orchidee di questo mio gargano/[…]solo a pensarvi, anch'io dovrei pregare"; ivi, 88) e l'anomia agnostica dello *spazio* metropolitano, frutto al contrario, della creazione umana, sbiadito e privo di storia.

Il poeta ci riconduce allora alle origini del mito americano, per rimarcarne dubbi e incertezze. Rispetto al "vecchio continente", l'America è un "un luogo primitivo" avviluppato in un circuito di arbitrarietà e infondatezze storiche che nella lirica *La festa di Colombo* (ivi, 123) riferisce per bocca dei suoi antichi iniziatori. Il sarcastico alterco fra Amerigo Vespucci e Cristoforo Colombo che si contendono il primato delle loro circumnavigazioni, intende rimarcare un disordine che è prima di tutto identitario. Sono ben definite, invece, le origini del suo paesaggio; nella sua *Mitica Puglia* tutto profuma di antico, in contrasto con l'insipienza storica del *non-luogo* americano.

> Mitica Puglia, terra diomedea
> Che col suo sguardo interno vide Omero,
> bevve Francesco la dolcezza iblea
> che oggi pervade ogni quercneto altero.
> Tutta la prole è qui di Crono e Rea,
> accorsa a contemplare il gran mistero
> uscito dalle mamme di Amaltea
> per il mattino di un solenne impero. (Ivi, 37)

L'indissolubile trama mitologica della sua terra è tale che tutto parla di cultura e di storia: "terra di Dante è la vera patria mia" (ivi, 75) e il Parnaso garganico è il monte gioioso dove "Apollo e le Muse abitan lieti" (ivi, 171).

Tornando quotidianamente allo spazio limitato della finestra, dello scorcio newyorkese il poeta apprezza invero solo lo spettacolo della nota maratona, l'unico evento al quale sembra riconoscere una tradizione ("arte mitica, arte mistica") sebbene sovra-nazionale e iper-identitaria: "i maratoneti" che vede passare sono insieme "stranieri e domestici" (ivi, 317). Allegoria delle sue frequenti meditazioni sulla vita, al suo impulso cosmopolita — che è poi il valore aggiunto di New York — il poeta decide di abbandonarsi nelle ultime liriche, quelle dal sapore amaro degli uomini che corrono incontro alla morte, senza potersi sottrarre all'esperienza del dolore.

> Semplici gesta di due continenti
> In un complesso di mondi infiniti
> Umile indizio di novissimi miti,
> palesi o segretri,
> in cui gli uomini tutti del mondo

sono con me viandanti
ed attori e poeti. (Ivi, 69)

Allora, quella che sembrava una frattura irreparabile, fra il paesaggio garganico e lo *spazio* newyorkese, finisce invero per dissolversi nella consapevolezza di non appartenere più a una sola patria, sempre più lontana e sbiadita ("da dove son partito non ricordo"; ivi, 197).

Inseguendo le tracce dei versi estremi, il lettore viene ricondotto, nel finale, al punto di partenza, al malinconico dualismo di quei versi suggestivi che gli valsero la fama americana: "Due, lingue, due terre, forse due anime/son io un uomo o due strane metà d'uno solo?".[19]

Proprio su quei versi il poeta sembra ora ritornare per chiudere la partita del suo esilio. Il dramma della lontananza si dissolve nella percezione del comune destino dell'uomo. La consapevolezza di riconoscersi 'cittadino del mondo' risolve il dilemma dell'*exul immeritus* che ricompone, nella precarietà della malattia, l'antica dualità della sua anima, prima di congedarsi dalla vita: "sì son due terre, due lingue, due anime/sotto uno sconfinato unico cielo" (ivi, 187).

Ritornare non posso in alcun luogo
Ma so che c'è un ritorno, il punto dove
Non son più due le patrie e le lingue
Ma una sola, immortale ed eterna
Come l'anima mia, ora congiunta
Alla durabile anima del mondo. (Ivi, 197)

BIBLIOGRAFIA

Augé, Marc. *Non-lieux. Introduction à une anthropologie de la surmodernité*, Le Seuil, 2015.

Bachelard, Gaston. *La poetica dello spazio*, trad. it. di E. Catalano, Dedalo, Bari, 2006. 36.

Baldasso, Franco. *Il cerchio di gesso. Primo Levi narratore e testimone*, Bologna, Pendragon, 2007.

Baldi, Valentino. *Pirandello and the city. I "racconti americani" nelle "Novelle per un anno"*, in "Strumenti critici", 3, 2012. 477-490.

---

[19] "Two languages, two lands, perhaps two souls" dal poemetto *Song of the Bicentennial* (Tusiani, 1982).

Bauman Zygmunt. La solitudine del cittadino globale, trad. di G. Bettini, Milano, Feltrinelli, 1999.

Buzzati Dino. L'altare, in "Corriere della sera", 20 febbraio, 1964. 3.

_____. Ragazza che precipita, in "Corriere della sera", 16 marzo 1960. 3.

Cavicchioli, Sandra. Spazi, eventi, quadri. Riflessioni sulla descrizione, in I sensi, lo spazio, gli umori e altri saggi, Bompiani, Milano, 2002. 93-109.

Donnarumma, Raffaele. Ipermodernità. Dove va la narrativa contemporanea. Bologna, Il Mulino, 2014.

Fioroni, Federica. Il punto di vista, il tempo e lo spazio, in S. Calabrese (a cura di), La comunicazione narrativa. Dalla letteratura alla quotidianità, Milano, Mondadori, 2002. 100-139.

Genette, Gérard. Spazio e linguaggio, in Figure I, Retorica e strutturalismo, trad. it. di F. Madonia, Einaudi, Torino, 1969. 92-99

Giglioli, Daniele. Senza trauma. Scrittura dell'estremo e narrativa del nuovo millennio. Macerata, Quodlibet, 2013.

Jakob, Michael. Paesaggio e letteratura, Olschki, Firenze, 2005.

Jameson, Fredric. Postmodernismo, ovvero la logica culturale del tardo capitalismo, trad. it. di M. Manganelli, Fazi, Roma, 2007.

Levi, Primo. Tra le vette di Manhattan, in "La stampa", 23 giugno, 1985. 5

Marzano, Pasquale. Città "di carta" e nomi di luoghi "senza vedute", in La città e l'esperienza del moderno, a cura di M. Barenghi, G. Langella, G. Turchetta (a cura di). Tomo III, Pisa, ETS, 2012. 201-211.

Mellarini, Bruno Tra spazio e paesaggio. Studi su Calvino, Briamonti, Del Giudice e Celati, Venezia-Mestre, Amos edizioni, 2021.

Mori, Roberta. La rappresentazione dell''altrove' nel romanzo italiano del Novecento, ETS, Pisa, 2008.

Motta Antonio (a cura di). Joseph Tusiani. L'infanzia, la giovinezza, l'America, il dialetto, il presente.

San Marco in Lamis, Quaderni del Sud, 1999.

Panafieu Yves (a cura di). Dino Buzzati: un autoritratto. Dialoghi con Yves Panafieu, Milano, Mondadori, 1973.

Pericoli Matteo. Il grande museo vivente dell'immaginazione. Guida all'esplorazione dell'architettura letteraria, Milano, Il Saggiatore, 2022;

_____. Finestre sul mondo. 50 scrittori, 50 vedute. Torino, EDT, 2015.

Pirandello, Luigi; Pirandello, Stefano. *Nel tempo della lontananza (1919-1936)*, in S. Zappulla Muscarà (a cura di), Caltanissetta-Roma, La cantinella, 2008.

Ritrovato, Salvatore. *Piccole patrie. Il Gargano e altri studi letterari*, Bari, Stilo Editrice, 2011.

Sbarbaro, Camillo. *Geografia*, G. Costa (a cura di) Trucioli, Milano, Libri Scheiwiller, 1990.

Simmel, Georg. *La metropoli e la vita dello spirito*, Roma, Srmando Editore, 1996.

_____. *Filosofia del paesaggio*, in P. D'Angelo (a cura di), *Estetica e paesaggio*, Bologna, Il Mulino, 2009. 39-51; cit. a p. 43.

Tambasco, Itala. *"La guerra allineata". Degenerazioni edilizie nella narrativa pirandelliana*, in "Pirandelliana", 16, 2022. 49-57.

_____. *Metapoetica e letteratura. A proposito di Primo Levi e Dino Buzzati*, in "Fronesis", XIII, 25, 2017, pp.23-42

Tusiani, Joseph. *Carme bisecolare*, in *Gente mia e altre poesie*, pref. di Ennio Bonea, trad. di M.C Pastore Passaro, San Marco in Lamis, Gruppo Cittadella Est, 1982.

_____. *Poesie per un anno (2014-2019)*, A. Motta, C. Siani (a cura di). San Marco in Lamis, Centro Documentazione Leonardo Sciascia Archivio del Novecento, 2019.

La valenza folcloristica nella dimensione vita mediterranea
Origini ed evoluzioni

Carmen Vaccaro
IIS Mario Rapisardi di Paternò

Quando parliamo di dimensione folcloristica di un paese intendiamo tutte quelle componenti culturali costituite da valori, manifestazioni, tradizioni e realtà che testimoniano le peculiarità di una civiltà. In ogni tempo le società si sono caratterizzate per le loro "dimensioni culturali" (Hofstede) riferibili ad un sistema, come risultante di una somma di confluenze che determinano una realtà diversa dal germe da cui si è generata. Infatti, le società da individualiste si manifestano come pluraliste costituite cioè da più elementi, che comunemente convogliano nel termine estremamente moderno d'interculturalismo; in esso, sono contenute delle accezioni profonde, che ci riportano certamente alla radice, all'essenza stessa di un popolo come entità storica.

La promiscuità culturale che si può rintracciare nella realtà mediterranea certamente ci rimanda a tutte quelle esperienze storiche ormai note al mondo intero, che hanno fatto del Mediterraneo terreno fertile, per la creazione di un patrimonio ricco di tradizioni e di manifestazioni che rappresentano testimonianze tipizzanti e ancora riverberanti delle molteplici presenze da ricondurre a tutte le civiltà che lo hanno vissuto. Se si volesse fare ordine nelle teorie costitutive del concetto di folklore, si dovrebbe partire già dalla sua origine, termine inglese coniato da Thoms per rappresentare una "dimensione culturale" specifica di una classe sociale; lo stesso concetto attraversa i decenni e si afferma con una connotazione politica, quando si pensa, alla dimensione gramsciana del termine, che presenta l'orientamento culturale, come prerogativa di un gruppo che con la sua azione riesce attivamente a determinare un intervento sociale; in questa prospettiva rimane ancora presente l'idea, confermata anche da altri antropologi, che le manifestazioni folcloristiche potrebbero in qualche modo testimoniare una concezione, pre-animista e animista specifica di una realtà propria di una classe sociale umile.

Così cita l'autore: Il folklore può esser considerato come la "concezione del mondo e della vita, implicita in grande misura, di determinati strati (determinati nel tempo e nello spazio) della società, in contrapposizione (anch'essa per lo più implicita, meccanica, oggettiva) con le concezioni del mondo 'ufficiali' … che si sono succedute nello sviluppo storico" (Gramsci, 2311).

Da qui l'evoluzione del concetto trova una sua prima dinamicità nel pensiero di un altro grande letterato e pensatore siciliano che ha affrontato la questione del concetto folcloristico da un'altra prospettiva, Pitré, il quale immagina una scienza della vita morale e materiale dei popoli civili e non civili attraverso il concetto più evoluto di demopsicologia. Egli pensa alla cultura come uno strumento per "fissare il ricordo" per richiamare quel senso di storicità di un sistema che è quasi un organismo interrelato. Un tutto in cui organicamente gli elementi interdipendenti si fondono in chiave moderna anticipando l'orientamento di una etnologia aggrappata alla filosofia del secondo novecento. Egli, infatti, non si interessa alle origini dotte o popolari, orali o scritte di quelle che potrebbero essere le manifestazioni folkloristiche ma del perché quegli specifici elementi culturali trovano terreno fertile all'interno di un territorio. Sembra evidente che le teorie fino a qui presentate considerino legittimamente questa come un'esperienza che coinvolga soltanto una realtà di vulgus in riferimento ad un'etnografia del volgo, che segue un unico orientamento valoriale e culturale, in uno storico fil rouge tra passato, presente e futuro. Tuttavia, è questo il punto di partenza degli ulteriori sviluppi del concetto, che ci introducono ad una dimensione di significato "progredito" del concetto di folklore. In cui l'uomo riesce con la sua opera, la cultura, ad esprimere i criteri con cui valuta e rivaluta gli eventi, con cui definisce le esperienze di vita, egli altresì, stabilisce attraverso di essa una strategia d'intervento per la creazione di elaborazioni metacognitive a risposta delle esigenze e delle aspettative naturalmente individuali dell'uomo. È utile uscire dai riduzionismi interpretativi che vedono il Folklore come una semplice espressione di vita di una civiltà che vive una specificità temporale. Tuttalpiù esso si sostanzia come una realtà preesistente che fa della ragione e non dell'irrazionalità una produzione, che è la sintesi dei valori sociali. Per conoscere gli elementi contenutistici di una filosofia, è noto, bisogna conoscere gli elementi storici che hanno caratterizzato ad un tempo, le idee, le paure, i desideri e le aspettative di un popolo che ha vissuto in un tempo e in un luogo specifico; la filosofia in questa idea diventa una delle strategie di risposta alla contingenza sociale come lo potrebbe essere l'elemento folkloristico, che in una denominazione più ampia e comune, non possiamo considerare una semplice manifestazione culturale legata ad un territorio, ad uno spazio, ad una civiltà e ad una classe sociale; infatti sarebbe limitativo pensare alla tradizione di un popolo come una semplice realizzazione inconscia, invece è più realistico riflettere su come da sempre l'uomo viene indicato come un soggetto estremamente creativo, che riesce, attraverso la sua interpretazione degli eventi e la sua azione, a mutare e a indagare ciò che lo circonda. Nell'intento di affondare le radici in un'analisi del concetto moderno di folklore o di cultura di un popolo è necessario ampliare la conoscenza ad un periodo tanto lontano che poneva, seppur ancora non fosse esistita nemmeno lontanamente la dimensione terminologica, le basi di una successiva evoluzione del concetto, come percezione della dinamicità creativa dell'uomo capace di scrutare, attraverso una visione del tutto individuale, la realtà per "nominarla". Già agli albori della civiltà le prime teorie filosofiche sebbene in maniera inconscia valorizzavano un concetto d'imprinting umano, quale caratteristica identificativa delle qualità specifiche di una società. In questo è utile rimarcare la presenza di un'idea filosofica che vede "l'uomo come misura di tutte le cose" così come Protagora dirà: "Io affermo, sì, che la verità è proprio come ho scritto: ciascuno di noi, di fatto, è misura delle cose che sono e di quelle che non sono, ma c'è un'enorme differenza tra l'uno e l'altro, appunto per questo, perché per uno esistono ed appaiono certe cose, per un altro esistono ed appaiono cose diverse (…). È così alcuni sono più sapienti di altri e nessuno ha opinioni false, e tu, voglia o no devi accettare di essere misura perché è in queste considerazioni che sta la salvezza del mio discorso" (Platone, 166a-168e).

Dunque, alcuni dei più grandi filosofi del periodo greco parlavano già dell'importanza dell'intervento dell'uomo per la conoscenza della realtà circostante, l'uomo, anche se in maniera acerba, in un'idea di umanesimo filosofico, diventa lo strumento di una conoscenza relativa, che troveremo anche nella filosofia dei secoli successivi. Così come già succedeva anticamente nella civiltà della Grecia, e nelle civiltà che ad essa si sono succedute, che il costume e le tradizioni diventavano una strategia d'intendimento della realtà, praticate spesso attraverso dei sistemi fantasiosi, mitologici, frutto di conoscenze popolari, talvolta poco fondate scientifiche ma piuttosto giustificate dall'intuizione umana. Tra le considerazioni filosofiche e sociologiche esiste un vero e proprio elemento di continuità, rappresentato per esempio dalla concezione di Montesquieu, il quale nell'intento dell'affermazione dell'importanza delle leggi per una società fa una notevole considerazione, che esse devono essere rispettose di quel "concetto relativo di società", in quanto tutte diverse tra loro ma con una ratio in comune: le leggi

> devono essere realmente adatte al popolo per il quale sono fatte, queste leggi devono essere in relazione col carattere fisico del paese col suo clima gelido , torrido o temperato , con la qualità del terreno, con la sua situazione, con la sua estensione con il genere di vita dei popoli che vi abitano siano esse coltivatori cacciatori o pastori, esse debbono essere in armonia con il grado di libertà che la costituzione è in grado di sopportare, con la religione degli abitanti, le loro disposizioni, la loro ricchezza, il loro numero, i loro commerci, i costumi, le maniere. (Catelli, 99-100)

Montesquieu, quindi, vede la società secondo un principio relativistico, infatti, la scienza sociale non dovrebbe ricercare i principi che regolano tutte le società umane, quanto piuttosto i principi organizzativi e normativi delle singole società.

Ancora un altro teorico sociale, Marx sostenne che: "sono gli uomini i produttori delle loro rappresentazioni, idee, eccetera, ma gli uomini reali, operanti, così come sono condizionati da un determinato sviluppo delle loro forze produttive e dalle relazioni che vi corrispondono fino alla formazioni più estese" (Izzo, 28).

Sulla stessa linea, infatti, egli pone al centro della storia l'azione dell'uomo, degli individui e dà un peso determinante al libero agire degli stessi, egli aggiunge: "ogni uomo ha la libertà di decidere di se stesso" (Marx and Engels, 13).

Un'altra posizione teorica che riscopre la qualità dell'uomo che agisce creativamente all'interno della società, ce la offre, qualche decennio dopo, il sociologo Park, il quale teorizza la questione dell'azione sociale secondo un'idea ben precisa scrivendo: "quando un certo numero di persone si riunisce frequentemente e con regolarità lo stato d'animo dominante al primo incontro viene evocato di nuovo al secondo, terzo, quarto incontro. Si costruiscono in questo modo abitudini e tradizioni. Un gruppo così formato diviene alla fine consapevole della sua durata temporale e con questa consapevolezza si differenzia di più o di meno rispetto alle altre persone. La tradizione che si forma così fornisce, il materiale per una norma che deve regolare il gruppo. Quando infine il gruppo si differenzia dagli altri per difendere la propria tradizione viene conseguito l'obiettivo" (Catelli, 110-113).

Tutto coincide in un'azione umana in cui si manifesta un'idea di mente sociale, in cui ogni individuo smarrisce la sua individualità e si somma in un sistema di pensiero che diventa caratteristico e che ha in sé, la capacità di elaborare le evidenze in maniera del tutto nuova e diversa dalle altre. La dimensione viene promossa dal concetto di comportamento collettivo che destrutturata da quelli che potrebbero essere gli aspetti patologici, ne valorizza gli aspetti creativi, il cui vantaggio rimane quello di corrispondere ad una manifestazione spontanea guidata dall'emotività, ma che ha una ragione della sua esistenza; dunque tale dimensione è intesa come il risultato di un intreccio di rappresentazioni, sentimenti e motivazioni che interagiscono e vengono negoziati socialmente (Catelli, 110-113) ossia diventano una vera e propria convenzione tra gli uomini di una stessa società. Questa posizione sociologica ci dà l'avvio per la considerazione valoriale di quella che è la dinamica mediterranea di vita, ricca di manifestazioni tradizionali, che hanno la prerogativa di rispondere alle aspettative di solarità di una cultura e di una civiltà che ha fatto del mare la sua radice. Qualcuno in tempi abbastanza recenti considera il Mediterraneo come una realtà che, al di là della contiguità o meno dei territori presenta una vera e propria unità culturale, letterale e religiosa; tale riflessione emerge attraverso l'analisi attenta di alcuni usi, tradizioni e costumi che sono direttamente riferibili a tutti quei paesi bagnati dalle acque del Mediterraneo, produzioni culturali influenzate dalle grandi civiltà che lo hanno attraversato, Fenicia, etrusca, greca, romana, araba, ebraica e normanna che hanno dato vita alla cultura mediterranea; in essa protagonista della storia è il Mare, che attraverso i commerci, i viaggi, ha avuto l'importante ruolo di compenetrare i vari apporti culturali. Ad una prima osservazione analitica sarebbe lecito pensare a queste realtà culturali come frutto di un'idea di relativismo culturale, come un'espressione particolare di determinate società, ma indagando su di esse, invece viene facilmente superata questa prospettiva, attraverso l'applicazione sperimentale dell'idea della razionalità che interviene all'interno dei processi di costruzione sociale, che sebbene possano essere differenti avranno sempre in comune una stessa radice, una stessa logica. Questo sarà l'intento del filosofo antropologo Levi Strauss, il quale impegnandosi nello studio etnologico afferma come l'antropologia sia una scienza universale in cui cogliere le strutture invarianti e costanti che caratterizzano la natura umana; a questo scopo egli ritiene che l'antropologia debba essere guidata dalla ricerca di leggi generali e strutture universali a partire dai dati osservabili, che permettono di costruire modelli. Tali strutture, proprio per sintetizzare quell'idea sociologica della mente di gruppo, egli afferma che non sono frutto di un progetto consapevole del genere umano, bensì operano come meccanismi inconsci.

Il cerchio si chiude; si potrebbe dire che la sociologia entra all'interno della prospettiva culturale, e prima ancora filosofica, che vede, la tradizione, la mitologia, l'espressione linguistica e i costumi, non come qualcosa di irrazionale o come agli inizi veniva indicato come qualcosa di primitivo e selvaggio, ma come una realtà logica dove tutte le culture che si mostrano al mondo attraverso dei fenomeni antropologici specifici, sono altresì riconducibili a delle razionali strutture invariabili dello spirito umano. Certamente questi rimandi all'idea romantica dello spiritualismo traghettano ad una nuova idea contemporanea di realtà culturale che sebbene possa essere relativa nella modalità organizzativa sarà unitaria nel suo principio costitutivo. Lo stesso Levi Strauss dirà:

"le relazioni sociali sono la materia prima impiegata per la costruzione dei modelli che rendono manifesta la struttura sociale in nessun caso, quindi, quest'ultima può essere identificata con l'insieme delle relazioni sociali osservabili in una data società. Le ricerche di struttura non rivendicano una sfera propria, fra i fatti della società; costituiscono piuttosto un metodo suscettibile di essere applicato a diversi problemi etnologici, e assomigliano a forme di analisi strutturale in uso in campi differenti. Si tratta allora di sapere in che cosa consistono questi modelli che sono l'oggetto peculiare delle analisi strutturali. Il problema non è etnologico, ma epistemologico poiché le definizioni che seguiranno prescindono dalla materia prima delle nostre ricerche. Pensiamo infatti che, per meritare il nome di struttura, i modelli debbano soddisfare esclusivamente quattro condizioni. In primo luogo, una struttura presenta il carattere di un sistema. Essa consiste in elementi tali che una qualsiasi modificazione di uno di essi comporti una modificazione di tutti gli altri. In secondo luogo, ogni modello appartiene a un gruppo di trasformazioni ognuna delle quali corrisponde a un modello della stessa famiglia, in modo che l'insieme di tali trasformazioni costituiscano un gruppo di modelli. In terzo luogo, le proprietà indicate qui sopra permettono di prevedere come reagirà il modello, in caso di modificazioni di uno dei suoi elementi. Infine, il modello deve essere costruito in modo tale che il suo funzionamento possa spiegare tutti i fatti osservati. (Lévi-Strauss, 311-313)

Proprio nei termini storici di continuità ed di evoluzione il folklore diventa la realizzazione strutturale di un percorso culturale che tende a raccontare una società, una dimensione relazionale, in cui l'uomo pur non perdendo la sua individualità riesce a trovare una nuova dimensione sociale, fatta di elementi nuovi e vecchi, in continuità tra loro. Di questi comportamenti e atteggiamenti di apertura e solidarietà, di allegria, di misticità e di varietà linguistica ne è in possesso proprio la civiltà mediterranea riconosciuta in tutto il mondo per i principi d'accoglienza, di ascolto e di integrazione che l'hanno caratterizzata da secoli. È proprio qui, che la dimensione di vita di ogni individuo diventa naturalmente libera dalla rigidità comportamentale, a vantaggio di un'idea d'interrelazione qualificante dell'altro; tutto parla di questa dimensione culturale a partire dagli elementi che costituiscono il patrimonio folkloristico Mediterraneo.

Di esso apprezziamo le manifestazioni culturali della tradizione locale contadina, e quelle dedicate alla rappresentazione delle antiche radici classiche del territorio, nonché la promozione delle attività a tutela del patrimonio linguistico dialettale, effetto di una tradizione di conquiste, rivendicato come specificità Mediterranea. Gli studi linguistici, che hanno analizzato le preesistenze, confermano gli apporti alla lingua dialettale provenienti da altre civiltà testimoniate dall'etimologia dei termini, o dalle confluenze fonologiche associative, provenienti da altre espressioni linguistiche appartenenti alla lingua delle precedenti dominazioni. Anche i culti a carattere religioso, diventano un sistema d'identificazione di quei valori tramandati che danno all'uomo la sicurezza di comprendere la realtà, ma soprattutto di dominarla; interessante è considerare che, essi spesso hanno il loro *incipit* proprio dal mare, che rappresenta secondo il pensiero degli antichi filosofi che hanno vissuto il Mediterraneo, infatti, uno dei quattro elementi che compongono l'uomo e tutte le cose che fanno parte della sua stessa esistenza.

Una derivazione proveniente dalla letteratura del mondo arabo, per esempio, è la figura di Giufà un personaggio che è diventato l'emblema di una mediterraneità che, aperta e dinamica, ci insegna in ogni momento, guardando agli eventi con grande ilarità, a sorridere alla vita, e a ricominciare; i racconti diventano, dunque, il pretesto attraverso cui il concetto di paradossale ci proietta, verso una dimensione accogliente della diversità, ma soprattutto verso il riconoscimento di una realtà che difficilmente decide e accetta di permanere nella sua fissità, ma tenta instancabilmente di spingersi meta cognitivamente sempre oltre; così il racconto diventa un momento di conoscenza e di proiezione morale di un popolo e di una società.

Di grande interesse, per il popolo mediterraneo sono ancora, le manifestazioni di piazza con cortei medievali, sbandieratori e giullari, che oltre ad avere un valore come testimonianze delle radici storiche, diventano un'occasione in cui la dimensione di vita sociale si arricchisce di nuove relazioni e pertanto di nuove condivisioni.

Da non dimenticare le manifestazioni di pregio storico-culturale proprie degli spettacoli dei Pupi, rievocazione di un passato di liberazione del Mediterraneo dalla dominazione dei turchi, che racconta con richiami eroici la resistenza di un territorio che ha scelto sempre una orgogliosa resilienza. Tutto ha un senso, non esistono delle manifestazioni culturali o folcloristiche che non hanno un alto valore sociale, storico e aggregativo. Credere di poter circoscrivere all'interno di un'interpretazione riduttiva la cultura come semplice espressione scevra da valori, significa non riconoscere in maniera critica, la realtà molto più complessa, quale potrebbe essere quella Mediterranea, dove il cibo, così come la tradizione festaiola dei fuochi d'artificio durante una festa di paese, hanno lo scopo di creare una dimensione partecipativa. Tutto ciò che circonda la cultura mediterranea ha in sé la natura di una spiritualità sociale profonda, che porta il profumo della zagara, o del mandorlo in fiore, fatta di espressioni interculturali in connubio e in condivisione tra loro, testimonianza dei sogni, delle culture e delle civiltà che hanno creato la loro esistenza, non per giustapposizione di idee ma per scelta convenzionale di criteri e di interpretazioni, in un sistema di continuità con il passato e di proiezione verso il futuro. Pensare il Mediterraneo solo come il luogo in cui si può godere dei raggi brucianti del sole d'agosto, risulta molto poco indicativo di quello che è vivere il Mediterraneo, esso è tutto ciò che rappresenta la tradizione di popoli, che hanno lasciato un loro segno diventando insieme simbolo della natura e dell'essenza del Mediterraneo. L'iter creativo proposto, rivaluta la dimensione folcloristica senza scadere in un opinione pregiudiziale della stessa, infatti si è dimostrato che in essa esistono dei principi fondamentali che validano la teorizzazione antropologica, e ci danno la percezione dell'universalità delle manifestazioni e delle loro dinamiche costitutive senza tralasciare le specifiche peculiarità, per affermare un idea di nuovo umanesimo, dove l'uomo diventa artefice del suo destino, ma in memoria del suo passato; in essa le azioni non sono giustificate da un inconsapevole comportamento primitivo, ma ogni elemento stabilisce la conoscenza di ciò che oggi viviamo, come fosse una replica, un déjà-vu di ciò che è stato, ma in un ottica di costruzione e superamento futuro.

Proprio sul concetto di futuro dobbiamo soffermarci, in esso dobbiamo lasciare la nostra eredità culturale e spirituale, come vera scelta d'appartenenza ma sempre aperta al progresso e alla rivoluzione. Nessun contenuto ideologico può fissarsi nel tempo, esso si afferma in uno spazio, si nutre di elementi nuovi e si proietta in avanti in una dinamica di sviluppo che passa attraverso le generazioni, che avranno l'accortezza di sognare una nuova realtà culturale, nel rispetto degli apporti del passato. Tutto ciclicamente e idealisticamente si muove, attraversa lo spazio e il tempo, e ritorna più ricco di ciò che è stato all'origine, in una dinamica che tutti noi quotidianamente viviamo.

Noi ci insegna Aristotele da "animali sociali" quali siamo, abbiamo dunque, la necessità di vivere in contesti di condivisione, per compenetrare, in un'ottica di miglioramento i nostri con gli altrui valori, per una realizzazione complessa della cultura, difficilmente scandagliabile razionalmente e ancor meno racchiusa in un'interpretazione riduttiva e relativista, offensiva dell'essenza stessa dell'oggetto.

Per concludere, l'intento della riflessione, è qui quello di insegnare a riflettere sulle cose per trovare in esse delle nuove ragioni, delle nuove motivazioni e soprattutto per ricercare al loro interno quei valori, quei principi che superando ogni concezione relativista hanno sempre il vantaggio di essere parzialmente o completamente utili anche agli altri.

OPERE CITATE

Aristotele. 1968. *"La Metafisica"*, vol. primo, trad. introd. a cura di Reale Giovanni. Napoli: Luigi Loffredo.

Catelli Giampaolo. 2000. *L'altra Sociologia*. Roma: Bonanno Editore Acireale.

Gentile Gianni, Luigi Ronga e Mario Bertelli. 2022. *Il Portico dipinto. Vol 1. dalle origini alla fine della scolastica*. Torino: Il Capitello.

Gentile Gianni, Ronga Luigi e Bertelli Mario. 2022. *Il Portico dipinto, dal positivismo ad oggi*, Torino: Il Capitello.

Gramsci, Antonio. 1975. *Quaderni del carcere*, a cura di Valentina Gerratana. Torino: Einaudi.

Hofstede Geert. (2003) "Cultural dimensions" https://geerthofstede.com/culture-geert-hofstede-gert-jan-hofstede/6d-model-of-national-culture/

Izzo, Alberto. 2005. *Storia del pensiero sociologico*. Vol. 1. Bologna, Il Mulino.

Lévi-Strauss, Claude. 1966. *Antropologia strutturale*. Milano: Il Saggiatore.

Marx, Karl, Friedrich Engels. 1972. *L'ideologia tedesca*. Roma: Editori Riuniti.

Platone. *"Teeteto"* (166a-168e, DK D80 A14).

Platone. *"Teeteto"* (166d-167d) It. Mazarelli D. C., in tutti gli iscritti, a cura di Reale, Giovanni. (2006). *Storia delle idee filosofiche e scientifiche*. Milano: Bompiani.

Reale, Giovanni, Dario Antiseri. 2006. *Storia delle idee filosofiche e scientifiche*. Milano: Bompiani.

Conoscenza come "rappresentazione" in
Conversazione in Sicilia di Elio Vittorini

Maria Rosaria Vitti-Alexander
NAZARETH UNIVERSITY

Il romanzo *Conversazione in Sicilia* è grosso modo diviso in cinque parti, e in ogni parte si assiste al lento ma pregressivo maturare della coscienza di Silvestro. È solo alla fine del viaggio che il protagonista acquista una chiara visione della miseria e dell'ingiustizia secolare che esistono in Sicilia, e di rimando nel mondo, una conoscenza che porterà Silvestro alla lotta in risposta al grido dell'uomo offeso.

Il Silvestro che incontriamo all'inizio del racconto è un uomo rassegnato, sconfitto dalla banalità della sua vita, dalla realtà che lo circonda, dall'assenza di un qualunque sogno. Silvestro è un uomo svuotato di tutto:

> …io ero quell'inverno, in preda ad astratti furori… astratti, non eroici, non vivi. Vedevo manifesti di giornali squillanti e chinavo il capo; vedevo amici, … e stavo con loro senza dire una parola, chinavo il capo … pioggia, massacri sui manifesti dei giornali, e acqua nelle mie scarpe rotte, muti amici, la vita in me come un sordo sogno, e non speranza, quiete. (Vittorini, 9)

Ma è esattamente da questa non speranza, da questa quiete passiva che Silvestro deve liberarsi per acquisire una coscienza di azione e di rivolta per essere capace di contrastare "il dolore del mondo". Una crescita importante che trova il suo inizio dall'arrivo innocuo di una lettera.

Il padre se n'è andato di casa e decide di scrivere a tutti i figli di recarsi a trovare la mamma ora che è sola. Ed è la semplice lettera scritta per far ricordare ai figli il loro dovere, che, come per magia, si fa suono di piffero per Silvestro. E come nella fiaba il suono lamentoso del piffero richiama magicamente topi e bambini a seguirlo, così le parole del padre si fanno lusinghe per Silvestro. Un richiamo ad un lontano passato e, con un rimprovero ed un invito, il padre riesce a stimolare l'animo di Silvestro, "tu

Silvestro, avevi quindici anni quando ci hai lasciati, e d'allora, ciao, non ti sei fatto più vedere…" (Vittorini, 11). E il suono magico della lettera, fa ricordare a Silvestro il ragazzo che era stato, la sua grande voglia di fare, di andare, di scoprire il mondo che lo circondava. La lettera piffero inizia a suonare e Silvestro sente in sé il suo richiamo lamentoso:

> Mi ritrovai allora un momento come davanti a due strade, l'una rivolta a rincasare, nell'astrazione di quelle folle massacrate, e sempre nella quiete, nella non speranza, l'altra rivolta alla Sicilia, alle montagne, nel lamento del mio piffero interno. (Vittorini, 11)

Davanti al bivio di tornare a casa o intraprendere il viaggio per la Sicilia, Silvestro resta indeciso nella sua passività: "… un piffero suonava in me … ma mi era lo stesso tuttavia prendere l'una o l'altra, il genere umano era lo stesso perduto, e seppi di un treno che partiva per il Sud alle sette, da lì a dieci minuti" (Vittorini, 15). E Silvestro prende il treno per la Sicilia "e cominciò un lungo viaggio notturno che per me era lo stesso di essere a casa, al mio tavolo sfogliando un dizionario o a letto con la mia moglie-ragazza" (Vittorini, 17).

Con l'espediente della lettera, Vittorini dà a Silvestro una ragione per intraprendere il viaggio verso la Sicilia, un viaggio che potrebbe apparire a prima vista un'evasione, una fuga di fronte al "male che offende il mondo" e contro il quale Silvestro avverte un senso di malessere, senza averne una chiara coscienza. In effetti invece questo viaggio si rivelerà essere l'alternativa alla passiva accettazione di tutto. Silvestro inizia a fare, a muoversi come trainato da forze al di fuori di lui. Il primo inconsapevole risveglio è stata la lettera del padre, che richiama Silvestro a considerare una visita alla madre lasciata cinquant'anni prima, a rivedere i luoghi dell'infanzia, a risentirne gli odori ed i sapori, montagne, mare, suoni e colori di un tempo lontano, cose che per Silvestro sono divenute immagini confuse, "scura nostalgia". E prende il treno per la Sicilia anche se senza convinzione.

Sul treno si assiste ad un primo lento risveglio della coscienza di Silvestro, non più "topi neri" i suoi pensieri, ma piuttosto ricordi di sé stesso piccolo, avido di conoscere e di vedere: "e riconobbi il viaggio, me bambino nelle mie dieci fughe da casa e dalla Sicilia, in viaggio avanti e indietro per quel paese" (Vittorini, 20). I nomi dei posti che ricorda sono melodie "dinanzi al mare, nomi da sogni antichi, Amantea, Maratea, Gioia Tauro" (Vittorini, 18). Pur non essendo cosciente di cosa gli stia accadendo, Silvestro sente che qualcosa sta cambiando in lui, le sue percezioni sono diverse, inizia a sentirsi un animo diverso, "non più topo in me, era odore, sapore, cielo e il piffero suonava un attimo melodioso, non più lamentoso" (Vittorini, 20). Qualcosa si sta risvegliando nel suo animo che finora era semplicemente e costantemente avvolto in "un sordo sogno, e non speranza, quiete".

Sul battello che attraversa lo stretto si ha il primo incontro con "una folla di siciliani ...con donne, e sacchi e panieri, ... immobili, in piedi, sotto la tettoia" (Vittorini, 23). Alla vista di Silvestro che mangia soddisfatto pane e formaggio: "con gusto perché riconoscevo antichi sapori delle mie montagne, e persino odori, mandrie di capre, fumo di assenzio, in quel formaggio" uno dei piccoli siciliani lo scambia per un "americano" e ha inizio la conversazione. Il piccolo siciliano gli spiega che deve essere "americano" per mangiare a quell'ora in quanto in Sicilia non si mangia di mattina, non si mangia pane, né si mangia formaggio, non si mangia perché non hanno da mangiare, loro piccoli siciliani. È la prima lezione che Silvestro riceve in questo suo lungo viaggio di conoscenza. I siciliani che affollano il battello di ritorno in Sicilia sono andati a cercare di vendere le arance per potersi comprare da mangiare. Ritornano invece con le loro sacce piene di arance invendute: "mi ritrovai vicino al piccolo siciliano dalla moglie bambina che ...sedeva sul sacco ai suoi piedi" (Vittorini, 23). Ed è questo piccolo siciliano con "la moglie bambina" con le sue parole, le sue domande, il suo comportamento a dare una immagine chiara e indelebile del "genere umano offeso". Vittorini rappresenta il piccolo siciliano in tutta la sua miseria fisica "curvo ... senza cappotto ... con le spalle nel vento e le mani in tasca dei pantaloni, il bavero della giacca rialzato". Ce ne descrive i gesti rassegnati "... l'uomo si strinse nelle spalle, ... si chinò su di lei, e uscì di tasca una grande mano rossa, e la toccò ... parve disperato, e rimase in ginocchio, una mano in tasca, l'arancia nell'altra" (Vittorini, 29). Tutto nel piccolo siciliano, l'aspetto, i gesti, le parole acquistano subito, nonostante la loro sconsolata semplicità una dimensione drammatica. Questo uomo pur così piccolo, racchiude in sé un grande dramma, e si fa specchio della condizione di tutti quelli che sono sul battello con lui, "piccoli siciliani da terza classe, affamati e soavi nell'aver freddo, senza cappotto" che lavorano eppure hanno fame.

Preso da un senso di pietà Silvestro si offre di comprare delle arance e chiede: "Ma perché? È così difficile vendere le arance?" Alle domande fa seguito il grido diperato del piccolo siciliano che si fa portavoce di tutti gli altri ammassati sul battello. "Non si vendono. Nessuno ne vuole.... Veniamo a Messina, a piedi, e nessuno ne vuole.... Andiamo a vedere se ne vogliono a Reggio, a Villa San Giovanni, e non ne vogliono...Nessuno ne vuole". Il grido di disperazione del piccolo siciliano continua a spiegare la situazione tragica di queste persone: "Andiamo avanti e indietro, paghiamo il viaggio per noi e per loro, non mangiamo pane, nessuno ne vuole.... Nessuno ne vuole. Come se avessero il tossico.... Maledette arance" (Vittorini, 84). Hanno fame i piccoli siciliani di ritorno in Sicilia con le loro arance non vendute. "Nessuno ne vuole.... E il padrone ci paga così. Ci dà le arance.... E noi non sappiamo che fare ... nessuno ne vuole ... maledette arance. "E il padrone ci paga così, ci dà le arance," ecco la tragica realtà di questi miseri esseri (Vittorini, 85).

Il pianto della fame e della miseria è forte, come lo è l'ingiustizia verso questi poveri uomini e donne. Eppure, Silvestro ascolta la conversazione di altri due passeggeri che hanno assistito anche loro alla scena tra Silvestro e il piccolo siciliano. Sono due poliziotti anche loro in viaggio per la Sicilia ma che scelgono di non capire l'offesa e l'ingiustizia fatta a queste persone, piuttosto inveiscono contro di loro:

> Ma che voleva quel tipo...era un morto di fame". Al che l'altro: "Se fossi stato giù l'avrei fermato". ... "Ogni morto di fame è un uomo pericoloso...Come no? Capace di tutto.... Di rubare,... Tirare coltellate.... E di darsi anche alla delinquenza politica. (Vittorini, 92)

Fame, miseria e ingiustizia per un lavoro non retribuito, eppure si parla di arresto per insinuazione di delinquenza politica. Una realtà sconcertante che Silvestro coglie solo grazie alla spiegazione di un altro siciliano seduto nello stesso scompartimento del treno: "Non sentivate la puzza?" ... chiede a tutti i passeggeri. È "un siciliano grande ... alto, e con occhi azzurri.... Io pensai che mio padre ora somigliava forse a lui, ...parlava il dialetto" ed è lui, il "grande siciliano" a contestualizzare l'ingiustizia della società verso quei poveri piccoli siciliani affamati, che tornavano a casa con nulla da mangiare. La domanda di questo "siciliano grande con occhi azzurri" si fa lezione di conoscenza per Silvestro. La puzza di cui parla è emanata da loro, dai due ufficiali, sono loro che hanno addosso la puzza di una società ingiusta e crudele. Loro che vorrebbero arrestare chiunque trovi il coraggio di lamentare la fame che li attanaglia facendone possibili sobillatori contro il governo.

L'insegnamento del Gran Lombardo è essenziale per il viaggio di crescita intrapreso da Silvestro. È questo uomo, grosso, con occhi azzurri e la parlata facile a verbalizzare quel "qualcosa" che Silvestro inconsciamente sta cercando e che finalmente per la prima volta viene definito da qualcuno. È lui a spiegare cosa si deve fare per correggere il dolore del mondo, e parlando di sé stesso spiega di non essere contento perché anche lui: "Avrebbe voluto avere una coscienza fresca, ... compiere altri doveri, dei nuovi doveri, e più alti, verso gli uomini, perché a compiere i soliti non c'era soddisfazione e si restava come se non si fosse fatto nulla, scontenti di sé, delusi" (Vittorini, 102). È un campanello per Silvestro che finora si è sempre sentito deluso e scontento, incapace di fare, e continuare a capo chino, muto nella non speranza, giorno dopo giorno. È il Gran Lombardo, è lui che spiega a Silvestro in parole semplici i doveri dell'uomo:

> Credo che l'uomo sia maturo per altro. Non soltanto per non rubare, non uccidere, eccetera, e per essere un buon cittadino.... Credo che sia maturo per altro, per nuovi, per altri doveri. È questo che si sente, io credo, la mancanza di altri doveri, altre cose, da compiere. Cose da fare per la nostra coscienza in un senso nuovo. (Vittorini, 10)

La maturazione di Silvestro continua, e il suo ritorno in Sicilia si fa cammino inarrestabile verso un nuovo sentire. Per Silvestro non ci sono più né "astratti furori" né "quiete nella non speranza" ma un cammino verso nuove responsabilità. La seconda parte del romanzo comprende la conversazione con la madre Concezione su vari soggetti. Parlano di tutto, dei fratelli, del padre, del nonno anche lui un Gran Lombardo per come ha portato avanti la sua vita. Alla domanda di

Silvestro se il nonno fosse "soddisfatto di sé e del mondo" la madre dopo averci pensato un po' risponde: "No, in fondo non lo era". Dunque, un accrescimento alla definizione di cosa significa essere un Gran Lombardo, non essere soddisfatti né di sé stessi né del mondo perchè l'aiuto agli altri è un cercare costante, sempre fare altro, mai fermarsi, si può fare sempre di meglio e sempre di più.

Tra le tante cose una delle lezioni che Silvestro impara dalla madre è l'amore cristiano, dare agli altri quello di cui hanno bisogno, che è quello che lei ha sempre fatto e che continua a fare con i malati del posto. Racconta la storia di un giovane viandante, un soldato, a piedi, scalzo, affamato, stanco che torna a casa. Probabilmete è l'estate del 1943, ai soldati è stato detto di tornarsene a casa, tutto è finito. Il giovane, "con una piccola bisaccia di roba per cambiarsi, è vestito da soldato senza stellette..." (Vittorini, 84). Il giorno che si ferma da Concezione è un misero ragazzo stanco ed affamato, attirato dal profumo del pane appena sfornato. Quel giorno "A piedi... erano quarant'otto ore che non incontrava un paese né anima viva" (Vittorini, 84). Non chiede il giovane, ma ha fame e riceve da Concezione una pagnotta di pane, "gliela condii con olio, sale e origano, e lui annusava l'aria, l'odore del pane, e diceva benedetto Dio!" ((Vittorini, 84). Ed è a lui che Concezione dà anche l'amore, perché spiega che "avrebbe voluto vederlo placato anche nella sua fame e sete di altro" (Vittorini, 98). Anche lui è un Gran Lombardo, lo identifica la madre perchè pensa ad altri doveri. Concezione spiega che il giovane si era fermato a Bivona a lavorare in una zolfara, e qui prende parte a uno sciopero per la difesa del lavoro dei braccianti e degli zolfatari. Ed è durante lo sciopero che il giovane viene ucciso dalle guardie regie. Amore cristiano e dovere verso i più deboli, un rapporto che assurge a valore emblematico di comunione e di fratellanza universale che fanno del giovane viandante un Gran Lombardo. Così continua la crescita di Silvestro. Agli "astratti furori," all'indifferenza a tutto ciò che lo circondava e che lo lasciavano "muto" subentra la coscienza del dover agire, dover fare per poter correggere le ingiustizie del mondo.

La terza divisione del romanzo racchiude il giro delle iniezioni. È durante questo giro per "una piccola Sicilia ammonticchiata, di nespole e tegole, di buchi nella roccia, di terra nera di capre…" (Vittorini, 106) che il maturarsi della coscienza di Silvestro viene di nuovo promossa. La vista della sua terra strangolata dalla miseria e dalla malattia, il sentire in ogni tugurio, in un buio impenetrabile, le solite parole e i soliti discorsi sulla povertà e sulla sofferenza, tutto questo rivela a Silvestro l'universalità di "questa profonda miseria del genere umano operaio". Non è più immaginare un mondo offeso ma adesso per Silvestro è entrarci dentro, toccarlo con le proprie mani e sentirlo con le proprie orecchie, farlo proprio. Non più "manifesti di uccisioni e di morte," manifesti di "proteste ed incontri" che finora Silvestro ha visto sui muri e letto sui giornali, ora Silvestro è lì presente e partecipe al dolore, alle sofferenze di questa gente ogni qualvolta varca la soglia di uno di quei tuguri bui e sordidi che chiamano case.

Silvestro non può fare a meno di ricordare che anche lui era stato molto malato per mesi, qualche tempo prima, "e conoscevo la profondità di esserlo, questa profonda miseria nella miseria del genere umano operaio" (Vittorini, 107). Ed è con questo ricordo che Silvestro può abbracciare in tutta la sua ampiezza la natura del male che affligge l'uomo. È come scendere nell'inferno dantesco questa visita di Silvestro nel tugurio dei malati: buio, fame e disperazione. Uno spazio condiviso con animali, anzi sono loro le bestie a riscaldarle con il loro fiato:

> … io carezzavo caldo pelo di capra davanti a me. M'ero avanzato di qualche passo sull'ineguale terreno di terra nuda e cercando con le mani avevo incontrato caldo pelo, stavo fermo, nel buio freddo, a scaldarmi le mani in quel pelo vivo". Silvestro impara le malattie dei luoghi del Sud, "un pò di malaria, un pò di tisi. (Vittorini, 158)

Viene a sapere che mancano le medicine, il cibo, le cure necessarie, e la miseria della malattia è ugualmente tragica non importa se il malato è l'uomo o la donna di famiglia. Con ogni visita la situazione peggiora, il mangiare passa da un qualcosa al niente. Il primo malato ha mangiato "una cipolla" e l'uovo raccomandato dalla madre Concezione, gli è stato dato domenica scorsa. Il secondo malato mangia un pò di cicoria, e per il terzo Concezione si sente rispondere "Le daremo la cicoria, stasera". Per l'ultimo malato la voce risponde un lugubre "Ora mangeremo".

È un paese fatto di povertà assoluta, di malattia, di dolore. "E ancora scendemmo per il fosso nero della strada, del tutto fuori dal sole ormai, ... e freddo: e ancora entrammo in luoghi di buio e odor di pozzo, buio e odor di buio, o buio e fumo.... A questo modo viaggiavamo per la piccola Sicilia ammonticchiata; di nespoli e tegole e rumore di torrente, fuori di spiriti, dentro, nel freddo e nel buio" (Vittorini, 169).

Come è amara la conclusione a cui Silvestro giunge: "...Ma forse non ogni uomo è uomo; e non tutto il genere umano è genere umano...Un uomo ride e un altro piange. Tutti e due sono uomini; anche quello che ride è stato malato, è malato, eppure egli ride perché l'altro piange. Egli può massacrare, perseguitare ... l'altro che piange. Uno perseguita e l'altro è perseguitato; e genere umano non è tutto il genere umano, quello soltanto del perseguitato" (Vittorini, 183).

Adesso Silvestro non deve più cercare una formula per i suoi "astratti furori" perché ora lui sa cosa disturba il suo animo: l'ingiustizia del mondo. Ed è di nuovo la mdre ad essere la fonte di insegnamento. C'è miseria tra i suoi malati, eppure lei cristianamente si reca da tutti anche da quelli che lei sa non potranno pagare. La risposta che dà a Silvestro è disarmante nella sua dolcezza e comprensione. Silvestro esclama: "E ogni giorno vai lo stesso da loro, fai loro la inezione, e speri che invece possano pagarti, in qualche modo". Ma per Concezione il pagare non è importante, quello che conta è l'aiuto che lei porta ai poveri malati: "Se vado per uno posso andare anche per un altro. Non mi costa nulla". Di nuovo un esempio di cristianità per i più deboli e bisognosi: "sono povera gente con un pò di tisi o con un pò di malaria" (Vittorini, 102). La vista della madre che esibisce tutta la sua energia di lavoro ed il suo tenace amore per la vita rappresenta la forma più energica e vitale che la natura umana possa assumere quando il condizionamento della natura (arida e deserta) e della storia (la perdita degli uomini, la mancanza di lavoro) siano fatali. Attraverso l'immagine della madre, indomita, la donna si fa simbolo dell'umanità frustata e ciò nonostante resistente. Immagine che ritroviamo alla chiusura del romanzo

La quarta parte del romanzo vede la discesa nel "cuore puro della Sicilia" e per Silvestro la comprensione finale di come alleviare, se non risolvere, le sofferenze del "mondo offeso". Questa ultima maturazione avviene attraverso l'incontro con altri personaggi: l'arrotino Calogero, l'uomo Ezechiele, il panniero Porfirio e lo gnomo Colombo. Ognuno di essi propone a Silvestro una propria interpretazione degli "altri doveri" per alleviare le sofferenze dell'uomo. Per Calogero è la lotta armata, per Ezechiele è la scrittura delle offese, per Porforio è l'acqua viva che può lavare queste offese. Ma non hanno ancora chiaro una vera risoluzione di come portare avanti il loro compito in un mondo che soffre e, invitati dall'uomo Colombo vanno in cantina ad annegare le sofferenze dell'uomo nel vino. Ma Silvestro non trova ristoro nel vino; lui ha ormai capito che le sofferenze del mondo possono essere dimenticate ma non eliminate dal vino:

> ... generazioni e generazioni avevano bevuto, avevano versato il loro dolore nel vino, cercato nel vino la nudità, e una generazione beveva dall'altra, dalla nudità di squallido vino delle altre passate, e da tutto il dolore versato. (Vittorini, 157)

E dunque Silvestro si allontana nella notte per ritrovarsi in un cimitero. È il dolce-amaro incontro con il fratello ucciso in guerra che offre a Silvestro l'opportunità di finire la sua maturazione. Ormai Silvestro è stato esposto a tutto: all'ingiustizia, alla miseria, alla malattia ed ora deve conoscere l'orrore della morte. Il fratello Liborio rappresenta l'ultima grande offesa che l'uomo riceve: la morte per mano di altri uomini. Alle domande di Silvestro la voce del fratello spiega di essere "legato schiavo, trafitto ogni giorno di più sul campo di neve e di sangue" dimenticato lì sul campo di battaglia da ormai trenta giorni.

La notizia della morte di Liborio, vede Concezione ricordarlo nella sua innocenza giovanile. Il suo terzo figlio, Liborio, era solo un ragazzo quando lo richiamano soldato:

> Non era ancora andato nel mondo e fu contento quando lo chiamarono. Mi ha mandato delle cartoline dai luoghi del mondo che ha visto. Tre l'anno scorso, due quest'anno. Era un povero ragazzo. Voleva vedere il mondo. Amava il mondo. (Vittorini, 178)

Silvestro ha ormai concluso il suo viaggio. Ha imparato tutto anche il dolore della morte. Ed è per loro, per tutti i morti in guerra che il suo viaggio chiude con una immagine della statua bronzea, una giovane donna:

> con un braccio levato verso il cielo, e l'altro piegato... Il volto sorrideva per sessuale malizia, per tutto il miele in lei, e per il suo stare ignuda là in mezzo, due volte più grande del necessario, in bronzo. (Vittorini, 191)

La statua lì eretta è per loro, per tutti i caduti di guerra per non dimenticare e per celebrare il loro sacrificio. Come Concezione che gli aveva insegnato la cristianità universale, così la statua bronzea che chiude il racconto si erge ad unire nella lotta alle ingiustizie del mondo, e la donna si fa simbolo dell'umanità che resiste. Ed è sotto la statua di bronzo della giovane donna che il viaggio di Silvestro trova la sua conclusione. Ha capito il suo compito. Per correggere le offese del mondo l'uomo ha bisogno di una reazione all'abitudine, all'indifferenza. Non più l'accettazione di "pioggia, massacri sui manifesti dei giornali, e acqua nelle... scarpe rotte, muti amici, la vita in me come sogno sordo, e non speranza" ma tutto il contrario, capire, lottare e soprattutto rappresentare questi "dolori" per farli capire e dunque poterli sconfiggere. Conoscere come strumento, conoscenza come soluzione, e per l'artista come rappresentazione di tutte le offese. Perché guardando negli occhi di qualunque uomo dovrebbe essere naturale poter dire: "Né io vidi il colore dei suoi occhi, vidi in essi soltanto il genere umano ch'essi erano".

Conversazione in Sicilia chiude con una specificazione dello scrittore che vorrei qui riportare:

> Ad evitare equivoci o fraintendimenti avverto che, come il protagonista di questa *Conversazione* non è autobiografico, così la Sicilia che lo inquadra e accompagna è solo per avventura Sicilia: solo perché il nome Sicilia mi suona meglio... (Vittorini, 192)

Dunque, non solo la Sicilia ma in tutto il mondo c'è gente offesa nella propria dignità e che deve essere riscattata. Attraverso questa conversazione Silvestro scopre e ci fa scoprire una terra, dove uomini, donne e bambini sono "offesi", una terra selvaggia ed affascinante nella sua bellezza che lo accompagna in un viaggio di conoscenza e di scoperta sia per sé stesso che per il lettore.

OPERE CONSULTATE

Elio Vittorini. 1966. *Conversazione in Sicilia*. Torino: Einaudi.

Sergio Pantasso. 1967. *Elio Vittorini*. Torino: Borla.

Donald Heiney. 1969. *Three Italian Novelists*. Ann Arbor: University of Michigan.

Giorgio Pullini. 1972. *Il romanzo italiano del dopoguerra*. Padova: Marsilio.

Da Sholem a Scivoletto
Echi dell'umorismo ebraico in *I pionieri*[1]

David N Winkler, PhD
THE FRISCH SCHOOL

Il mio obiettivo per questa intervista era comprendere quali idee implicite Scivoletto avesse inserito nel suo film di grande successo *I pionieri*, uscito nel 2022. Data la mia formazione negli studi ebraici e giudeo-italiani, ciò che mi ha interessato di più nella nostra conversazione è stata l'esplicazione di Scivoletto riguardo al fatto che aveva intenzionalmente attinto da alcune convenzioni tradizionali dell'umorismo ebraico per condurre una "mini-psicoanalisi" di certi aspetti della cultura italiana degli ultimi trenta o quaranta anni.

Il mio obiettivo in questa presentazione sarà delineare, basandomi sull'intervista con Scivoletto e un po' sulla mia analisi personale, quali aspetti della cultura italiana abbia cercato di psicoanalizzare e quali elementi dell'umorismo ebraico abbia utilizzato per condurre questa analisi. In particolare, discuterò di come *I pionieri* metta in luce una sorta di spostamento e spaesamento culturale presente nell'Italia dei primi anni '90, causato sia dalla divisione tra influenze americane e sovietiche, sia dal completo collasso del panorama politico italiano negli anni '90. Discuterò poi dell'autoironia come elemento costituente dell'umorismo ebraico tradizionale e di come i suoi obiettivi psicologici gemelli siano 1) misurare la distanza tra presunzione e realtà e 2) minimizzare la sofferenza suggerita da questa distanza. Infine, mostrerò come Scivoletto attinga a questa tradizione per mettere a nudo il suddetto spostamento/spaesamento culturale degli anni '90 in Italia, e come, prendendosi affettuosamente gioco di questo spostamento, miri a neutralizzarlo, trasformando una fonte di sofferenza ancora irrisolta in qualcosa di gestibile.

Inizio, quindi, con un breve riassunto di *I pionieri* e alcune citazioni dalla mia intervista con Scivoletto spiegando come la trama rappresenti quello che descrivo come uno "spaesamento culturale" degli anni '90 in Italia.

---

[1] La presente di oggi si basa su una conversazione su Zoom che ho avuto con il regista siciliano Luca Scivoletto il 21 ottobre 2023.

I pionieri si svolge nel sud della Sicilia nel 1990. Il protagonista è Enrico Belfiore, un ragazzo di 13 anni relativamente normale i cui genitori sono profondamente coinvolti nel Partito Comunista Italiano. Il padre di Enrico, Michele, è il Vice segretario regionale del partito, che, insieme alla moglie Luisa, cresce i suoi figli secondo un rigido codice morale: rifiuto del consumismo in tutte le sue manifestazioni. Niente Nintendo, niente Reebok, nessun film americano, nessuno *snack* gustoso prodotto da aziende capitalistiche; nessun vestito firmato dall'estero indossato dagli altri bambini; nessuna frequentazione con i bambini del paese i cui genitori sono associati a gruppi politici rivali. L'azione della storia inizia con questa proibizione: il padre di Enrico gli vieta di partecipare alla festa di fine anno di un compagno di scuola, data l'affiliazione della sua famiglia con la Democrazia Cristiana. Frustrato al punto di rottura dall'ascetismo morale di suo padre, Enrico convince il suo migliore amico, il politicamente incline Renato dal look da Gramsci, a scappare nel bosco con lui, dove attraverso un'escursione in campeggio ristruttureranno la tradizione dei "pionieri", rete ormai defunta di scout comunisti attivi negli anni di gloria del partito. Nel bosco, i ragazzi incontrano Margherita, una giovane ragazza mezza americana scappata da una vicina base NATO. Tra tutte le tentazioni della cultura imperialista, è l'affetto di Margherita che Enrico desidererà di più, anche se questo, come tutti gli altri desideri capitalistici che lo tormentano, verrà frenato dall'apparizione di Enrico Berlinguer che fuma una sigaretta, il super-io personalizzato di Enrico che lo segue ovunque e mette un pesante freno su qualsiasi oggetto o progetto che non aderisca al codice morale comunista.

Parlando di ciò che intendeva ottenere nella creazione di questa storia, Scivoletto mi ha condiviso quanto segue:

> Sono partito da una considerazione che è un po' personale e un po' collettiva e sociale... cercavo di rispondere alla domanda: che cosa siamo come paese e da dove veniamo? Ovviamente, è una domanda enorme... lo racconto dal mio punto di vista e dal mio vissuto. Allora, una delle cose che per me racconta molto dell'Italia degli ultimi decenni è il fatto che... dal dopoguerra in poi è stato un paese per metà collegato al blocco occidentale, quindi al capitalismo, e per l'altra metà è stato un paese comunque collegato ... all'Unione Sovietica. Rispetto ad altri paesi che sono stati chiaramente schierati da un lato

o dall'altro, noi siamo stati in qualche modo divisi. Avevamo le basi americane, ma anche la base culturale dell'Unione Sovietica attraverso il partito comunista, che era il più forte dell'Occidente. Questa contraddizione... questa particolarità dell'Italia, ha creato una struttura statale sempre a metà tra cultura capitalistica e cultura statalista... E io sono cresciuto in questa Italia qui... poi, che succede ad un certo punto? Questo modello d'Italia crolla con il crollo del muro di Berlino. La fine della guerra fredda determina uno spaesamento dell'Italia. Finisce la DC, il PCI cambia nome, viene spazzato via... un'intera classe politica, e arriva Berlusconi. E io sono cresciuto nell'era berlusconiana, ho vissuto in un'Italia che non ha fatto più i conti con chi era prima. Ho vissuto un pezzo della mia infanzia in quell'Italia tra basi americane e partito comunista forte, e mi sono trovato ad un certo punto in un'Italia in cui non c'era più niente di tutto ciò. Perché ormai c'era un unico modello: gli Stati Uniti, per la cultura, per i film, per la musica, lo stesso modello di Clinton, Steve Jobs... Però, da figlio del PCI, ho ricevuto l'educazione anticonsumistica, che poteva andare bene quando ero piccolo. Però, quando finisce il PCI, è un'educazione che non ha più una realtà a cui applicarsi.

Quindi, la riflessione è che quando è caduto il muro di Berlino, gli italiani erano abituati a vivere una vita politica e civica altamente intensa tra due poli opposti, che si scontravano tra loro con più intensità rispetto a qualsiasi altro paese occidentale. E quando è avvenuto il crollo improvviso di quei poli, ci troviamo giovani come Renato e Enrico con la loro identità culturale slogata, senza alcuna applicazione pratica o sbocco concreto per la loro visione morale del mondo, lasciati con la scelta di aggrapparsi a una visione obsoleta del mondo, come fa Renato, o abbandonarla e confrontarsi con dolorose sensazioni di colpa come Enrico.

Un punto particolarmente interessante nel testo che ho appena citato dalla mia intervista con Scivoletto è che ha "vissuto in un'Italia che non ha fatto i conti con chi era prima".

E questo porta al mio punto di svolta nel richiamo all'umorismo ebraico che il film fa nel desiderio di fare i conti.

Aver insegnato un corso sull'umorismo ebraico ogni semestre dal 2018, è mio parere che l'autoironia sia forse la caratteristica cardinale che lo compone. L'autoironia svolge diverse funzioni psicologiche, e a mio parere le due più importanti sono: 1) la sua utilità come metro proverbiale per misurare la distanza tra presunzione e realtà; e, 2) la sua capacità di togliere il pungiglione al dolore generato dalla scoperta di tale distanza. L'autoironia, e queste due funzioni essenziali che svolge, possono essere identificate nelle opere dei più grandi scrittori comici ebrei, da I.B. Singer al grande Philip Roth; da Mel Brooks a Woody Allen; da Jerry Seinfeld ad Amy Schumer. Ma, al parere di questo scrittore, nessun esempio è più esemplificativo di quello del caposcuola dell'umorismo ebraico, l'inimitabile scrittore yiddish Sholem Aleichem. Aleichem scriveva alla fine del XIX e all'inizio del XX secolo, quando i venti dell'Illuminismo europeo facevano la loro strada verso gli shtetl del *Pale of Settlement*. All'interno degli shtetl, gli ebrei avevano vissuto per centinaia di anni come ospiti indesiderati della Russia zarista (come, colgo l'occasione per aggiungere, gli ebrei sono stati ospiti indesiderati nella stragrande maggioranza dei luoghi in cui hanno vissuto dopo l'esilio dalla Giudea, la loro terra d'origine, che, naturalmente, era stata colonizzata dai Romani). Le loro vite erano segnate da una misera povertà e isolamento, molti praticavano mestieri umili, e vivevano una vita di assoluta devozione religiosa, credendo che i testi sacri ebraici fossero l'unico valido punto di riferimento per affrontare le sfide della vita quotidiana. Quando il pensiero razionale promosso dall'Illuminismo arrivò negli shtetl, i loro abitanti più curiosi iniziarono a riflettere sulla sconcertante distanza tra la presunzione teologica ebraica di essere il popolo eletto e la realtà ebraica della miseria. Tali riflessioni erano, ovviamente, profondamente dolorose, e mentre la tradizione cristiana tende forse a inserire la sofferenza in un contesto redentivo alla maniera della passione di Cristo, la risposta ebraica fu una minimizzazione; una campagna per trasformarla in qualcosa di gestibile che potesse essere affrontato mentre si procede stancamente lungo la propria strada. Questa è la ragion d'essere del ciclo di racconti di Aleichem su Tevye il lattaio, che ha ispirato il celebre musical *Fiddler on the Roof*. Tevye racconta la storia di un abitante dello shtetl ben intenzionato ma inetto, che utilizza la sua conoscenza dei testi sacri ebraici per affrontare il declino del suo mondo. Con l'avanzare di concetti moderni come comunismo e capitalismo, ateismo e l'autonomia nella scelta del partner da parte dei figli nel suo shtetl, Tevye usa la Torah come guida per gestire tutto ciò che è nuovo, sconcertante e spaventoso; e ogni volta fallisce, in modo spettacolare e divertente. Siamo noi lettori che dobbiamo ridere dell'ignoranza di Tevye, ma quella risata è proprio lo strumento attraverso il quale misuriamo la distanza tra la sua presunzione di saggezza e la sua realtà di miseria — ed è solo grazie a quella risata che non piangiamo, perché Aleichem ci sta mostrando affettuosamente un popolo già segnato dalla sofferenza, che ora affronta la rovina con l'avvento di un mondo nuovo e strano per cui non è preparato ad orientarsi.

Alla luce di questo contesto, sono rimasto affascinato quando Scivoletto mi ha raccontato che è stato Woody Allen e l'ambiente ebraico da cui proviene a servire da sua ispirazione per lo stile di autoironia che ha adottato. In una scena iniziale del film, il giovane Enrico partecipa a una riunione del PCI nel tentativo di stabilire un legame con un padre più interessato al proletariato che non a relazionarsi con suo figlio. Non sorprendentemente, il giovane trova la riunione così noiosa che ben presto gli occhi gli girano in testa e sviene. Mentre ridiamo della strana dinamica tra padre e figlio, siamo invitati a riflettere sulla distanza tra la presunzione di moralità di Michele e una realtà di negligenza paterna.

Quando i ragazzi sono nel bosco vicino alla base della NATO e sentono fruscii tra i cespugli, Renato, l'aspetto del dodicenne simile a Gramsci, si alza in piedi e dichiara con decisione: "Mi dichiaro prigioniero politico! Mi dichiaro prigioniero politico!", solo per scoprire una ragazza innocua che sta perlustrando il loro accampamento alla ricerca di cibo e che non è affatto interessata alla dichiarazione del ragazzo. Ridiamo della distanza tra la presunzione del comunismo che combatte eroicamente contro l'Occidente imperialista e la realtà di un mondo che si sente altrettanto minacciato da tale lotta quanto da un ragazzo preadolescente che tiene in mano un bastone.

In queste e molte altre occasioni nel film di cui non avrò tempo di parlare, Scivoletto ci invita a riflettere su tali distanze senza esserne oppressi, perché, nello spirito di Woody Allen e dei predecessori, le neutralizza in modo ampio e riuscito attraverso la risata con cui le misura.

ELEONORA CONCETTA AMATO (ele78.lavoro@gmail.com) is an Art Historian, lecturer in History of Modern and Contemporary Art, editor for art and culture magazines and online portals, Maestro of Art and Director of the Museum Pole "Belpasso Musei" for more than two decades. She has focused her professional career not only on teaching but also on the enhancement and promotion of the artistic–cultural heritage, through studies and research in the art history, with reference to other disciplines of expertise.

FEDERICO DAPOR (federicodap89@gmail.com) si è laureato in Filosofia e linguaggi della modernità (LM) nel 2015 all'Università degli Studi di Trento. Ha iniziato a insegnare Filosofia e Storia alle scuole superiori tre anni fa (2020-2021). Da due anni lavora part-time al triennio del liceo linguistico di Pergine Valsugana, Istituito Marie Curie. L'anno scorso, si è iscritto al corso di Scienze storiche (LM), sempre a Trento. Si sta occupando, in vista della tesi magistrale di Storia, del rapporto tra nazionalismo, alpinismo e fascismo. Nel 2022 ha pubblicato il suo primo romanzo, dal titolo *Indigo. The Way Is the Goal* (Albatros il Filo), in cui racconta di un viaggio lungo il Cammino di Santiago de Compostela.

KYLE FULFORD (kpfulfor@iu.edu) is a PhD student in Ethnomusicology and Folklore at Indiana University Bloomington. His research explores recording studio culture, sound studies and digital humanities. Kyle is a graduate assistant at Traditional Arts Indiana, where he has co-produced two albums for traditional artists. Recording as Witness Protection, Kyle has released 5 full-length albums on streaming platforms and at witnessprotectionband.com. His latest album *Second Thoughts/Ripensamenti* was released March 31, 2023.

D. J. HIGGINS (djhiggz@gmail.com) holds a Doctorate in Modern Languages from Middlebury College. Higgins is an active filmmaker with work focused on directing, writing, and producing. His research examines the role of "American" cinema from a global perspective and filmmaking in Italian- and Spanish-speaking worlds. He currently is an assistant teaching professor of film/video and music at Penn State Schuylkill.

MARIO INGLESE (mario_inglese@yahoo.com) is a literary critic and poet. He holds a *PhD* in Italian Studies and has taught at the University of Houston, the University of New England (New South Wales), the University of British Columbia and the University of Galway. He has published books, book chapters and scholarly articles on Valerio Magrelli and Sicilian novelists and poets, among many others. He is the author of two collections of verse and other creative work published in anthologies and journals.

MARIA LÀUDANI (maria.laudani.classic@gmail.com) is a teacher of literary subjects, Latin and Greek at the classical high school "Mario Rapisardi" of Paternò, as well as a PhD candidate at the Catholic University of St. Anthony in Mursia. She combines her passion for classical languages and cultures with an abiding interest in modern literature and languages as well, as demonstrated by the topics she has chosen to develop during her PhD, which she addressed, in part, in her essay in this volume.

BRUNO MELLARINI (bruno.mellarini@iprase.tn.it) holds a PhD in Italian studies and is involved in education and research in the area of Italian and classical languages. He has published the following books: *Il mito e l'altrove. Saggi buzzatiani* (Fabrizio Serra, 2017), *Tra spazio e paesaggio. Studi su Calvino, Biamonti, Del Giudice e Celati* (Amos, 2021) e *La forma dell'io. Identità personale e strategie narrative da Buzzati a Lodoli* (Metauro, 2022). Forthcoming from Mimesis is his *Scrivere il paesaggio: cinque studi su Francesco Biamonti.*

DOMENICO PALUMBO (domenicopalumbo23@gmail.com) teaches Italian Studies at the Sant'Anna Institute in Sorrento, where he teaches courses in Italian language and Literature. He works on Dante, Tasso and didactics of literature. He is a regular panelist at AAIS, AATI, CAIS, MSA, RSA. Among his latest publications: "Pasolini and the Word: from 'speech theater' to Medea, 'speech cinema'" (*Diacritica* 2022) and "Justice and Law in 'Spaccio de la Bestia Trionfante'" (*Forum Italicum*).

ILARIA PARINI (ilaria.parini70@gmail.com) is assistant professor in English language and translation at the University of Turin, Italy. She holds a PhD in English Linguistics and Translation from the University of Milan. Her research interests include audiovisual translation, translation of non-standard varieties and manipulation and censorship in translation. She has extensively investigated the cultural and linguistic representation of Italian Americans in various film genres, and in Italian dubbing.

DANIELA PRIVITERA (daniela.privitera86@gmail.com) has a PHD in Italian and the ASN for Italian Literature. She is visiting professor of Italian Literature at Middlebury College in Vermont (USA) and professor of Contemporary Italian Literature at the University of "Niccolò Cusano "in Rome. An organizer and speaker at more than 30 Conferences on Italian and cinema, she has published essays and monographs on Foscolo, Pascoli, Sciascia, John Fante, Giose Rimanelli, Verga, Camilleri, Pasolini, Consolo, D'Arrigo, Calvino, Igiaba Scego, and the New Italians, as well as on Fellini, Andò, Maresco.

ROBERTA ROSINI (robertarosini82@gmail.com) teaches Philosophy and History at the Liceo scientifico "P. Borsellino e G. Falcone" in Zagarolo (Rome). She received her master's degree in philosophy and history of philosophy at the University of Rome "La Sapienza"; her Habilitation to teach Philosophy and History in High Schools at the Roma Tre University and her Ph.D. in "Philosophy of Communication and Entertainment: theory and history of languages" at the International Doctoral School of Humanistic Studies at the University of Calabria.

MAURIZIO SCONTRINO (maurizioscontrino@hotmail.com) received his Ph.D. at the University of Toronto in 2020, with a specialization in Italian cinema. His dissertation focused on gender theory and the perception and portrayal of masculinity as it relates to Italian film. Prior to completing his Ph.D., Dr. Scontrino received a Master of Arts degree in Italian Literature and Cultures from the University of Connecticut. He is currently teaching Italian language at The University of Arizona.

GIUSEPPE SCRAVAGLIERI (archgiuseppescravaglieri@gmail.com) (1969) teaches History of Art at I.I.S. Mario Rapisardi in Paternò (CT). He has worked at the DASTEC department of the Università Mediterranea di Reggio Calabria (Faculty of Architecture) and has taught History of Art at the Italian School of Middlebury College (Vermont). In addition to his teaching activities, he practices as an architect; the restoration of a late Baroque church in Sicily is among his most recent achievements. He has received mentions for participation in competitions of ideas in the field of architectural and urban design.

ITALA TAMBASCO (itala.tambasco@gmail.com) is a research fellow and adjunct professor of "Didactics of Italian Literature" in the Department of Humanistic Studies, University of Foggia. She is particularly concerned with Dante criticism and the reception of Dante in modern and contemporary literature. She has published articles on Boccaccio, Pirandello, Boito, Buzzati, Levi and Carducci. In 2021 her book, *Architetture intratestuali della 'Commedia' dantesca*, with a preface by Domenico Cofano, was published by Edizioni Sinestesie.

CARMEN VACCARO (coronacarmen2020@gmail.com) è laureata in Pedagogia e Scienze dell'educazione presso l'Università degli Studi di Catania, con votazione di 110/110. Insegna presso l'IIS Mario Rapisardi di Paternò, è specialista nei processi di apprendimento ed esperta nello studio delle dinamiche relazionali e di gruppo. Il suo campo d'indagine si riferisce alla pedagogia e alla filosofia applicata ai processi storico-antropologici e sociali. Ha già pubblicato con Bordighera Press alcuni articoli.

MARIA ROSA VITTI-ALEXANDER (mvittia6@naz.edu) is Professor Emerita of Nazareth University, and continues teaching part-time adult classes focusing on Italian literature, history, and art. She remains the Vice-President and Secretary of the Gamma Kappa Alpha National Italian Honor Society. She participates and is actively involved in the organization of international literary conferences, as well as organizes cultural trips to Italy.

DAVID WINKLER (david.winkler@frisch.org) holds a PhD in Italian from Indiana University and an MA from Middlebury College. He has held faculty appointments at Middlebury College and at the University of Delaware. His research has been published in peer-reviewed journals, and he has delivered invited lectures at numerous venues, including the Delaware Contemporary Museum and the Jewish Federation of Greater Rochester, NY. He currently serves with the English and Foreign Languages faculty at The Frisch School in Paramus, NJ, and is a founding co-editor of the digital humanities journal *Animo Quarterly*.

Index of Names

Diaspora

As *diaspora* is the dispersion or spread of people from their original homeland, this series takes its name in the intellectual spirit of willful dispersion of subject matter and thought. It is dedicated to publishing those studies that in various and sundry ways either speak to or offer new methods of analysis of the Italian diaspora.

Carmelo Fucarino. *Two Italian Geniuses in New York: Broken American Dreams*. ISBN 978-1-955995-05-4. 2023

Anthony Julian Tamburri, ed. *Re-Thinking* The Godfather *50 Years Later*. ISBN 978-1-955995-06-1. 2024

Anthony Socci. *United We Stand. Pre WW II-Chronicles of the Italian Colony of Stamford*. ISBN 978-1-955995-07-8. 2024

Antonio D'Alfonso. *I Could Have Been a Contender. (On Five Films)*. ISBN 978-1-955995-09-2. 2024